网店运营

付 强 都亚萍 主编

吉林科学技术出版社

图书在版编目（CIP）数据

网店运营 / 付强，都亚萍主编 . -- 长春 : 吉林科学技术出版社，2020.8
ISBN 978-7-5578-7124-6

Ⅰ . ①网… Ⅱ . ①付… ②都… Ⅲ . ①网店－运营管理 Ⅳ . ① F713.365.2

中国版本图书馆 CIP 数据核字（2020）第 074049 号

网店运营

主　　编	付　强　都亚萍
出 版 人	宛　霞
责任编辑	汪雪君
封面设计	薛一婷
制　　版	长春美印图文设计有限公司
开　　本	16
字　　数	320 千字
印　　张	14.5
印　　数	1-500 册
版　　次	2021 年 6 月第 1 版
印　　次	2021 年 6 月第 1 次印刷
出　　版	吉林科学技术出版社
发　　行	吉林科学技术出版社
地　　址	长春净月高新区福祉大路 5788 号出版大厦 A 座
邮　　编	130118
发行部电话 / 传真	0431—81629529　　81629530　　81629531
	81629532　　81629533　　81629534
储运部电话	0431—86059116
编辑部电话	0431—81629520
印　　刷	北京宝莲鸿图科技有限公司
书　　号	ISBN 978-7-5578-7124-6
定　　价	60.00 元

版权所有　翻印必究　举报电话：0431—81629508

前　言

网络技术的发展促进了电子商务的进步，使网上购物成为一种可能。由于网上购物具有不受时空限制、选择范围广、商品种类多、价格便宜、方便快捷等显著优点，因此受到大众的喜爱和推崇。网上购物的兴起带来了巨大的网络商机，人们纷纷加入网上开店的行列中，梦想成为成功的网上淘金客。但想要经营好网店，不仅需要经营者的一腔热情，而且需要熟悉开网店的基本流程，掌握科学的管理方法，懂得有效的营销技巧。只有做好充分的准备，了解开网店的各种知识，才能让自己的网店从众多的网店中脱颖而出，赢得顾客和市场，最终走向成功。

做事情是需要技巧的，开网店也同样如此。如果你没有开店赚钱的本领，仅仅凭借着投资开店的热情，就想把大把的钞票揽进腰包，很显然，这只能是你的一厢情愿。即使是卖同样的商品，有的网店顾客争相抢购、备受青睐，而有的网店却积货如山；同样的生意，有的网店规模越做越大，而有的网店却惨淡经营、难以为继。就像浪里淘沙一样，虽然每天有成千上万的网店诞生，由此可能会催生出成千上万个百万富翁、千万富翁，但同时也有成千上万的网店赔得血本无归。现如今，市场竞争日趋白热化，而网店的数量不断翻番，这样势必会加大网店生存的难度。因此，网店要想生存并得到发展，网店店主就必须掌握相关的经营技巧。

要管理好网店，需掌握科学的管理方法。有数据表明，有近90%的网店创业者失败是由于对经营管理的无知造成的。许多开网店的创业者都没有接受过专业的培训，没有基本的知识储备，他们就像在黑夜中苦苦摸索的前行者，全凭感觉和运气，甚至很多人天天都在犯最基础的错误，自己却浑然不觉。一个网店就是一个小企业，正所谓"麻雀虽小，五脏俱全"，只有用科学的方法来管理，才能让网店突出重围，做大做强。要管理好网店，就要懂得有效的营销技巧。在同样的市场领域，从事同样的产品销售，不同的网店其盈利却有天壤之别，而造成这一现象的原因就是是否懂得有效的营销技巧。

可以说，开网店是一门很深的学问，需要店主具备多种能力。从网店策划定位、货源选择、商品定价、促销方案制定，到与买家沟通、包装发货以及售后服务等所有环节，都需由店主亲自完成。这其中涉及了策划、谈判、沟通、推销、协调乃至危机处理等各种能力。为了让想开网店或已开网店的人全面系统地掌握经营网店的相关知识、经营技巧及策略，少碰钉子、少走弯路，我们推出了这本《网店运营》。

本书详尽地介绍了开网店要了解的各方面知识，准确、细致地阐述了网店运营过程中需要掌握的操作流程，从网店的资源、装修、营销推广、资金管理、员工培训、客户服务、品牌建设、安全保障、工具使用，到网店的商品展示、图片拍摄与美化、包装发货等，全方位一网打尽，且提供了实战课程，让读者能从实际案例中学到经验。

如何拍摄吸引顾客的商品图片？如何通过后期处理让商品图片再"炫"一点？如何确定让买家动心、卖家开心的价格？那些的免费积攒人气的方法是什么？如何通过付费推广，迅速提高店铺人气？如何沟通才能让买家记住卖家？如何留住原有买家，吸引新买家？如何打造店铺品牌，让自己的店铺深入人心？这些高手不传的经营之道，本书都会和盘托出、全面解析，为你提供切实有效的解决办法，让你可以活学活用，在经营过程中实践这些技巧，并转化为实实在在的收益，早日踏上致富之路。

本书不仅为那些准备开网店的人提供了基本的知识和经营方法，让其经营之路变得顺畅，迅速实现当老板的梦想；也为那些已经开网店，但由于各种原因经营不善而面临困境的店主提供了扭转局面的思路，让其从中得到灵感，从而改变网店的经营状况，实现盈利。

目 录

第一章 网店筹备工作 1
第一节 行业分析与竞争对手分析 4
第二节 货源的选择 7
第三节 网店的定位 10

第二章 网店装修管理 12
第一节 网店装修前的准备 12
第二节 网店的店标与分类导航 22
第三节 网店的公告 28
第四节 网店的商品描述模板 31
第五节 网店的其他装修 37

第三章 微店二维码应用 39
第一节 二维码的基础知识 39
第二节 微店常用二维码的制作 42
第三节 二维码名片的制作 45
第四节 有赞微店的创办 49

第四章 网店产品管理 58
第一节 产品描述 58
第二节 产品图片拍摄 61
第三节 产品图片美化 69
第四节 产品发布 73

第五章 网店客服管理 77
第一节 售前客服流程 81
第二节 售后客服流程 84

第六章　运营数据分析 ································· 94
第一节　量子恒道店铺统计的设置 ····················· 104
第二节　量子恒道主要功能展示 ······················· 105
第三节　其他数据分析工具使用 ······················· 107

第七章　网店推广管理 ································· 110
第一节　网店活动策划 ······························· 110
第二节　淘宝站内推广 ······························· 127
第三节　淘宝站外推广 ······························· 137
第四节　店铺爆款打造 ······························· 149

第八章　京东仓储物流与配送 ··························· 155
第一节　京东仓储物流 ······························· 155
第二节　京东配送 ··································· 164

第九章　网店的资金账目管理 ··························· 170
第一节　投资预算 ··································· 170
第二节　网店筹备资金 ······························· 173
第三节　保证网店的财务安全 ························· 192
第四节　网店员工薪酬及发放标准 ····················· 199
第五节　控制成本 ··································· 209

第十章　拼多多在电商红海中快速逆袭 ··················· 213
第一节　拼好货和拼多多：自营 vs 平台模式 ············ 214
第二节　消费分级 ··································· 218
第三节　野蛮生长与公关危机 ························· 219
第四节　拼多多的明天 ······························· 220

参考文献 ··· 222

第一章　网店筹备工作

一、C2C 平台介绍

C2C（英文全称：Consumer to Consumer）是电子商务的专业用语，是个人与个人之间的电子商务。C2C 领域现已形成了三足鼎立之势：淘宝网、易趣网、拍拍网。C2C 电子商务平台的功能有：首页商品和店铺的自助推荐功能，支持拍卖模式，支持在线充值、支付宝按钮支付，商品支持多图片、四级分类设置；同时，C2C 电子商务网站管理系统拥有虚拟币、用户收费店铺、求购信息平台、新闻发布、友情链接、交易提醒邮件、交易信用评价、站内短信、信息过滤、后台分权限管理等功能。C2C 电子商务平台旨在能为广大网民朋友提供一个网络公平竞价交易的商务平台。

1. 淘宝网

在中国 C2C 市场，淘宝网的市场份额超过 60%。如果是在传统行业，淘宝网完全可以高枕无忧。然而，在瞬息万变的互联网领域，这样的优势并不是什么不可逾越的屏障。淘宝网推出招财进宝受挫，马云便意识到这样的市场地位并不稳固，竞争对手完全可能爆发出惊人的能量，直接挑战淘宝网的权威。淘宝网显示了其在创新上的勇气，收购口碑网推出分类信息，大力拓展品牌商城，将团购做成一个频道，将交易的视野扩向全球，推出"全球购"频道。毫无疑问，淘宝网在 C2C 领域的领先地位暂时还没有人能够撼动，然而，淘宝网却也不得不承受这份领先带来的沉甸甸压力，在领先与压力之间，淘宝在奋力往前走。

2. 拍拍网

拍拍网对外宣布，其在线商品数突破 1000 万。商品数突破千万量级意味着，只要是正常的购买需求，用户都可以在拍拍网上得到满足。借此，拍拍网也正式跻身千万商品俱乐部，目前进入中国千万商品俱乐部的只有淘宝网和拍拍网两家。

依托于腾讯的拍拍网已经成为中国 C2C 领域一匹潜力十足的黑马。拍拍网发布的"蚂蚁搬家"让马云开始认真打量这个快速崛起的竞争对手。拍拍网正式宣布其在线商品数突破千万，并且成了最短时间内打破这一纪录的行业领先者，而这距其正式运营的时间不过一年，成长速度之快，令人咋舌。

当然，拍拍网的快速发展让中国的 C2C 市场格局也悄然发生变化。在线商品数突破千万，让拍拍网在不经意间又逼近了淘宝网一步。在 Alexa 的世界网站排名上，拍拍网跃进国内 C2C 网站流量排名第二位的位置且持续了很久，对于购物网站来说，商品和人流量是两个关键指标。

3. 易趣网

从本土企业到跨国企业，再从跨国企业到本土企业，转了一个圈，易趣又回来了。不同的是其名字由易趣改成了 TOM 易趣。

易趣和 TOM 合并的时候，可以看到在 TOM 易趣身上明显的本土化气息。eBay 易趣是不注重社区的，如今的 TOM 易趣再次把社区当作重点抓了起来。

易趣网任何用户只要在易趣开店，无论是普通店铺、高级店铺，还是超级店铺，都将终身免费。在此之前，易趣上每个超级店铺每月收取 50 元的月租费，高级店铺 25 元，而易趣的旧平台则是超级店铺每月 500 元，高级店铺 150 元，一般店铺 50 元，同时在旧平台还有登录费和交易服务费等费用。

二、国内主流 B2C 平台介绍

1. 天猫

天猫（平台网址：http：//www.tmall.com）原名"淘宝商城"，是一个综合性购物网站，是淘宝网全新打造的 B2C（英文全称：Business toConsumer）平台。其整合数千家品牌商、生产商，为商家和消费者之间提供一站式解决方案。提供 100% 品质保证的商品，七天无理由退货的售后服务，以及购物积分返现等优质服务。淘宝商城正式宣布更名为"天猫"。天猫发布全新 Logo 形象。

2. 京东商城

京东商城（平台网址：http：//www.360buy.com）是中国最大的综合网络零售商，是中国电子商务领域最受消费者欢迎和最具有影响力的电子商务网站之一，在线销售家电、数码通信、电脑、家居百货、服饰、母婴、图书、食品、在线旅游等 12 大类、数万个品牌、百万种优质商品。2016 年第一季度，京东商城以 50.1% 的市场占有率在中国自主经营式 B2C 网站中排名第一。目前，京东商城已经建立华北、华东、华南、西南、华中、东北六大物流中心，同时在全国超过 300 座城市建立核心城市配送站。

3. 当当网

当当网（平台地址：http：//www.dangdang.com）是全球最大的综合性中文网上购物商城，由国内著名出版机构科文公司、美国老虎基金、美国 IDG 集团、卢森堡剑桥集团、亚洲创业投资基金（原名软银中国创业基金）共同投资成立。

当当网在线销售的商品包括了家居百货、化妆品、数码、家电、图书、音像、服装及母婴等几十个大类，逾百万种商品，在库图书达到 60 万种。目前，每年有近千万顾客成为当当网新增注册用户，遍及全国 32 个省、市、自治区和直辖市，每天有上万人在当当网买东西，每月有 3000 万人在当当网浏览各类信息，当当网每月销售商品超过 2000 万件。

4. 亚马逊

亚马逊公司（纳斯达克代码：AMZN；平台地址：http：//www.amazon，cn）是一家财富 500 强公司，总部位于美国华盛顿州的西雅图。它创立于 20 世纪 90 年代，目前已成为全球商品品种最多的网上零售商和全球第二大互联网公司，在公司名下，也包括了 Alexa Internet、A9、和互联网电影数据库（IMDB：Internet Movie Database）三家子公司。亚马逊及其他销售商为顾客提供数百万种独特的全新、翻新及二手商品，如图书、影视、音乐和游戏、数码下载、电子和电脑、家居园艺用品、婴幼儿用品、

食品、服饰、鞋类、珠宝、健康和个人护理用品、体育及户外用品、玩具、汽车及工业产品等。

5. 凡客诚品

凡客诚品（英文名称：VANCL；平台地址：http：//www.vancl.com），由卓越网创始人陈年创办，产品涵盖男装、女装、童装、鞋、家居、配饰、化妆品等七大类，支持全国 1100 个城市货到付款、当面试穿、30 天无条件退换货。创立以来，凡客诚品凭借极具性价比的服饰和满意的顾客体验，已经成为网民购买服饰的主要选择对象。

淘宝与天猫（淘宝商城）的网站交易份额明显高出其他网站。在选择网店平台时，就可将其作为参考，当然还要考虑产品的适应人群、城市及其消费水平等综合因素。

三、自建网店平台

对于自建网站平台，首先需要考虑的是硬件投入问题。需要构建网站服务器、工作站、交换机、路由器等网络设备及软件，一般小企业或个人开店投入较大，同时还要考虑 Internet 的接入与网站管理维护费用。在网页设计上应注意考虑以下几点。

1. 网页审美

不以炫目、怪异来夺人眼球，而是以专业的方式来展示独特的商品信息和服务，符合大众审美，并有艺术感的亮点存在，能在第一时间给潜在顾客留下印象。

2. 可用性

专注于怎样让用户搜索、比较，流程更便捷，获得良好的用户体验。

3. 内容

探寻潜在顾客的需求，为潜在顾客提供最有价值的信息，引导顾客怎样去选择和鉴定商品，并且让顾客相信这些信息及服务足够让他们付诸行动去购买，提供最具商业价值的网站结构布局。

4. 搜索引擎优化（SEO）

优化网站，正确运用各种设计元素，让搜索引擎更易抓取，提升网站的营销价值。

综上所述，网站建设对于 C2C 电子商务企业有着举足轻重的作用，是顾客了解企业最方便、

最直观的途径，一个集审美、内容实用且具营销价值的企业网站，在以用户体验为关注点的电子商务网络购物在互联网经济中更具有战略意义，C2C企业一定要选择合适的网站建设服务商，量身打造适合自己行业、产品及品牌风格的个性化营销型站点。

互联网发展到今天，网站的好坏早已不是凭网页上动画是不是很多，颜色是不是很鲜艳，是不是有声音和录像等这些表面的东西所决定的了。支撑网站正常运行的后台管理技术、资讯实时更新技术、流量统计分析技术、在线沟通技术等才是关键。

第一节　行业分析与竞争对手分析

一、行业分析

网上开店成本低，占用资金少，网店经营方式灵活，基本不受时间、地域等因素的限制，网店的顾客范围也十分广，只要是上网的人群都有可能成为商品的浏览者与购买者，这个范围可以是全球的网民。那么，在选择建立平台后，对计划经营的产品必须进行行业分析，行业分析首先要对所经营的产品行业（服装、首饰、化妆品、数码产品等）进行市场份额、销售人群以及PEST分析。下面以网店服装销售为例分析。

（一）服装在网购用户中的购买率分析

服装是网购用户关注度最高和购买率较高的品类。据统计数据显示，2018年中国服装网购市场规模达到4070亿元，年增长率为97.2%，高于总体网购市场增长率22.3个百分点，销售额占网购市场规模37%，与产品特点直接相关，服装、家居产品是易耗品，其更新换代快、流行时尚多变、产品多样，能较好地发挥网络购物的优势，并且服装具有金额小、易保存、体积小等特点。

（二）产品的市场份额分析

服装网购细分品类中女装规模居首，男装发展势头迅猛。服装网购市场各细分品类所占市场份额中，女装份额最大，约占总份额的40.5%；其次是男装和鞋类，分别为15.0%和13.5%；运动类服饰占比8.7%；童装、童鞋及孕妇装占比5.7%；其他类服装约占16.2%。女性是网购的主流入群，同时女装具有品种类别多、款式变化快、重复购买率高等特点，因此规模最大；男装市场规模虽比不上女装，但发展速度惊人，2018年淘宝男装成交额增长到401.5亿元，成交笔数超过1亿笔，子品类中，T恤、牛仔裤、羽绒服、衬衫销售占比最高。

（三）网购人群购买倾向分析

服装网购者可以按年龄、性别和职业划分，分析区域人群的购物倾向。服装网购者更倾向于购买熟悉的品牌，网购有望成为品牌服装企业新的增长点。由于线下品牌在影响力和线下体验、终端网络易购性等方面有明显的规模和先发优势，网上销售情况明显好于品牌知名度较差的其他新兴品牌。品牌企业在品牌影响力、供应链反应力、规模化下的成本控制力及成熟布局的实体店所提供的仓储物流等方面具有优势，成熟品牌服装企业将较新兴品牌更容易受益线上销售带来的收入增长点。

（四）服装网购行业 PEST 分析

PEST 框架，指的是从政治（Political）、经济（Economic）、社会（Social）和技术（Techno-logical）这四大类外部环境因素进行行业分析，该分析方法注重宏观环境的特点，而且考虑的影响因素也很全面，因此是行业分析，特别成为是跟消费相关的行业分析的有力工具。

二、竞争对手分析

在进行竞争对手分析时，需要对那些现在或将来对顾客的战略可能产生重大影响的主要竞争对手进行认真分析。这里的竞争对手通常意味着一个比现有直接竞争对手更广的一个组织群体。在很多情况下，因为顾客未能正确识别将来可能出现的竞争对手，才导致了盲点出现。需要分析的竞争对手包括现有竞争者和潜在竞争者。

（一）服装网购发展环境 PEST 分析

1. 经济因素

（1）金融危机促进部分外销企业转做内销。（2）通货膨胀环境一方面增加服装企业生产成本，另一方面产品提价出现挤出效应。

2. 政治因素

（1）国家非常重要电子商务行业的发展。（2）地方政府在法律、法规政策等方面给予充分的保障和支持。

3. 社会因素

（1）网民规模世界第一，网购用户渗透率逐年提高。（2）居民消费观念不断转变，网购习惯逐渐养成。

4. 技术因素

（1）电子商务企业如雨后春笋般大量涌现，激活了市场人气。（2）互联网技术发展大大提高网络支付安全性。

（二）现有竞争者

应该密切关注主要的直接竞争对手，尤其是那些与自己同速增长或比自己增长快的竞争对手,必须注意发现任何竞争优势的来源。一些竞争对手可能不是在每个细分市场都出现,而是出现在某特定的市场中,因此针对不同竞争对手需要进行不同深度水平的分析。

(三) 潜在竞争对手

现有直接竞争对手可能会因打破现有市场结构而损失惨重,因此主要的竞争威胁不一定来自他们,而可能来自新的潜在的竞争对手。例如,烟草行业中品牌香烟销售潜在竞争对手是能代替香烟的一些产品,或国外非烤烟型产品。

以某服装网店为例进行分析,网店的主要信息如表1-1所示。

表1-1 某服装网店主要信息

开店时间	2009年2月1日
地址	北京
好评率	99.98%
宝贝数量	256
收藏人气	27341
卖家信用	13027
新款上架时间	平均每10天
卖家服务态度	4.7

根据该服装网店的造型特点及面料采用汉麻等特点可知其风格:休闲、个性、自然,富有民族特色;针对人群:20~38岁崇尚自然、个性、另类的女性。那么对分析该网店对手需要考虑以下几个方面:

1. 对产品认知问题

随着人们生活质量的提高,追求绿色环保及返璞归真的时尚潮流日渐兴起,人们不仅要穿得漂亮,还要穿得健康。

2. 搜集产品相关信息

汉麻作为绿色环保生态纤维,其面料除具有天然抗菌、屏蔽紫外线辐射、吸湿排汗、柔软舒适、护肤保洁、吸附异味和耐磨等性能外,还具有尊贵高雅、朴实无华、自然实用等风格。

3. 备选产品评估

该服装网店作为原创品牌,既满足消费者个性化的穿着,又满足了消费者对健康着装、向往自然的要求。

4. 购买决策

该服装网店价格适中,适合普通的消费人群,其店信誉良好,值得信赖,服务态度好,极少差评。

5. 购后感受

该服装网店提供完善的购后服务，特别是在面料保养方面，针对不同面料的衣物提供给消费者进行不同的保养方法，以延长衣物的寿命。

6. 价格分析

该店春秋装的主要价格区间为 100～200 元，价格区间较集中且符合大多数人购物的价格需求，其价格有一定优势。

由于各网店的产品存在差异，价格策略也不同，所以同类型产品在不同网店的价格存在一定的差异。

7. SWOT 分析

Strength：面料优势为环保自然、健康；原创设计优势是个性化。

Weakness：产品类型不够丰富，缺乏影响力。

Opportunity：主题及产品接近自然，符合当代社会的发展趋势；网购将不断发展。

Threat：同类型产品的增多，竞争对手越来越多。

分析对手的产品特点、营销策略、推广方式与服务能力等对自己选择产品的经营策略有重要作用。

第二节　货源的选择

一、选择适合网店销售的产品

从理论上来说，只要是能卖的商品，都可以在网上销售。但是对于刚开始在网上创业的企业或个人来说，选择合适的商品，将是一个良好的开始。而选择适宜在网上销售的商品时，可以参考以下因素：

（1）体积较小的商品

主要是方便运输，降低运输的成本。对于体积较大、较重而价格又偏低的商品，因为在邮寄时商品的物流费用太高，如果将这笔费用分摊到买家头上，势必会降低买家的购买欲望。

（2）附加值较高的商品

价值低过运费的单件商品是不适合网上销售的。要做价格相对稳定的产品，不要做相对短时间内价格不稳定的产品，初期开店的小店主承担不了这个风险。

（3）具备独特性或时尚性的商品

网店销售不错的商品往往都是独具特色或者十分时尚的。

（4）通过网站了解就可以激起浏览者购买欲的商品

如果这件商品必须要买家亲自见到才可以取得购买所需要的信任，那么就不适合在网上开店销售。如果有品牌商品进货渠道的可以考虑做品牌商品,因为这类产品的知名度较高,即便买家不看到实物,也知道商品的品质。

（5）线下没有,只有网上才能买到的商品

有些东西线下买不到或很难买到,那么有需要的人就会上网搜索去买。这类商品一般都属稀缺产品,比如市场范围较窄的产品、企业没有能力在全国建立营销渠道的产品以及用传统渠道做不好的产品。

（6）虚拟商品

虚拟商品一般可以通过网上直接发货,省掉传统物流的麻烦,比如充值卡、游戏币、游戏装备、点子、建议、信息等。

另外,还可以通过网购排行,寻找网上热销产品。有调查数据显示,目前网上销售量较大有商品有:服装、数码产品、首饰、手机、化妆品、成人用品、男士用品、保健品、体育和旅游用品等。

马云和旗下的淘宝网高调宣布,今后将联合权威第三方分析机构易观国际共同推出"中国网购排行榜",以期为国内网络消费者提供权威准确的消费指南,为大小厂商提供市场风向标。根据淘宝网提供的一份排行榜数据显示,当月最热卖的商品是手机,一共卖出了78万部,其销售额已逼近全国手机连锁卖场冠军迪信通;排名第二的是女装,有940万件女装卖出,超过了上海市所有亿元大卖场销售额的总和;夏天天气炎热,很多人都懒得出门购物,这也催动了充值卡的销售,7月淘宝网共卖出充值卡2700万。

我们看到,淘宝网购排行正成为一种风向标,无论是对买家还是卖家,都有指引的作用。通过网购排行,可以快速地找准自己的定位,进行有针对性的布局。市场不断地在细分,作为卖家,可以在这种细分的市场中找到属于自己的位置。例如,目前什么品牌运动鞋卖得最火,什么款式手机最受欢迎,什么时段该类商品最紧俏,等等。这些也是现有的市场调研机构无法立即提供的,而借助淘宝上各种具体榜单的晴雨表,我们便可以紧跟市场风潮,捕捉新的商机。

二、寻找合适的货源

在确定了卖什么以及自己店铺的定位之后,就要开始找货源了。网上开店之所以有空间,成本较低是个重要因素。掌握了物美价廉的货源,就掌握了电子商务经营的关键。以服饰类商品为例,一些知名品牌均为全国统一价,在一般实体店最低只能打八五折,而在网上,服饰类商品的价格折扣可为二至七折。

那么,通过何种渠道才能找到价格低廉的货源呢?

1. 普通批发市场

在各地像这样的市场不少,比如广州流花服装批发市场、义乌小商品城等。这是寻找货源的最简单的方法,在开设网店的最初阶段,如果商品的销售量达不到一定量的话,在本地市场进货，一般都能满足需求了。

优点：更新快，品种多。缺点：容易断货，品质不易控制。

2. 品牌代理商

正规品牌的特点就是质量有保障，所以有条件可以注意一下正规专卖店，并去联系一下，肯定会有很多发现。但是相对来说，直接联系品牌经销商，需要很大的进货量。越是大品牌，它的价格折扣就越高，真正赚的钱，只是在完成销售额后拿的返利。如果店铺已经发展到一定程度，想走正规化路线，这会是个不错的选择！

优点：货源稳定，渠道正规，商品不易断货。缺点：更新慢，价格相对较高。

3. 网上批发或代销式供应商

这是时下网上非常流行的一种商品供应方式。对于新手来说，这种方式是个不错的选择，因为所有的商品资料都是齐全的，关键看卖家如何把商品卖出去。不过，在选择上家的时候，一定要注意他的信用和商品质量，否则遇到纠纷就不好解决了。这种供应商可以做少量批发，也可以做一件代发。现在网上的这种供应商很多，可以在淘宝上寻找，也可以上阿里巴巴网（http://china.alibaba.com）或是其他一些网店货源批发或代销网站寻找。淘宝上一些卖家在零售的同时，也有做批发或网店代销的，只要去淘宝上搜索一下"网店代销"就能找到。

优点：简单省事，鼠标一点，连发货都不用自己管，坐收佣金。风险低，资金投入最省。缺点：商品不经过自己的手，品质难控制，由于对商品可能了解不够，与顾客沟通较复杂，操作不好会得中评或差评。

4. 通过各种展会、交易会

全国每年每个行业都会召开各种展会，如服装展、农博会，这些展会所聚集的大部分都是厂商。因此，当生意已经有所起色，而苦于货源不够好的时候，参加相关产品的展会，接触真正一手货源，大胆地和厂商真正建立合作，对长期发展壮大很有好处。各种行业的展会，都会在相应的电子商务报公告召开日期。参加这种展会有个小窍门，要以专业人士身份参加，带好名片和身份证，让厂商感觉你是专业人士，谈生意也比较容易。

优点：成本低，竞争力强，商品质量稳定，售后服务有保障。缺点：一般不能代销，需要有一定的经营和选货经验，资金投入大，风险较大。

5. 关注外贸产品或 OEM 产品

这些产品的价格通常为正常价格的 2～4 折，这是一个非常不错的进货渠道。外贸产品因其质量、款式、面料、价格等优势，一直是网上销售的热门品种。很多在国外售价几百美元的名牌商品，网上的售价却仅有几百元人民币。

6. 买入库存积压或清仓处理产品

因为这类商品急于处理，价格通常是极低的，如果拥有足够的议价能力，可以用一个极低的价格买入，再转到网上销售，利用网上销售的优势，利用地域或时空差价获得足够的利润。

优点：成本低。缺点，具有很多的不确定因素，比如进货的时间、地点、规格、数量、质量等都不能受自己控制。

7. 寻找特别的进货渠道

例如，有在国外的亲戚或朋友，可以由他们帮忙，买到一些国内市场上看不到的商品，或者一些价格较低的商品。

其实货源就在身边，只要做个有心人，就会很快找到适合自己的好货源。

找到货源后，可先买少量的货试卖一下，如果销量好再考虑增大进货量。在网上，有些卖家和供货商关系很好，往往是商品卖出后才去进货，这样既不会占用资金又不会造成商品的积压。总之，不管是通过何种渠道寻找货源，低廉的价格是关键因素。找到了物美价廉的货源，网上商店就有了成功的基础。

第三节 网店的定位

在考虑卖什么的时候，一定要根据自己的兴趣和能力而定，尽量避免涉足不熟悉、不擅长的领域，同时，要确定目标顾客，从他们的需求出发选择商品。目前主流网民有两大特征，首先是年轻化，以游戏为主要上网目的，学生群体占有网民相当大的比重；其次是上班族，代表了主流网民的另一大基本特征——白领或者准白领。了解了主流网民的基本特征，就可以根据自己的资源、条件甚至是爱好来确定是撒下大网、打主流，还是剑走偏锋、独辟蹊径。特色店铺到哪里都是受欢迎的，如果能寻找到切合时尚又独特的商品，如自制饰品、玩具DIY、服饰定做等商品或服务，将是网上店铺的最佳选择。

网上店铺的定位方式有以下五种：

1. 价格牌

以价格为出击点进行定位，靠价格来打动、吸引顾客。这种店铺的策略通常是采用平价政策，如九元店、两元店、十元店或是量贩店等。

打价格牌还有一种策略是以低价拉动高价，例如店铺：一个读卡器只要3.8元，是为了吸引更多的眼球，实际上老板的目的是要卖旁边的U盘。事实也证明，这个价格策略是对的。

2. 专业牌

以优质专业的服务为出击点进行定位，通过自己的专业和耐心来留住顾客。这种店铺的策略通常是通过店铺页面充分展示其专业性。

打着专业牌的店铺，当然要对某一方面或某个产品有专业的知识与特长，例如，蜂产品专卖及岚姐姐的钻石专卖。个人也可以根据自己的专业特长，如网页做得特别好，或有一门特别的手艺，或拍照拍得很好等，那么都可以把它作为一个商品放在网上卖。而且因为专业特长，将会赢得更多顾客的信赖。

3. 特色牌

寻找出商品的特色作为出击点进行定位，激起顾客的购买兴趣。如一些奇特商品、线下买不到的商品、地方特色商品等，都可以打特色牌。

4. 附加牌

通过提供商品以外的服务来打动顾客的定位。这种店铺的策略通常是通过提供服务或附加商品来提高商品的价值，或是通过强调品牌服务来提高商品的价值。这种店铺就是通过"买一送一"来打动顾客。

5. 情感牌

以情感为出击点进行定位，挖掘顾客的情感需求，从而激起顾客的需求。这种店铺的策略就是尽可能地挖掘商品的情感价值。

网店定位对刚刚开店，正处于萌芽时期的店铺来说，尚未被顾客所熟知。卖家可在供应商那里提少量的货，并在定价上可以与此竞争的店低一些，以先获得少部分的利润为主，把主要精力放在提高店铺的知名度及信誉上。在上述五种对网店定位方式中，首先要从产品的价格定位考虑，主要采取成本定价、市场定价和心理定价方法，在后续项目中将详细介绍。

在网店经营中，接触的货源会越来越多，经验也会越来越多，这时就可以不断优化自己的货源，找到最适合自己的货源。网络开店对产品是有要求的，纵观淘宝各类店铺，发现这些店铺中的产品都有相似的特质：

（1）不容易过期

这类商品有相当长的一个保质期。

（2）价格利润空间不透明

除非有实体店铺，否则利润透明的产品将使你承担较大的囤货风险。

（3）价格变化不大

这类商品有一个较长的保值期，否则对于众多兼职的店主来说，频繁的价格变动将是件很麻烦的事情。

（4）容易运输

这将关系到产品的到达率，使售后无忧，不会把装在口袋里的钱再掏出来。

（5）产品同质化，市场的普及率高

也就是说越是大众化、同质化的产品销售起来做的工作越少，越轻松。

（6）产品差异化

淘宝上的店铺上千万，几乎应有尽有，但是总会有竞争不是那么激烈。

第二章 网店装修管理

第一节 网店装修前的准备

一、网店装修是否必要

网店有装修的必要吗？既然它只是一个网络上的店铺，为什么还要装修呢？装修了以后到底能够带来什么呢？

虽说开网店的成本比较低，但一些最基本的投入还是必要的。对于从事市场经济活动的人来说，每一项活动都要视为一项投资，网店装修也是其从事电子商务活动的一笔投资。开网店对于大多数人来说是为了赚钱。而做好网店装修的最终目的是为了赚钱，同时好的网店装修的确能够使销售量增长。

（一）装修得好的网店更赚钱

对于大多数网上开店的人来说，搞网店装修不仅仅是娱乐，而是为了赚钱。正所谓三分长相七分打扮，网店的美化如同实体店的装修一样重要。因为网店的页面其实是附着了店主的灵魂，只有独具匠心的网店装修才能打动顾客，增加你的网店销售力。具体来说，网店装修至少能够带来以下四个方面的收益：增加顾客在你的网店的停留时间、增加网店的诱惑力、增强网店的形象、打造网店强势品牌。

对网店进行精心装修能给买家留下一个好印象，能让买家感觉到店主的认真与诚意。漂亮恰当的网店装修，给顾客带来美感，顾客浏览网页时，不易疲劳，自然顾客还会细心查看你的网页。好的商品在诱人的装饰品的衬托下，会使人更加不愿意拒绝。装修好的精品网店，传递的不仅是商品信息，还有店主的经营理念、文化等，这些都会给你的网店形象加分，同时也有利于网店品牌的形成。

（二）网店装修能够提高店主的电子商务技能

做网店装修，必然牵涉到一些软件的应用，诸如网页设计软件、图像设计软件、文字编辑等。这些软件的使用技巧，原本就是电子商务技能的一部分，掌握好这些软件使用技能基本上就弄懂了电子商务技术的核心部分。对于一个网店店主来说，只有懂得网络商务的技术，才能够有利于自己网络生意的发展壮大。

（三）能够提高店主的审美情趣

网店装修是艺术和技术的完美结合，一个好的网店装修作品原本就是一件优秀的艺术品。网店装修能够带给你一种美的享受，要设计出优秀的网店你得去熟悉一些美术基础知识，例如色彩、艺术流派等，这样无形中提升了你的审美能力。

（四）网店装修是一件让人愉快的事

网店装修是一种创造活动，其中的苦乐酸甜只有自己亲身经历才能够体会。不管你是请人装修，还是自己动手，当你的网店装修成功后，你的心情是十分愉悦的。

二、网页、图像编辑软件

网店装修并不难，不要把它想得太过复杂、专业。只要认真学习，是很容易速成的。在学习装修网店的过程中，一定要认真、细心。做到这两点，相信不久之后，你自己就能装修出一个精美的网店。

网店装修准确来说属于网页设计的范畴，就是通过对文字、图像、音频、视频、动画等文件的创意组合来设计出漂亮迷人的页面，从而吸引顾客。

店铺装修目前使用最多的工具是网页和图像编辑工具。我们推荐以下几种编辑器：Photoshop、Fireworks（一种网页作图软件）、Dreamweaver、Frontpage。

Photoshop、Fireworks 是制作图片设计方面的专业软件。Frontpage、Dreamweaver 是制作网页的专业软件。

（一）Photoshop

Photoshop 主要应用在以下方面：平面效果设计、图像编辑及修复、广告设计、摄影处理、影视及卡通制作、建筑效果设计、网络图像制作。

（二）Fireworks

Fireworks 是第一个完全为网店页面制作者设计的软件。作为一个图像处理软件，Fireworks 能够自由地人各种图像，而且可以辨矢量文件中的绝大部分标记＝而作为一款为网络设计而开发的图像处理软件，Fireworks 能够自动切图，而且具有十分强大的动画功能和一个几乎完美的网络图像生成器。

（三）Photoshop、Fireworks 两者的区别

Photoshop、Fireworks 都是画图设计的专业软件。两款软件很多功能有许多相似之处＝两

者的区别在于：Photoshop 是平面设计类的软件，可以上色、修图、设计平面，并且其滤镜功能较 Fierworks 要强大得多。Fireworks 是多用于网店页面制作的切图和 gif（动态小图）制作，当然也可以画矢量的。如果有 Word 方面的基础，使用 Fireworks 将会非常简单，因为许多快捷键都是相同的。

（四）Dreamweaver

Dreamweaver 是一款页面编辑工具，或称网店页面排版软件。

用 Dreamweaver 软件，可以轻而易举地做出很多炫目的网店页面特效。插件式的程序设计使得其功能可以无限地扩展。

（五）Frontpage

Frontpage 可能是最简单、最容易，却又功能强大的贸面编辑工具。采用典型的 Word 界面设计，只要你懂得使用 Word，就差不多等于已经会使用 Frontpage。就算你不懂 Word 也没关系，"所见即所得"的操作方式会让你很快上手。

（六）Dreamweaver 与 Frontpage 的区别

Dreamweaver、Frontpage 都是专业的网店设计、制作和编辑软件，都是不错的页面设计软件，也是非常优秀的网店页面编辑工具。Frontpage 比较简单，Dre-amweaver 的动态功能比较强大。很多专业网页设计入士，使用多种软件，例如先用 Frontpage 做，然后用 Dreamweaver 做细微的调整。

三、两种图像压缩类型

图片文件有两种截然不同的图像格式类型：有损压缩和无损压缩。

（一）有损压缩

有损压缩可以减少图像在内存和磁盘中占用的空间，在屏幕上观看图像时，不会发现它对图像的外观产生太大的不利影响。因为人的眼睛对光线比较敏感，光线对景物的作用比颜色的作用更为重要，这就是有损压缩技术的基本依据。

有损压缩的特点是保持颜色的逐渐变化，删除图像中颜色的突然变化。人类大脑会利用与附近最接近的颜色来填补所丢失的颜色。例如，对于蓝色天空背景上的一朵白云，有损压缩的方法就是删除图像中景物边缘的某些颜色部分。当在屏幕上看这幅图时，大脑会利用在景物上看到的颜色填补所丢失的颜色部分。利用有损压缩技术，某些数据被有意地删除了，而被取消的数据也不再恢复。

不可否认，利用有损压缩技术可以大大地压缩文件的数据，但是会影响图像质量。如果使用了有损压缩的图像仅在屏幕上显示，可能对图像质量影响不太大。可是，如果要把一幅经过有损压缩技术处理的图像用高分辨率打印机打印出来，那么图像质量就会有明显的受损痕迹。

（二）无损压缩

无损压缩的基本原理是相同的颜色信息只需保存一次。压缩图像的软件首先会确定图像中哪些区域是相同的，哪些是不同的，包括了重复数据的图像（如蓝天）就可以被压缩，只有蓝天的起始点和终结点需要被记录下来。但是蓝色可能还会有不同的深浅，天空有时也可能被树木、山峰或其他的对象掩盖，这些就需要另外记录。从本质上看，无损压缩的方法可以删除一些重复数据，大大减少在磁盘上保存的图像尺寸。但是，无损压缩的方法并不能减少图像的内存占用量，因为当从磁盘上读取图像时，软件又会把丢失的像素用适当的颜色信息填充进来。如果要减少图像占用内存的容量，就必须使用有损压缩方法。

无损压缩的优点是能够比较好地保存图像的质量，但是相对来说这种方法的压缩率比较低。但是，如果需要把图像用高分辨率的打印机打印出来，最好还是使用无损压缩。

四、五种主要的图像文件格式

（一）BMP 图像文件格式

BMP（Bitmap）是一种与硬件设备无关的图像文件格式，使用非常广，它采用位映射存储格式，除了图像深度可选以外，不采用其他任何压缩。BMP 文件的图像深度可选 1bit（信息量单位）、4bit、8bit 及 24bit。BMP 文件存储数据时，图像的扫描方式是按从左到右、从下到上的顺序。

由于 BMP 文件格式是 Windows 环境中交换与图有关的数据的一种标准，因此在 Windows 环境中运行的图形图像软件都支持 BMP 图像格式。典型的 BMP 图像文件由三部分组成：位图文件头数据结构，它包含 BMP 图像文件的类型、显示内容等信息；位图信息数据结构，它包含有 BMP 图像的宽、高、压缩方法，以及定义颜色等信息。

（二）GIF 图像文件格式

GIF 的原义是"图像互换格式"，是 CompuServe 公司开发的图像文件格式。GIF 文件的数据，是一种基于 LZW 算法的连续色调的无损压缩格式。其压缩率一般在 50% 左右，它不属于任何应用程序。目前，几乎所有相关软件都支持它，公共领域有大量的软件在使用 GIF 图像文件。

GIF 图像文件的数据是经过压缩的，而且是采用了可变长度等压缩算法。所以 GIF 的图像深度从 1bit 到 8bit，也即 GIF 最多支持 256 种色彩的图像。GIF 格式的另一个特点是其在一个 GIF 文件中可以存多幅彩色图像，如果把存于一个文件中的多幅图像数据逐幅读出并显示到屏幕上，就可构成一种最简单的动画。

GIF解码较快，因为采用隔行存放的GIF图像，在边解码边显示的时候可分成四遍扫描。第一遍扫描虽然只显示了整个图像的1/8，第二遍的扫描后也只显示了1/4，但这已经把整幅图像的概貌显示出来了。在显示GIF图像时，隔行存放的图像会让你感觉到它的显示速度似乎要比其他图像快一些，这是隔行存放的优点。

（三）PSD图像文件格式

PSD是Photoshop图像处理软件的专用文件格式，文件扩展名是".psd"，可以支持图层、通道、蒙板和不同色彩模式的各种图像特征，是一种非压缩的原始文件保存格式。扫描仪不能直接生成该种格式的文件。PSD文件有时容量会很大，但由于可以保留所有原始信息，在图像处理中对于尚未制作完成的图像，选用PSD格式保存是最佳的选择。

（四）PNG图像文件格式

PNG是网上接受的最新图像文件格式。PNG能够提供长度比GIF小30%的无损压缩图像文件，它同时提供24位和48位真彩色图像支持以及其他诸多技术性支持。由于PNG非常新，所以目前并不是所有的程序都可以用它来存储图像文件，但Photoshop可以处理PNG图像文件，也可以用PNG图像文件格式存储。

（五）JPEG图像文件格式

JPEG文件后缀名为".jpeg"或".jpg"，是最常用的图像文件格式，由一个软件开发联合会组织制定，是一种有损压缩格式，能够将图像压缩在很小的储存空间，图像中重复或不重要的资料会被丢失，因此容易造成图像数据的损伤。尤其是使用过高的压缩比例，将使最终解压缩后恢复的图像质量明显降低，如果追求高品质图像，不宜采用过高压缩比例。但是压缩技术十分先进，它用有损压缩方式去除冗余的图像数据，在获得极高的压缩率的同时展现十分丰富生动的图像，换句话说，就是可以用最少的磁盘空间得到较好的图像品质。

JPEG是一种很灵活的格式，具有调节图像质量的功能，允许用不同的压缩比例对文件进行压缩，支持多种压缩级别，压缩比率通常在10：1到40：1之间，压缩比越大，品质就越低；相反地，压缩比越小，品质就越好。JPEG格式压缩的主要是高频信息，对色彩的信息保留较好，适合应用于互联网，可减少图像的传输时间，可以支持24bit真彩色，也普遍应用于需要连续色调的图像。

JPEG格式是目前网络上最流行的图像格式，是可以把文件压缩到最小的格式，在Photoshop软件中以JPEG格式储存时，提供11级压缩级别，以0～10级表示。其中0级压缩比最高，图像品质最差。即使采用细节几乎无损的10级质量保存时，压缩比也可达5：1。以BMP格式保存时得到4.28MB（计算机中的一种存储单位）图像文件，在采用JPG格式保存时，其文件仅为178KB（计算机中的一种存储单位），压缩比达到24：1。经过多次比较，采用第8级压缩为存储空间与图像质量兼得的最佳比例。

JPEG 格式的应用非常广泛，特别是在网络和光盘读物上，都能找到它的身影。目前各类浏览器均支持 JPEG 这种图像格式，因为 JPEG 格式的文件尺寸较小，下载速度快。

五、根据主打商品确定装修风格

消费群体的年龄、性别、职业、爱好等的不同，导致他们主要消费的商品类型有很大不同。针对不同的目标人群，需要有截然不同的经营策略。决定开网店之后，你就要思考自己网店的经营风格，否则你的店铺就不能算是一个精品店铺。

一家网店的风格，主要体现在网店主营的商品类型、网店的装修风格、网店商品发布的方式和时间、网店商品的价位、网店促销活动、举办方式、店主服务顾客的个人特色等方面。如果你的目标消费群体对你的网店风格认同感很强，就越容易把他们吸引过来，成为你的潜在顾客。

和传统实体店的经营模式一样，店铺风格最直接的表现，体现在店铺装修的风格上。对网店来说，这一点也很突出。因为顾客进入网店后，店铺的装修风格会给他们留下深刻的第一印象。而第一印象不管是在人际交往还是在做生意当中，都是起了巨大作用的。

你的网店装修风格会让顾客默默地在心里判断：这家店铺的商品是否适合我？这里销售的商品是不是我正在寻找的？

同样是购买服装，顾客对于购物时的商品价值也有一种心理暗示，本来准备购买几件平时穿着的休闲服饰，如果这家网店装修得过于高档，顾客会有一种进错门的不适，或者产生商品价格昂贵的错觉，所以，大卖场装修应该有大卖场的亲民风格，专卖店装修应该有专卖店的档次。一家店铺，不管它是网上店铺还是实体店铺，在确定自己的装修风格时一定要贴近自己的消费群体，了解他们的喜好、顾虑，综合分析，最后形成自己店铺的装修风格。

装修风格一般体现在店铺的整体色彩、色调以及图片的拍摄风格上，交易平台网站上有多种店铺风格可供选择，你可以选择这些固定的店铺模板来进行装修，也可以购买淘宝商城的旺铺模板对店铺进行设计，使店铺独具特色，也更符合销售的定位。下面介绍几类风格各异的网店，供大家参考。

（一）经营化妆品和服装的网店

该网店的主要消费群体是时尚女性，因此店铺的装修就要符合女性的审美习惯。首先，商品图片一定要时尚、漂亮，要显得精美、有档次。

其次，商品的描述都要和所售的商品风格吻合。

再次，客服接待也要符合这个群体的交流习惯。比如，在对待讨价还价的问题上，就要做好"打持久战"的心理准备，因为女人通常都很善于讨价还价。

（二）经营科技电子产品的网店

经营数码类商品的店铺在设计上一般都是比较趋于理性的，因为这类商品的目标消费群是以成年男性为主。

首先，色调以黑灰色为主，体现出店铺的科技感与时尚潮流，因为成年男性喜欢理性的、专业的设计风格。

其次，图片要简单明了，色彩不花哨，商品描述和留言回复内容要言简意赅。再次，对客服人员的专业水平要求较高。

（三）经营可爱好玩类产品的网店

如果你的网店主营可爱的、好玩的、有意思的商品，你就要了解它们的目标消费群一般为学生和25以下的年轻人。这些目标人群有较为一致的审美标准和流行的说话方式，喜欢追赶潮流，这些都是目标消费群体的共性特点。作为经营这类商品的店主，就应有针对性地来设计自己的店铺。

首先，装修风格要活泼一点。

其次，图片要时尚卡通一点，色彩要鲜艳一点，商品描述和留言回复的口气要可爱一点。

再次，客服年龄结构可以年轻化一点。

有了这几点，这种可爱型的经营风格才更容易被这个群体所接受，并且因为有了认同感而产生购买的欲望。

（四）经营贵重物品的网店

什么是贵重物品？像钻石、珠宝首饰这样的，需要花费上千甚至上万购买的商品，就是贵重商品。商品结构决定了店铺的消费群体。贵重物品95%以上的购买者在25～40岁的年龄层内，很少会有学生和老人来购买。在这类商品的使用者中，女性占绝大多数，但给这类商品付款的人却主要是男性。为此，经营贵重物品的网店装修风格应该这样定位：需要使用中性的装修风格，偏重于男士的审美习惯，同时也兼顾一些成熟女性的审美情趣。

六、寻找图片存储空间

获取网络存储空间主要是为了存放店铺的图片，网店上的图片存储空间有限，为此店主只能利用网络上其他地方的空间来存放商品图片。

店铺中图片存储空间对卖家而言是不可或缺的。在普通店铺管理中只支持基本图片的上传，大多数商品图片、说明等相关信息均需放置在自己的空间中。因此，店主需另外寻找可获得图片存储空间的方法。

（一）稳定且方便的虚拟主机

虚拟主机，又叫网站空间，是一种企业网站存放网站内容的普遍方式。虚拟主机管理方便且系统稳定，并且还可支持多种类型的文件，比如数据库、网页及图片等。虚拟主机对于在网上开店的卖家来说是非常实用的。

使用虚拟主机的价格会相对高些，上传空间大于100兆。

（二）寻找出售图片存储空间的店铺

许多网站上有出售商品图片存储空间的店铺。这类销售的存储空间通常都由一些较为专业的服务器运营商经营、维护，能够提供Flash（一种交互式动画设计工具）动画与图片的上传，相对来说，服务器较为稳定、安全，服务质量也还行，且可灵活购买。店主可按照自己店铺的需要来选取几兆字节、几十兆字节或几百兆字节的存储空间，对普通店主而言是个不错的选择。

（三）找到提供免费相册的网站

现在有许多网站提供免费相册，如人人网、中国雅虎等。店主可将商品图片上传至自己申请的免费相册中。可依据下面的步骤来上传、发布图片。

（1）注册并登录人人网相册空间，在人人网相册中单击"选择照片"按钮。（2）在弹出的"打开"对话框中选择需要上传的商品图片。（3）单击"打开"按钮后，图片添加至列表中，拖动鼠标选中要上传的图片，单击"开始上传"按钮。（4）发布完成后，在相册里找到图片，单击鼠标右键，在弹出的快捷菜单中选择"属性"命令。然后，选中"地址（URL）"，单击鼠标右键选择"复制"命令。（5）在宝贝描述里，单击"插入/修改图片"按钮，在对话框的"地址文本框"中粘贴图片地址，单击"确定"按钮后图片就能够显示了。

（四）博客相册也能存储照片

通过博客也能够存储照片。目前能够开通博客的网站有很多，如新浪网、网易和雅虎等，网友只需在各个网站免费注册就可以拥有自己的博客空间了。在开通某个网站的博客后，一般都会有相册栏目。在相册里上传商品图片后，单击鼠标右键选择"属性"，再复制图片的地址。接着重复"使用免费相册"中的步骤5就能发布商品图片了。

七、网店装修之注意事项

网店装修并不只是技术活，有很多你可能没有想到的层面，也需要特别注意。

（一）店主要有一个清晰的思路

店铺的特色是什么？主营什么？目标顾客是哪些？自己要有一个明确的思路。

（二）找一个可以信赖、有相当专业水平的装修店是关键

如果实在没有时间和精力自己操作装修事项，那么，请一个专业的装修公司当然是店主装修网店的首选，因为这些网店装修公司比较专业。当然，有钻石信誉的网店个体户也是非常不错的，因为"事实是检验真理的唯一标准"，经过了大家的多次"检验"都说好的公司应该是不赖的。

自己学装修店铺也是一件快乐的事情，但对于业务繁忙的人士，选择第三方来装修店铺是非常明智的。不过，网店店主自己学习一些装修店铺的知识也是必要的。

（三）店主要用最容易让人理解的语言表明自己的想法

尽量用具体的词来说明自己的思路和希望达到的效果，越具体越好。千万别用抽象的词和让人摸不着边际的话，让装修者不知所云。

（四）做好文字和图片的前期准备

店铺公告、店名、店标、签名等文字性的资料和商品图片要事先准备好。这样不但可以提高装修的效率，也可以避免返工，能够达到双赢的效果。

（五）风格与形式的统一

店铺装修除了色彩要协调外，整体风格也要统一，风格不搭是大忌。

（六）突出主次，切忌花里胡哨

店铺装修漂亮，确实能更多地吸引买家眼球，但要清楚一点，店铺的装饰别抢了商品的风头，毕竟店主是为了卖产品而不是秀店铺，弄得太多太乱反而影响商品效果。

八、不同类型网店的装修

用心给自己的网店进行装修，不仅体现了店主的艺术品位和审美眼光，更是一种重要的网店经营手段。不同风格的店铺装修，能够衬托出主营商品的不同特点，更容易吸引到目标顾客群。店铺装修得富有特色，则能吸引众人的眼光，那么你的交易额就很可能得到很大提升。因而可以说，装修好店铺是经营好网店的先决条件。

网店如同实体店一样种类繁多，接下来就以女装店、食品店、家居用品店、化妆品店、首饰店和男性商品店等为例，来深化读者对网店装修的认识。

（一）主营女装的网店

经营女性服饰类的店铺，在装修颜色上通常采用紫色、粉色及红色等能够凸显女性特点的色彩。此外，为能更好地突出女性的柔美特点，经常会采用时尚女郎和卡通动画等图片进

行设计装修，而在装修这类店铺前，应先搜集一些相关素材图片。

（二）主营食品的网店

如今在网上购买食品的人越来越多，而食品类网店也随之不断发展。随着食品类网店的增多，竞争也自然变得激烈了，因此店主要想在竞争中占有优势，就应注重网店的装修。在装修食品类店铺时要注意突出食品是绿色、环保、无污染的健康食品，因而在选择色彩时可以绿色、蓝色等为主色调。

（三）主营家居用品的网店

家居用品类的店铺在网店中占有一定的比例，产品类型也较为丰富。对于生活用品店铺的装修，可根据其销售产品的类型来选择适宜的装修素材对其进行装修，如销售日常生活用品的家居店铺，可选取那些带有居家感觉的图片作为素材；而如果销售的是田园风格类的家居饰品，则可选择自然风光、蓝天白云，或是花园等图片作为装修素材。生活用品类店铺可以用粉色、橙色、黄色和绿色等为主色调，这能给人带来轻松、舒服的感觉。

（四）主营化妆品的网店

化妆品店铺在网店中受到众多买家的喜爱。因为在网上购买方便且价格便宜，所以那些信用度高的卖家极受买家追捧。在装修化妆品店时应突出自然、清爽及环保的特点，所以在选择色彩时可以粉色、绿色和蓝色等为主色调。

（五）主营首饰的网店

经营首饰类的店铺，要根据首饰的不同材质、类型来选择店铺的风格，在装修颜色上通常可以采用具有梦幻色彩的紫色、粉色等能够彰显首饰的美丽以及具有浪漫情怀的色彩。为让店铺看起来更加美观，也为了让首饰更加吸引买家，可采用些卡通动画等图片进行设计装修。

（六）主营男性商品的网店

男性商品店铺要突出其活力、健康的特点。因此，在进行店铺装修时多采用绿色、蓝色和黑色等色彩，而在装修风格上则要求直接、简洁。按照店铺所售商品的类型可选取或时尚，或正式，或休闲，或轻松的图片来修饰店面。

第二节　网店的店标与分类导航

一、网店店标的作用

店标就是你的网店页面头部左上角的图片标识，是消费者打开你的网店首页时最先看到的地方，也是最醒目的地方。它的功能不只是突出显示店名、装饰店铺这么简单，小小店标里有深层的意义。

从店标的演变过程可以看到店标艺术风格、特点的变化。现代店标设计的信息化、视觉化、现代化是当前的世界潮流。当然，对于多数店主来说，这个要求是比较高的，因为一个优秀的店标需要一个很好的创意和艺术家的妙手才能够打造出来。

当然我们也不用害怕，自己可以尝试着去制作店标，这样能够在制作的过程中捕捉创意的灵感。店标的首要任务就是向消费者传达信息，最终目的是让消费者记住自己的网店，使网店区别于其他网店。

（一）店标向消费者告知的信息

店标也叫店标图片，是网店形象识别系统的重要组成元素之一，是网店特色和内涵的集中体现。一个好的店标图片可以让消费者浏览网店时体会到店主的良苦用心，从而会对网店产生比较深刻的印象，这样就有增加交易的可能了。

店标设计是一种特殊文字或图像组成的大众传播符号，它的基本功能是以图形传达信息，表现其内在的质量、特点，而以之作为沟通的媒介。它借鉴和运用原始符号，并赋予原始符号以更高的艺术高度。网店店主一定要开动脑筋多想想，让店标成为诠释网店服务的媒介。

（二）如何打造极具吸引力的店标

要制作出一个好店标，绝非一朝一夕的功夫。因为这个小小的店标牵涉到人文、科技及一个人的美学修养等方面。店主要在非常短的时间里制作出优秀的店标，是件难事，但是在头脑中勾画出店标的大体样式是比较容易的。这样，店主可以选择把自己的想法告诉专业的标志设计人员，请他们将你的想法用图像表现出来。

二、制作网店店标的方法

店标设计是一种乐趣，更是一种艺术创造，每一种艺术创作都有相应的理论作为指导，因此掌握好店标的设计标准，对店标的设计还是有一定指导意义的。对于淘宝网店的店标，按照其存在的状态可以分为：动态店标和静态店标。

（一）制作店标前的准备

制作店标需要捕捉艺术创作灵感。灵感来自哪里呢？

许多人抱怨自己没有艺术细胞，其实只是自己没有仔细观察罢了，要制作店标离开对生活素材的积累是不行的。因此倘若网店店主想制作出优秀的店标，必须多积累些生活素材。

（二）简易静态店标的新作

对于大多数能够使用电脑的人来说，修改一张静态图片使之成为自己网店的店标并非是件困难的事。一般来说，一个静态店标由文字、图像构成，静态店标有纯文字店标、纯图像店标、文字图像混合店标。网店店主可以使用名牌产品标志作为自己的店标，这样店主只要把产品标志扫描下来即可。采用这类方法制作店标简单、快捷。网店店主也可以自己先用铅笔在稿纸上设计好草图，再用扫描仪扫描下来，最后使用 Photoshop 处理。

（三）简易动态店标的制作

动态店标就是一小段由图像文字构成的 gif 动画。接下来重点讲述如何使用 Photoshop 来制作具有动态效果的网店店标。

图片制作工具：Photoshop 软件。

动态店标简易制作流程：

安装并启动 ps（Photoshop 的缩写）软件。

建立图层，并在图层里粘贴图片或输入相应的文字。转到 ps 动画编辑窗口。

修改动画参数，预览后再反复修改。

保存后，上传到淘宝网店的店标区域。

三、网店的商品分类

如果买家进入店铺后，点击相应的分类却提示"没有相应宝贝"，不仅会让买家失望，而且会让买家觉得店主没有用心经营，这样买家对店主的印象就会不好。因此，店主应及时为自己的商品进行分类。给商品分类能够提高店铺的形象，也能够提高交易率。给商品分类能给买家带来许多方便，服务于买家，其实最终是为店家自己服务。下面以在淘宝网上的店铺为例，告诉新手们制作商品分类的技巧。

（一）制作商品分类导航

商品分类导航可分成文字分类与图片分类两种。文字分类：进入"我的淘宝"—"我是卖家"—"店铺管理"—"店铺装修"—"店铺类目"—进行宝贝类目的分类。

（二）对宝贝进行分类

对商品进行基本分类的步骤是：进入"我的淘宝"—"我是卖家"—"店铺管理"—"店铺装修"—"店铺类目"—"宝贝分类"—"未分类宝贝"—按下图进行放置。为方便买家购买，店主应及时为你的商品分类。

（三）调整分类顺序

调整分类顺序的步骤是：进入"我的淘宝"—"我是卖家"—"店铺管理"—"店铺装修"—"店铺类目"—"宝贝分类"—对相应类目排序号进行修改并按后面的"修改"键保存。

（四）关于一级分类与二级分类

目前，一些网站如淘宝网只支持一级分类，但可以利用空间错位法来达到级别分类的效果，这样能给买家在视觉上做出一级与二级分类。

（五）制作相同名称的二级分类（技巧）

如卖包的店，可以将斜挎包为一个一级分类，单肩包为一级分类，但在各个分类下均有相同的风格，即均含有比如淑女风格与手绘风格两种。

四、制作网店的分类导航

店铺中的分类导航即店铺类目，不论是在普通店铺中还是在旺铺中其均在店铺左侧显示，作用是显示商品的分类。

对一家店铺而言，所售商品分类是否合理是十分重要的，分类导航可运用简单的文字展现，也可使用独具特色的图片来展现，从而让店铺更加吸引人。若使用文字分类，则导航的大小与颜色都是不能变的。如果店主想让自己店铺的分类导航显得与众不同，则可将各项分类导航制作成图片。对图片的高度没有严格的要求，只需合适就行，但图片的宽度最好不超过180像素。

店主若想让自己的分类导航给进入店铺浏览的买家留下一个深刻的印象，就需要自己动手进行设计了。

分类导航一般包括欢迎图片与商品分类图片两种。可在欢迎图片上加入联系方式、营业时间等信息。

（一）制作分类导航模板

在Photoshop软件中制作分类导航模板的具体操作步骤如下：

一般来说，网上搜集到的图片很难与所要求的图片尺寸完全相同，因此要调整搜集到的图片尺寸。打开Photoshop软件，选择菜单"文件"—"打开"命令，打开已搜集的两幅素材图片，可以看到两幅图片的样式非常接近要制作的欢迎图片和商品分类图片，但它们的尺寸并不合适，因此要对图片进行修改。

开始制作欢迎图片，素材图片的尺寸是200像素×200像素，要把它的宽度修改为160像素。选择菜单"文件"—"新建"命令，打开"新建"对话框，设置"宽度"为160像素，"高度"为200像素，"分辨率"为72像素/英寸，单击"确定"按钮，在Photoshop软件编辑窗口中新建一个空白图片文件。

切换到素材图片，选择菜单"选择"—"全部"命令，然后选择菜单"编辑"—"拷贝"命令复制图像。单击新建的空白图片，选择"粘贴"命令将图片粘贴过来。

在工具栏中单击"移动工具"按钮，水平移动图层至右侧。在工具栏中单击"缩放工具"按钮将图片放大，接下来调整图片大小。在工具栏中选择"矩形选框工具"按钮，在图层右侧从顶部到底部拖出一个矩形区域。在应用移动工具水平移动图层时，图层会自动和边框对齐，就像被吸附住一样，这一功能有利于准确的调整、定位图层位置。

因为原来素材较宽，要将其变窄，所以单击"移动工具"按钮，向左水平拖动选择的区域。选择菜单"选择"—"取消选择"命令取消区域选择。使用移动工具将图层移动到中间位置。此时如果宽度没有调整到位，可以重复上面的步骤，直到调整为合适的边框。

选择菜单"文件"—"保存"命令，弹出"存储为"对话框，将图片保存为"欢迎.psd"。

新建一个尺寸为155像素×72像素的空白文件，将另一幅素材图片用同样的方法粘贴到新建的空白文件中。将图片放大到300%，并移动到右对齐的位置。使用"矩形选框工具"按钮选择矩形区域。

在工具栏中单击"移动工具"按钮，然后按下alt键的同时拖动图片上的矩形选区，即可在同一图层中对选择区进行移动，如果图片上有文字可将其覆盖。

按照以上的方法能够将图片的宽度变大。

图片的高度可以按照统一的方法进行处理，但要注意与右侧的花朵图标的链接。图片宽度和高度调整完成后，将图片保存为"按钮2.psd"。

（二）为分类导航添加文字

店主可按照自身需要来制作商品分类图片上的文字。可在欢迎图片上标注联系方式、工作时间和店铺名称等内容，在商品分类图片上则可标注不同商品的名称。在欢迎图片与商品分类图片上制作文字的具体操作步骤如下：

打开"欢迎.psd"图片，在工具栏中单击"横排文字工具"按钮输入店铺名称"随心设计"。

双击选中文字，在"选项"面板中将字体设置为"方正准圆简体"，设置字体大小为"18点"，设置消除锯齿的方法为"平滑"，设置文本颜色为"水红色"。

选择菜单"图层"—"图层样式"—"描边"命令，打开"图层样式"对话框。在左侧"样式"列表中选择"描边"选项，在右侧的"大小"文本框中输入1像素。单击填充类型的"颜色"按钮，选择填充颜色为"蓝色"。

单击"确定"按钮后，为文字增加了蓝色的描边。

在店铺名称下输入工作时间与联系方式，而文字样式则延续了前面的设置。

接着修改刚才输入的字体样式与颜色。双击选中输入的文字，在"选项"设置字体为"汉仪凌波体简"，字体大小为"14点"，单击填充类型"颜色"按钮，选择填充颜色为"梅红色"单击"确定"按钮。

设置行距为18点，设置消除锯齿的方法为"平滑"，然后将文字移动到图片中间位置，并为文字加上1像素灰色的描边效果。

根据前面的方法，给商品分类图片添加文字。打开商品分类图片"按钮.psd"，设置字体为"汉仪方隶简"，字体大小为"18点"，设置消除锯齿的方法为"平滑"，设置文本颜色为"粉色"，然后输入商品分类名称，如"普通店铺装修"，并设置位置为2像素的白色描边。

（三）制作分类导航动画

给店铺设置分类导航是为了让买家能清晰地了解店铺中的各类商品，因此制作鲜明的分类名称是十分重要的，而突出效果的最好方法便是使用动画方式。下面教你如何使用之前制作好的欢迎图片与商品分类图片制作动画效果。

打开Photoshop软件，打开两幅图片"欢迎.psd"和"按钮.psd"。先单击"欢迎.psd"文件，由于图片中没有特殊的图案，可复制一些心形图案以便制作动画效果。

合并心形图案的几个图层，在"图层"面板中单击"图层2"将其选中。单击工具栏中的"魔棒工具"按钮，在打开的"选项"面板中设置容差为2，并取消"消除锯齿""连续"和"对所有图层取样"多选框。在心形图案的中间位置单击，就能够选中所有颜色相同的区域。

在"图层"面板中单击"创建新图层"按钮，然后选择菜单"编辑"—"填充"命令，打开"填充"对话框，在"使用"下拉菜单中选择"白色"选项。单击"确定"按钮后，图层中被选中区域填充为"白色"，在图层右上角设置不透明度为50%。

在"图层"面板中单击背景图层前面的"眼睛"图标，将其隐藏。选择菜单"窗口"—"动画"命令，打开"动画"面板，单击"复制当前帧"按钮。

在"动画"面板中单击第1帧，在"图层"面板中将图层3设置为隐藏，在"动画"面板中单击第2帧，在"图层"面板中将图层3设置为显示。然后，选中第1帧和第2帧，单击"动画"面板"0秒"，在打开的菜单中选择延迟时间"0.5秒"。

单击"动画"面板中的"播放/停止动画"按钮，就可以查看动画显示效果。选择菜单"文件"—"存储为Web和设备所用格式"命令，弹出"Web和设备所用格式"对话框，在"品质"下拉列表中选择"两次立方"。

单击"存储"按钮，弹出"将优化结果存储为"对话框，在对话框中设置文件名为"huanying.gif"。单击"保存"按钮完成gif动画的保存。

商品分类按钮动画的制作方法，与欢迎图片的制作方法类似，需要把分类文字设置为闪动。其具体操作步骤如下：

选择"按钮.psd"图片，在"图层"面板中隐藏背景图层。

选中文字图层，把它拖动到"创建新图层"按钮处，就可以复制一个相同的文字图层。

双击新复制图层右侧的图层效果标志，打开"图层样式"对话框，在"描边"设置中把填充颜色调整为"蓝紫色"。

单击"确定"按钮，刚复制的图层中文字描边颜色从白色变成了蓝紫色。在"动画"面板中单击"复制当前帧"按钮，选中第1帧时，设置显示原来的文字图层，隐藏复制的文字图层；选中第2帧时，设置显示复制的文字图层，隐藏原来的文字图层。

单击"动画"面板上的"0秒"，将两个帧的延迟时间都选择为"1.2"秒。

选择菜单"文件"—"存储为Web（超文本）和设备所用格式"命令，弹出"存储为Web和设备所用格式"对话框，在"品质"下拉列表中选择"两次立方"，单击"存储"按钮，弹出"将优化结果存储为"对话框，在对话框中设置文件名为"menul.gif"，单击"保存"按钮完成gif动画的保存。

接下去再制作两个按钮"旺铺装修"和"个性化装修"。在Photoshop软件中打开"按钮.psd"，分别修改两个文字图层中的内容，按照上面的步骤进行操作即可。完成后分别保存为"menu2.gif"和"menu3.gif"。

（四）将分类导航应用到网店中

接下来以淘宝店铺为例，介绍怎样把已经制作好的分类导航图片应用到店铺中，具体的操作步骤如下：

按照前面章节介绍的方法将图片上传到已有的空间中。

登录"我的淘宝"，进入"我是卖家"页面，单击"店铺管理"下的"店铺装修"链接，进入"店铺装修平台"页面。接着单击"店铺类目"右侧的"编辑"链接，转入"编辑分类"页面。

单击"增加新分类"按钮，在"分类名称"文本框中输入"欢迎图片"。

单击"添加图片"链接，弹出"图片地址"编辑框。

在"图片地址"中输入图片"huanying.gif"的地址，单击"确定"按钮。单击"保存"按钮，完成操作。

根据上面的方法，可继续在店铺中添加新分类或给原有分类添加图片。店铺类目设置完成后单击保存按钮，单击"查看我的店铺"按钮，会发现店铺的分类已经发生了大变化。

第三节　网店的公告

一、关于网店公告

网店公告,即店铺公告,它写得好坏直接关系到买家对店主及店铺体验的好坏。店铺公告能够显示出店主的用心,因此许多卖家都会不遗余力地制作一款与自己店铺相符又富有个性的店铺公告。这些公告通常图文并茂,有些还使用了动画效果,同时配以优美的文字;有的还设置了背景音乐,这么做的目的无非是想给浏览公告的买家留下一个深刻的印象,从而达到宣传网店的目的。

公告是以滚动形式出现的,因此应该尽量言简意赅,因为太长的公告可能没有几个买家愿意看完。普通店铺的公告在店铺右侧,卖家可将店铺的促销信息、最新活动等内容发布在此。准确的信息能够提高店铺的可信度。淘宝店铺公告栏中显示的是店铺的动态信息,可涵盖服务变动、开店时间和商品促销等信息。易趣网上店铺的公告区域,包含了服务变动、营业时间和联系方式等内容。

普通店铺公告的播放方式、尺寸与位置均由网站固定设置,一般情况下只有在有限的区域里发挥它的作用。为能将店铺的最新消息,如红包、打折和特价等优惠信息及时在公告栏中体现出来,就需在公告栏中添加自己的特色广告。

店主若想写好店铺公告,可从以下几方面入手。

(一)将店铺公告设计成广告形式

将店铺公告设计成店铺广告样式能够在买家心中树立自己的品牌形象。制作广告式的公告要注意不能太过复杂,应清楚明白地将服务或是商品概念传递给买家,使他们一看就懂。在制作广告式公告前,店主应该先对目标消费者做一个研究,根据他们的"口味"制作出买家容易接受的公告,同时要能给他们留下一个深刻的印象,以区别于其他卖家的广告。

制作该广告式公告的目的是让买家心动,从而产生购买欲望。更重要的是该广告应与店铺形象相符,和商品品牌紧密联系,从而达到强化自己店铺在买家心中地位的目的。另外,由于当前喜欢在网上购物的人大多是年轻人,他们更愿意接受极富趣味、耐人寻味的信息。因此,店主要将广告设计得新奇有趣些。

(二)将店铺公告设计成信息发布栏

发布的信息可以是促销活动、店铺的新变化或者是其他一些信息。促销活动包括店铺开张纪念日优惠、购物优惠和一元起拍卖等。将这些信息放在公告栏,进入店铺的买家就能一眼看到店主精心策划的促销活动。店铺的新变化包括分店开张、商品结构调整和新品到货等信息。

二、制作静态公告栏

（一）静态公告栏的制作流程

收集公告栏素材，当然也可以自己绘制。对于大多数网商来说还是收集公告栏素材比较好，因为网络中有许多的免费图像资源可以使用，你只要使用谷歌、百度等搜索引擎搜索就可以了。

在 Photoshop 中整有用素材，注意公告栏的宽度不要超过 400 像素。

制作出公告栏模板。

添加文字信息。

上传公告栏到网络相册中。

安装公告栏。

（二）安装模板代码

公告栏做好后，要安装到自己的淘宝网店里并非很困难，主要是因为牵涉到 HTML 代码问题。但是对于多数网店店主来说并没有相应的代码知识，所以在此给大家提醒一下。

安装模板代码的步骤：

登录淘宝网店—我的淘宝—我的店铺管理—基本设置。

打开网络相册公告栏图片并且复制其网络相册地址。

粘贴网络相册地址到这样的图片连接代码中：

<p><imgsrc="此处为公告栏图片所在的网址"></p>

例如：

<p><imgsrc="http://www.eacha.com/image/logo.gif"></p>

单击"确认"即可。

三、设置公告文字样式

以易趣网为例，在网店中编辑公告中文字样式的具体操作步骤如下：

登录"易趣"，进入"我的易趣"页面，在"我是卖家"列表栏中单击"管理店铺"链接，进入"管理我的店铺"页面，并将页面调整至"店铺公告"处。拖动鼠标选中第 1 行文字内容，单击"字体"下拉列表选择"楷体"。

在"字号"下拉列表中选择"18"将文字放大。

拖动鼠标选中下面两行文字内容。

字体设置为"宋体"，字号设置为"14"，并单击"粗体"按钮，将文字设置为粗体。

然后单击"文字颜色"按钮，选择文字颜色为"紫色"。

设置字体颜色后，单击"居中对齐"按钮，设置文字居中显示。完成设置后，单击"保存"按钮，显示"操作成功"，浏览普通店铺中公告效果。

四、制作精美的公告图片

公告栏中除了可以是文字外，还能够用图片形式来显示。精致美观的图片公告，更能吸引买家的眼球。

店主可根据自己店铺的风格来设计公告栏中图片的样式，而图片公告中的文字最好不要经常更新，因此可设置联系方式、经营时间和欢迎语等内容。在制作公告图片前，可先从网上搜集一些素材图片。

使用 Photoshop 软件制作美观的公告图片的具体操作步骤如下：

将店铺风格设置为"典雅绿"。打开 Photoshop 软件，选择菜单"文件"—"打开"命令，在"打开"对话框中选择搜集到的素材图片，单击"打开"按钮，打开素材图片。

在工具栏中单击"防止图章工具"按钮，用图章在文字周围先吸取相似图案，再涂抹到文字上，重复多次后就可将文字删除。

店铺公告的建议宽度为 340 像素。为此，选择菜单"图像"—"图像大小"命令，在"宽度"文本框中输入"340"、单位为"像素"。单击"确定"按钮，图像尺寸缩小。在工具栏中单击"横排文字工具"按钮，在图片中单击后输入"新店开张欢迎光临"字样。

双击选中文字，在"字符"面板或"选项"面板中进行文字设置，字体为"方正流行体简体"，字号大小为"18"，设置文本颜色为"墨绿色"，并单击"仿粗体"按钮和"仿斜体"按钮。输入营业时间文字"营业时间：早 8：00 ~ 晚 19：00"。

在营业时间文字处双击选中该行文字，在"字符"面板中设置字体大小为"16"，文本颜色为"蓝色"，并将文字移动到准确的位置。接着在营业时间下输入店铺的链接地址，从而起到宣传店铺的作用。在"字符"面板中设置字体为"Arial"，字体大小为"12"，并单击"仿斜体"按钮，取消斜体设置。图片制作完成后，先将图片以 PSD 格式保存起来，便于以后修改。再选择菜单"文件"—"存储为 Web 和设备所用格式"命令，在弹出的对话框中选择优化的文件格式为"GIF"。

单击"杂边"右侧的颜色框打开"拾色器"对话框，在对话框中选择与店铺公告背景相近的"淡绿色"。

在"颜色"右侧的下拉菜单中选择"128"选项，使图片在保证清晰的状态下占用最小的空间，以提高浏览速度。

勾选"透明度"复选框，单击"存储"按钮，弹出"将优化结果存储为"对话框，在"文件名"文本框中输入文件名"gonggao.gif"。单击"确定"按钮，完成保存。

五、在网店中放置公告图片

图片公告完成制作后,自然是要将其应用到店铺中,从而达到美化店铺的目的。

现在以在易趣网店上发布店铺公告为例,其具体操作步骤如下。

将制作好的公告图片上传到相应的图片空间中。

登录"易趣",进入"我的易趣"页面,在"我是卖家"列表栏中单击"管理店铺"链接,进入"管理我的店铺"页面。

单击"店铺设计"下的"基本设置"链接,进入"店铺基本设置"页面。

单击"添加图片"按钮,弹出"Explorer(微软的资源管理器)用户提示"对话框。

输入图片地址,单击"确定"按钮,即将图片上传到店铺公告中。

删去原公告栏中的一些文字,单击"确认修改"按钮即可。单击"浏览我的店铺"链接,即可打开店铺首页,图片公告即滚动显示在公告区域。

第四节 网店的商品描述模板

一、关于网店的商品描述模板

制作商品描述模板的目的是为了展示店铺里的商品,它包括宝贝描述、宝贝展示、买家须知、联系我们与邮资说明等板块。

商品描述模板能对商品起到装饰与衬托作用,同时还可以提高店铺商品的人气。一般来说,商品描述模板有宽版与窄版两种形式。普通店铺通常采用的是宽版样式设计,而在旺铺中由于左侧有能够显示掌柜档案、店铺类别等隐藏显示侧栏,所以店主要根据不同的默认设置来选择商品描述模板是用宽版还是窄版。通常而言,宽版商品描述模板宽度不得大于930像素,窄版商品描述模板宽度不得大于710像素,而高度都是没有限制的。

关于商品描述模板,有这样几条建议:

在制作商品描述模板前,可以先去看看其他卖家的模板,将好的借鉴到自己的店铺中来使用。

如果你的商品描述模板不适宜用在你的店铺中,就先不要使用模板。

为突出店铺中的商品图片,商品描述模板上其他的内容一定要简单明了,以免次要部分太过花哨而无法突显商品图。

商品描述里最基本的信息包括商品名称、具体的尺寸和价格等,也可以将优惠信息或是邮费信息加进去。如果有条件可找个服务器将图片上传,接着将图片的地址添加至商品描述中,买家看到实物图还有细节图会更有兴趣看下去,这样就能提高交易率了。

通常来说，制作商品描述模板包含下面几部分内容：

店铺公告，与普通店铺中的公告类似，一般以滚动字幕的方式显示。

新品推荐，把新商品的图片制作成滚动方式显示。

宝贝展示，用来展示当前商品的细节、大图等，图的数量可根据实际情况来定，可以是单图也可以是多图。令宝贝描述，对商品进行文字描述；令买家须知，可以在这里输入一些注意事项。

联系方式，可以显示手机号码、旺旺、MSN、QQ和电子邮件等联系方式。邮资说明，也就是关于商品邮寄资费的说明。

二、制作宽版商品描述模板

宽版商品描述模板所包含的栏目信息比较多，如商品分类、店铺公告、最新推荐和更多推荐，以及最关键的商品描述、商品展示、联系方式、邮资说明和买家须知等内容。

下面以"随心饰品"为主题介绍宽版商品描述模板的设计与制作。

（一）制作商品描述模板

在设计描述模板前要先在网络中搜集一些相关的素材图片，将其作为顶部背景与店铺公告装饰图片。在Photoshop软件中设计商品描述模板，各个栏目之间要注意合理布局，具体操作步骤如下：

打开Photoshop软件，选择菜单"文件"—"新建"命令，弹出"新建文档"对话框，设置宽度为930像素，高度为300像素，接着在工具栏中将前景颜色设置为"白色"，背景颜色设置为"淡紫色"。

在工具栏中单击"渐变工具"按钮，接着在"选项"面板中单击"点按可编辑渐变"按钮，打开"渐变编辑器"对话框，在"预设"区域中单击第1个选项。选择"图层"—"新建"—"图层"命令，创建一个新图层，然后在图片中从上至下填充渐变颜色。

打开素材图片，将其拖动到已创建的图片中，并使用"编辑"菜单中的"自由转换"命令，来调整图片尺寸，调整到合适大小后将图片移动到左侧。

打开另一幅素材图片，作为公告图片。因其背景为透明，所以可直接复制粘贴到"银质项链.psd"图片中，调整大小与位置。

在工具栏中单击"横排文字工具"按钮，在"选项"面板中将字体设置为"方正流行体简"，字体大小为"36点"，设置取消锯齿的方法为"浑厚"，设置文本颜色为"白色"。接着在图片中输入店铺名称"随心饰品"，并对文字进行描边样式设置。

在右侧顶部制作几个按钮，在工具栏中单击"圆角矩形工具"按钮，在"选项"面板中设置半径为"5px"，设置新图层样式为"无样式"，设置新图层颜色为"白色"。在图片中拖动鼠标绘制出一个圆角矩形框。在新增加的形状图层中，添加图层描边样式，设置2像素的淡紫色描边。

在"图层"面板中再复制 3 个形状图层，然后使用键盘上的箭头按钮将 4 个按钮移动至水平位置。利用素材图像在每一个按钮前添加一只蝴蝶图案进行装饰，要注意统一位置。键盘上的箭头按钮一次只能移动 1 像素，而使用箭头按钮则可一次移动 10 像素，这样能够快速把图层移动到相应的位置。这里使用箭头按钮进行移动图层，而不用鼠标进行直接拖动图层元素，是为保证移动对象能够水平对齐。

在工具栏中单击"横排文字工具"按钮，然后分别在 4 个按钮中输入文字"我的店铺、信用评价、个人空间和加入收藏"，在打开的"字符"面板中设置字体为"方正黑体简体"，字体大小为"14 点"，设置消除锯齿的方法为"浑厚"，设置文本颜色为"紫色"，设置字间距为 70。

在按钮文字下方制作"最新推荐"栏目，首先输入文字"最新推荐"，并设置相关字体、颜色、描边等样式。然后使用前面介绍的圆角矩形工具，绘制出一个白色背景、粉红色沟边的矩形区域。在最后制作滚动图片的效果。

选择菜单"图像"—"画布大小"命令，弹出"画布大小"对话框，在其中将高度修改为 1060 像素，然后在"定位"中单击第 1 排中间的方块。单击"确定"按钮，图片的高度变为 1060 像素。

接下来对画布扩展后的图片的下半部分进行设计与制作，具体操作步骤如下：

单击"矩形选框工具"按钮，在图片下半部分拖出一个矩形区域，并采用淡紫色进行填充。

在工具栏中单击"圆角矩形工具"按钮，分别在填充的淡紫色区域中绘制出左右两个背景为白色的矩形框。在左侧制作"商品分类、更多推荐"栏目，在右侧制作"宝贝展示、宝贝描述、买家须知、邮资说明和联系方式"栏目。

需要在左侧区域制作两个栏目按钮"商品分类"与"更多推荐"，单击"圆角矩形工具"按钮，在左侧区域中拖出一个圆角矩形框，这时的矩形框采用了前景颜色填充。复制圆角矩形框并移动到下方，分别输入两个按钮的名称。

在右侧制作其他相关栏目，这里可运用一些恰当的花边进行装饰，并在中间输入标题名称。

根据同样的方法，再将其他几个栏目的标题名称制作出来，由于它们是并列一起的，可以统一风格，只需修改标题文字即可。

"银质项链 .psd"商品描述模板图片制作完成后，将其直接保存。

（二）制作闪光动画

在前一节中制作完成的商品描述模板，只是静态的，还不够美观，而若想生成的网页更加绚烂，就需增加一些动画效果。给模板制作闪光动画的具体操作步骤如下：

打开 Photoshop 软件，打开上一节中保存的图片"银质项链 .psd"。

绘制一个闪光的图案。新建一个图层，在工具栏中单击"椭圆选框工具"按钮，在任意位置拖出一个椭圆形选框。选择菜单"编辑"—"填充"命令，使用深紫色进行填充。

在工具栏中单击"移动工具"按钮,按下 alt 键后拖动鼠标复制一个相同的深紫色椭圆形。选择菜单"编辑"—"自由变换"命令,对图形进行位置调整,将其移至与第 1 个椭圆形相交的位置。

按下回车键确定完成调整。接着在"图层"面板中选中这两个图层,并单击右上角的箭头按钮,在弹出的菜单中选择"合并图层"命令。

选择菜单"编辑"—"自由变换"命令,按住 shift 键进行等比例缩小闪光图形至合适的大小,最终设计成小星星的形状。

将闪光点复制到所有希望看到闪动的位置,然后根据实际情况调整它们的大小、角度等。如可在"最新推荐"的旁边复制一些,店名旁复制一些等。

选择菜单"窗口"—"动画"命令,打开"动画"面板。单击"复制当前帧"按钮,就能在"动画"面板中显示一个新的帧。

在"动画"面板中选中第 2 帧,然后在"图层"面板中分别选中每 1 个闪光图案所在的图层,将它们的透明度分别设置为 50%。

完成设置后,选中两个帧,将延迟时间都设置为 0.2 秒。单击"播放/停止动画"按钮就能显示制作完成的动画效果。最后将图片保存成 gif 动画格式即可。

(三)裁剪和保存描述模板

怎样将制作好的图片裁切成适合制作网页的元素做一个介绍,具体操作步骤如下:

打开 Photoshop 软件,打开上小节设计好的描述模板图片,选择菜单"视图"—"标尺"命令,显示图片标尺,并保证"视图"—"显示"—"参考线"为选中状态,接着从标尺的位置拖出参考线。

根据上面的方法再拖出几条参考线。参考线的作用是标注裁切成最终图片的位置,因而要注意尽量将有动画效果的部分放置在一个区域里,这样存储成一个 gif 格式的动画即可。另外,还要注意裁切的图片尽可能保持高度相同,不然会给图片拼接造成麻烦。在拖出参考线时,如果看不清楚具体的位置,可将图片放大显示,这样能让参考线的位置更加准确。像关联性不是太强的按钮以及最新推荐等标题,可不用参考线来定位,直接裁切后保存成图片就行了。

在工具栏中单击"裁切工具"按钮,拖动鼠标选中左侧的一列。这列中没有动画效果,因而可将其制成一张图片。在选中区域双击鼠标左键,完成图片裁剪。

选择菜单"文件"—"存储为 Web 和设备所用格式"命令,弹出"存储为和设备所用格式"对话框,单击"四联"按钮,图片显示四联,分别显示了不同颜色状态下图片保存后的大小,在不失真的情况下可以选择第 3 个。

单击"存储"按钮,弹出"将优化结果存储为"对话框,在对话框中选择要保持的文件夹,将文件命名为"top—1.gif",单击"保存"按钮,完成图片保存。

选择菜单"窗口"—"历史记录"命令,打开"历史记录"面板,在历史记录列表中选择"裁剪"的前一条记录，图片将返回裁剪前的状态。

单击"裁剪工具"按钮，拖动鼠标选中相应区域。

根据前面同样的方法单击"四联"按钮，在其中选中32颜色选项的图片，将其存储为"top-2.gif"。

继续按照上面的方裁切保存其余未裁剪的gif图片动画，左侧上半部分的图片被切割成以下几个部分。

接下来开始裁剪右侧上半部分的按钮和最新推荐等内容，从标尺中拖出一些参考线用来划分按钮，这里不再赘述裁剪方法。相对而言，保存下半部分的图片元素比较简单，只需把圆角区域与按钮都保存成单独的图片就可以了。

（四）制作宽版描述模板网页

在运用描述模板前，要先将其生成HTML代码，然后才可以应用到网上店铺中。

可使用Dreamweaver软件将描述模板生成HTML（文本标记语言）代码。在Dreamweaver软件中，主要是采用层"DIV"，或表格来控制文字与图片元素，对于不熟练的人来说采用表格布局会更简便些。使用Dreamweaver软件生成网页代码的具体操作步骤如下：

打开Dreamweaver软件，在快捷菜单"新建"列表中选择HTML选项。打开一个空白的网页，选择菜单"文件"—"保存"命令，在弹出的"另存为"对话框中选择前面已保存的HTML文件夹，并输入文件名"miaoshtuhtml"。

单击"保存"按钮后返回网页编辑窗口。选择菜单"插入"—"表格"命令在弹出的"表格"对话框中设置行数为4，列数为5，表格宽度为"930"像素，边框粗细、单元格边距和单元格间距都设为0。

单击"确定"按钮，在网页中插入4行5列，宽度为"930"像素的表格。

将光标放在第1列第1行，拖动鼠标选中第1列在"属性"面板中单击"合并所选单元格"按钮，将第1列的4个单元格合并。接着，在合并后的单元格中单击，将光标插入在单元格中。

选择菜单"插入"—"图像"命令，在弹出的"选择图像源文件"对话框中先打开"images"文件夹，然后选中要在该单元格中插入的图像文件"top—1.gif"。

弹出"图像标签辅助功能属性"对话框，可在"替换文本"文本框中输入图片的说明文字。单击"确定"按钮，将图片插入到光标所在单元格中。

把光标移到第2列第1行单元格中，根据上面的方法选择需要插入的图像文件"top—2.gif"。在第2列第2行单元格中插入图像文件"top—3.gif"。拖动鼠标选中第2列后两行单元格，在"属性"面板中单击"合并所选单元格"按钮，将其合并，然后在单元格中插入图像文件"top—4.gif"。

拖动鼠标选中第3列与第4列第1行的两个单元格，在"属性"面板中单击"合并所选单元格"按钮将其合并，在合并后的单元格中插入图像文件"top—5.gif"。然后将光标移至第3列的第2行，根据前面介绍过的方法插入背景图像"top—bg.gif"，单击"确定"按钮，插入背景。

选择第3列的第3行与第4行单元格，在"属性"面板中单击"合并所选单元格"按钮将其合并，在合并后的单元格中插入图像文件"top-8.gif"。随后，在第4列下面单元格中分别插入其他相应的图片。

接下去要在Dreamweaver软件中制作图片右上部分的内容，具体操作步骤如下：

在第5列第1行单元格中单击鼠标，选择菜单"插入"—"表格"命令，并设置表格的行数为1，列数为4，宽度为534像素。

单击"确定"按钮，在单元格中插入1行4列的嵌套表格。

将光标分别移动到嵌套表格的每一个单元格中，并分别插入相应的按钮图片。

拖动鼠标选中第5列剩下的3个单元格，并将其合并。在合并后的单元格中插入3行1列，宽度为534像素的嵌套表格，在嵌套表格的第1行单元格中插入"最新推荐"，标题图片top—14.gif。在第2行单元格中再插入1行3列，宽度为534像素的嵌套表格，在两侧的单元格中分别插入相应图片。

在嵌套表格的第3行中插入图像文件"top—17.gif"，完成后上半部分的效果就出来了。

接下来开始制作图片下半部分的内容，具体操作步骤如下：

使用鼠标在上半部分表格的右侧单击，按下回车键。然后，选择"插入"—"表格"命令，插入3行5列，宽度为930像素的表格。拖动鼠标光标选中第1列的3个单元格，将它们合并，并在"属性"面板中设置单元格宽度为10，背景颜色为"淡紫色"。

在第2列第1行和第3行单元格中分别插入图像文件"bottom—1.gif"和"bottom—4.gif"，并设置该列单元格宽度为174像素。然后合并第3列单元格，设置宽度为10，单元格背景色为"淡紫色"。

合并第4列和第5列的第1行单元格，并插入图像文件"bottom—5.gif"。同样方法合并第4列和第5列的第3行单元格，并插入图像"bottom—6.gif"。然后，设置第4列第2行单元格宽度为730像素，第5列第2行单元格宽度为6像素，单元格背景颜色为"淡紫色"。

将光标移动到左侧空白单元格中，单击"表格"按钮，插入4行1列，表格宽度为957像素的表格，单击"确定"按钮插入嵌套表格。单击嵌套表格边框，选中嵌套表格后，在"属性"面板"对齐"下拉菜单中选择"居中对齐"选项。然后分别在第1行和第3行中插入"商品分类"和"更多推荐"的标题图片。

将光标移动到右侧空白单元格中，插入8行1列，表格宽度为95%的嵌套表格，并设置表格"居中对齐"。分别在1、3、5、7单元格中插入相应的标题图片。将光标移动到公告栏单元格中，在其中输入公告信息。然后在"文档"面板中单击"拆分"按钮，将在编辑窗口左半部分显示代码视图，右半部分显示设计视图。

在代码视图中公告信息文字的前面输入以下代码：

<marqueedirection="up" scrollamount="1" scrolldelay="0" height="80" onmoustover=this，stop（）nomouseout=this，start（）><fontcolor="#f2ba23"><fontsize=2><pstyle="line—height：2；"〉并在公告信息文字的结尾处输入以下代码：</p></font></font></marquee〉

代码添加完成后，公告栏的信息已变为 2 号橘黄色文字，而滚动字幕的效果只有在浏览器中才能显示，如果想查看可按下 F12 键，在浏览器中打开网页查看。根据最新推荐区域内的高度要求，制作好相关商品图片。将光标移动到最新

推荐下面的空白单元格中，单击"表格"按钮插入 1 行 4 列，表格宽度 100%，单元格边距为 3 的表格。单击"确定"按钮，在空白单元格中插入嵌套表格。然后在每个单元格中分别插入 4 幅商品图片。

在代码视图中〈table〉…〈/table〉外侧添加如下代码：<marqueedirection="left"scrollamount="2" scrolldelay="0" onmouseover=this.stop ( ) onmouseout=this.start ( ) ><table></table></marquee>

第五节 网店的其他装修

一、给网店首页添加背景音乐

很多店主在要不要给店铺加背景音乐这个问题上犹豫不决。有的顾客会因为喜欢你的背景音乐频繁光顾你的店，而有的顾客刚进门就被你的音乐吓跑，再也不来。还有，如果音乐文件过大，页面打开速度也会变慢，顾客因此会变得不耐烦而光顾别人的网店。

你的网店不同于你的博客，装修网店主要是为了吸引顾客，赢得销售。是否要为店铺添加音乐背景，取决于你自己的想法。

需要注意的是：背景音乐文件越大，所在页面的载入速度就越慢。所以选用的音乐文件最好体积小一些。

以淘宝为例添加音乐的步骤是这样的：

进"我的淘宝"点击"管理我的店铺"。

进入"基本设置"。

先贴代码，再写你的公告文字。

确认之后，再查看店铺主页便能听到背景音乐了。

一般情况下，只要浏览器窗口最小化后就听不到音乐了，如果窗口最小化还能够听到音乐，按 ESC 键，音乐就会停止。

二、给所有页面添加背景音乐

给宝贝页面添加音乐背景和给公告栏添加音乐背景的原理是一样的，也就是把一段含有音频文件的网络地址添加到宝贝所在的页面中。

如何让所有宝贝展示页面都带有音乐背景呢？

要给所有宝贝页面都添加音乐背景，方法非常简单，就是把音乐代码放在宝贝描述模板的头部或者尾部就可以了。

给所有宝贝页面添加音乐背景的步骤这里不详细讲解了，但是有两点需要注意。

第一，添加相同的音乐背景要如何节约时间。添加相同的音乐背景一定要考虑如何节约时间，没有必要在宝贝描述页面一一添加，可以把淘宝助理的音乐背景代码添加到淘宝助理的描述模板中（把描述模板转换到代码编辑模式，复制音乐背景代码粘贴进去就可以了）。

第二，如何使宝贝描述页面拥有不同的音乐背景。这个没有捷径，需要一一添加。

添加宝贝描述页面音乐背景步骤如下：

搜索音乐，制作音乐背景代码。

复制音乐背景代码，粘贴到宝贝描述模板中（对于已经发布好的宝贝，可以直接在宝贝描述的代码编辑模式中添加音乐背景代码即可）。

预览效果，确认。

三、给网店添加计数器

目前，网上有许多免费的店铺统计网站，例如：WWW.51.la.com、www.count001.com、www.cnstat.com、www.zzcount.com 等一些专业统计网站。

本文以 www.51.la.com 为例教你如何为自己的网店添加统计器。

登录 www.51.la.com 网站。

注册成为网站用户。

粘贴网站统计代码到淘宝网店中。

查看统计数据。

分析自己网店统计结果。

给自己的网店添加计数器一般可以添加两个，这样做的目的是为了得到更加准确的统计数据，因为谁也无法保证提供计数器服务的网店不会出现问题。当然同时也是为了得到互补的网店流量、点击率等信息和统计指标。添加其他网店计数器的步骤基本是大同小异，在此不再具体讲述。

第三章　微店二维码应用

微店是电子商务创业的新模式，是零成本开设的小型网店，不需要担心资金的压力，也不会存在库存的风险和物流的烦恼。但是，微店是基于手机的移动平台，搭建平台容易推广却难，这也是任何微店店主都要面临的一个问题。在搭建好微店之后，并不要着急按常规的推广方法进行微信群发、QQ群发等操作，正所谓"工欲善其事，必先利其器"，为了提高最终的粉丝转化率，我们应事先将所需的营销工具包准备到位。本章将重点介绍微店二维码的制作与应用。

第一节　二维码的基础知识

二维码是移动互联网的主要入口，所以说到微店的营销，就必须说二维码。用二维码制作移动网站的入口是众多企业的选择之一。很多人以为二维码是一种营销方式，其实这个说法既是正确的，也是错误的，因为二维码只是一个工具，一个媒介。消费者通过扫码这个行为进入微店，然后在网站上完成进一步的营销行为，这才是一个完整的营销活动。

一、二维码的概念

二维码的出现，不能不说是一场全新的营销革命。在短短的两年时间里，二维码由无处可见到满城尽是，在地铁上、公交车站、报纸杂志上、走廊上、扶梯上，扫描二维码成了一道亮丽的风景线。那么到底什么是二维码呢？

简单来说，二维码就是能够将大量信息图形化传播的一种工具，借助手持终端，就能快速读取二维码的相关信息。以手机终端为例，只要你安装了二维码识别软件，启动软件后对准二维码图片扫描，就能够获取并存储二维码上面的信息了。

先从我们生活中最常见的一维码开始讲解吧。在书籍、杂志、CD等很多商品的背面都可以见到黑白色的竖形条下面有一串数字的图形，这就是一维条形码。

二维码是一维码的升级码。二维码是用某种特定的几何图形按一定规律在平面（二维方向上）分布的黑白相间的图形记录数据符号信息的，在代码编制上巧妙地利用构成计算机内部逻辑基础的0、1比特流的概念，使用若干个与二进制相对应的几何图形来表示文字数值信息，通过图像输入设备或光电扫描设备自动识读以实现信息自动处理。二维码具有条码技术的一些共性：每种码制有其特定的字符集；每个字符占有一定的宽度，具有一定的校验功能，等等。同时还具有对不同行的信息自动识别和处理图形旋转变化等功能。国内常用的二维码 QR 码。

二、二维码的发展历史

二维码技术最早在美国诞生；20 世纪 80 年代末，二维码的研究就已风靡了整个欧美；21 世纪初，二维码技术在日韩移动通信市场有了进一步的推广和运用，掀起了一股亚洲二维码热潮。

在一次国际运营商交流大会上，时任中国移动董事长王建宙看完 NTT DoCoMo 进行的一个手机条码业务演示后，立即指示相关部门去日本进行考察。中国移动手机条码项目在内部立项。中国移动完成了手机条码整体的测试和规范的最后验收工作。在中国移动二维码的业务规范中，对短信、名片、邮件、上网、IVR（互动式语音应答）都做出了相关规定。

作为中国最大通信运营商的中国移动高调宣布提供手机二维码服务，正式开启了中国大陆二维码手机应用的大门，一条全新的产业链快速形成。

三、二维码的技术指标

目前全球一、二维码超过 250 种，其中常使用的有 20 多种。目前国内的二维码产品大多源自国外的技术，如美国 PDF417 码、日本的 QR 码、韩国的 DM 码。应用最为广泛的码字为 QR 码和 DM 码。我国自行研发的有 GM 码和 CM 码。

下面介绍一下各国在二维码技术上的选择和应用。

（1）美国——以 PDF417 码为主

PDF417 码是由美国讯宝科技公司（Symbol）研发并推广的堆叠式二维码标准，其全称为"Portable Data File"，意为"便携数据文件"。

（2）日本——以 QR 码为主

QR 码是由日本 senso 公司研制的一种矩阵二维码符号，其全称为"Quickly Response"，意思是"快速响应"。它是目前日本主流的手机二维码技术标准，除具有二维码所具有的一般性能外，还可高效地表示汉字。

（3）韩国——DM 码

DM 码，其全称为"Data Matrix"，中文名称为"数据矩阵"。DM 码采用了复杂的纠错码技术，使得该编码具有超强的抗污染能力。DM 码由于其优秀的纠错能力，是韩国手机二维码的主流技术。

（4）中国自行研发的 GM 码和 CM 码

国产的 GM 码和 CM 码标准是原信息产业部所颁布的两项国产行业推荐标准。GM 码的全称为网格码（Grid Matrix Code），是一种正方形的二维码码制。该码制的码图由正方形宏模块组成，每个宏模块由 6×6 个正方形单元模块组成。GM 码可以编码存储一定量的数据，并提供 5 个用户可选的纠错等级。

CM 码（Compact Matrix），紧密矩阵的码图采用齿孔定位技术和图像分段技术，通过分析齿孔定位信息和分段信息可快速完成二维码图像的识别和处理。

中国通信运营商选择的是日本流行的 QR 码和韩国流行的 DM 码技术。由于我国二维码的研究工作开展较晚，自有技术标准形成时，QR 码和 DM 码相关的商业公司已经在国内运作多时，技术已经十分成熟。

四、手机二维码的应用

二维码是一个跨媒体的通道，不管是报纸、杂志、户外、广告牌、液晶媒体等，只要在上面有一个二维码，就可以与人互动，获取信息。二维码与手机的结合能够使我们在任何时间、任何地点，通过任何媒介获取内容。在日本和韩国，超过八成的手机用户通过手机"扫码上网"和购买电子票据，给人们的日常生活带来了极大的便利。近年来，二维码在国内也得到了快速发展，并在多个行业成功应用，其中在手机上开微店也得到了广泛应用。

手机二维码是二维码技术在手机上的应用。利用手机二维码上网，可省去输入冗长网址的麻烦，手机用户只需通过扫描二维码或输入二维码下面的号码或关键字即可上网，随时下载图文、音乐、视频、获取优惠券、参与抽奖、了解企业产品信息等。同时，还可以方便地用手机实现自动输入短信，识别和存储名片，实现电子地图查询定位，获取公共服务（如天气预报）等多种功能。

二维码业务为商家构筑自己的移动电商平台提供了可能，为其他媒体提供了一个与用户随时随地沟通的方式和手段。商家或媒体可以搭建自己的 WAP 网站，用户对相应的二维码进行扫描后即可获取生动而丰富的移动内容。

手机二维码在日本和韩国应用时间较早，使用的人群多，在很多行业得到了广泛的应用。近几年手机二维码在我国发展势头迅猛，目前有八大类应用经过市场初步检验已趋于成熟，将在今后的市场中进一步得到完善和推广。

（1）移动订票业务

中国第一张电子电影票由翼码信息推出，这种将传统票变成电子票，将物流变成电子流的订票业务，不但节省了成本，而且提高了效率。

（2）积分二维码兑换业务

积分兑换采用手机二维码的积分兑换方式后，用户可以随时随地提出兑换申请，并到就近的兑换点兑换礼品。

（3）电子 VIP 二维码业务

以二维码 VIP 电子卡替代传统实体 VIP 卡，VIP 客户只要携带手机，就可享受服务。目前全球通 VIP 易登机的系统已经在全国除港澳台地区的 62 家主要机场安装完毕。

（4）电子优惠券二维码业务

电子折扣券得以实现无纸化，直接发到用户手机中，使用者只需携带手机即可享受餐饮、娱乐、旅游、百货购物服务的各种折扣优惠。该业务非常适合我们开微店时应用。

（5）电子提货二维码业务

电子提货券用电子凭证的形式替代传统的提货券，条码凭证已广泛应用于实物营销、实物派送等方面，大大方便了商家和消费者。

（6）电子票务二维码业务

乘客购买电子客票后，登录相关网站，输入身份证号及航班等信息，便可以自行选择座位。之后，乘客只需带着手机在机场专用自助设备上扫描换取实体的登机牌，就可通过安检并登机。通过此业务，乘客能够更好地体验查询、订票、登机一站式的服务。

（7）电子凭证二维码业务

电子导诊用户可以通过手机终端预约挂号，凭二维码电子凭证在预约时间前往医院直接取号，大大减少了排队挂号、候诊的时间，为用户提供了一种新型的就医模式。

（8）电子签到业务

该业务可实现会议、展览、活动的通知与签到，用于企业访客的登记与安排。

第二节　微店常用二维码的制作

随着科技的发展，现在越来越多的企业都开展了移动营销，在手机上开微店和手机 App 是使用最多的移动营销手段。怎么才能通过营销的手段带来更多的流量？这就是所谓的入口之争，而利用二维码制作移动营销网站的入口，就需要有差异性。很多人都会用二维码，很多企业都会用二维码作为营销的切入点，那么怎么才能在"很多人"和"很多企业"中脱颖而出，这正是我们需要研究的方向。

一、微店需要二维码

实现差异化的方法有很多。有人对二维码本身做处理，制作出有个性的二维码；有些人利用二维码与其他的营销方式结合，然后为移动营销网站服务带来流量；也有很多人用二维码抽奖、二维码积分等方式开展移动营销，为移动营销网站带来流量。这些行为都是一些差异化的二维码营销行为。怎样才能真正符合开微店的应用需求，做到真正让二维码成为移动营销网站的入口，就需要微店店主更深入地去研究。笔者通过微店的终端推广，认为需要制作三个常用的二维码：第一个是微店访问主页面地址的二维码，第二个是产品的二维码，第三个是个性化名片的二维码。

二、微店访问主页面二维码

口袋微店集成了微店访问的二维码功能,方便店主一键生成,而且能够快速地分享到微信、微博、朋友圈、QQ好友等社交软件中。具体的操作方法如下:

(1)打开微店,进入首页,点击"我的微店"功能按钮。进入"我的微店"界面后,单击"分享"微店功能。

(2)在显示出的界面中按下"二维码"按钮。

(3)进入"微店二维码"界面,会发现自动生成了一个标准的微店访问地址的二维码,里面还嵌套了微店的Logo。

(4)单击右上角的"更多"按钮,在界面中弹出的是"分享我的微店二维码"和"保存二维码到手机"两大功能。

口袋微店集成的二维码样式都是一样的,如果店主只是简单地把这个二维码分享到社交软件中,相信很多的朋友是不会轻易地去扫码访问的,因为大家都在这么做。那么如何做进一步的完善,美化做出精美的、吸引人的,并能够让别人主动去扫描看看的二维码呢?这就要借用第三方的二维码软件进行设计和制作了。

(1)打开浏览器,在地址栏中输入WWW.baidu.com,按下〈Enter〉键打开百度首页,输入关键词"二维码",再单击"百度一下"。发现有很多第三方的二维码生成网站平台和独立可下载的软件。

(2)单击百度快照排名第一位的"草料"二维码生成网站平台,进入该网站的首页。

(3)单击打开网页上的"高级美化"文字链接,进入"草料二维码美化器"界面。该款软件之所以能在百度排名第一位,就是因为该软件操作简单,只需要"基本"设置,"嵌入"Logo,设置"码眼"大小,选择"模板"功能,即可制作精美的二维码,功能比较强大。

(4)用鼠标单击"点击输入二维码内容"文本框,弹出"二维码内容编辑"对话框,输入所开设微店的访问地址。这里输入的地址为 http://wd.koudai.com/s/206819860。

(5)输入完成之后,单击"确定"按钮,就会自动生成一个黑白二维码。

(6)为了让二维码与众不同,需要进一步美化。单击"前景色"后面的色块下拉列表框,单击选择粉色,色值为#ce105a。

(7)单击"渐变方式"后面的下拉列表项,在弹出的选项中选择"反斜线"选项,这样可以让二维码出现过渡渐变的效果。在选择渐变方式的时候可以选择不同的方式,直到显示的结果令你满意为止。

(8)如果觉得简单的过渡颜色不好看,还可以进一步美化。单击"前景图"后面的"本地上传"或者"在线图库",单击"在线图库"按钮,弹出"前景图库"列选表。

(9)单击选择彩虹的过渡图片。为了让彩色二维码看起来更加具有质感,用鼠标将圆形按钮拖到"液态"状态,此时的二维码看起来更加逼真了。

（10）在二维码中间嵌入微店的 Logo，单击左边菜单栏上的"嵌入"按钮，打开"嵌入"设置对话框。

（11）单击"LOGO 图片"后面的"本地上传"按钮，弹出"打开"对话框，用鼠标单击选择前面制作的 logogif 图片文件。这里上传的 Logo 图片支持 JPEG 格式、GIF 格式，以及 PNG 格式。

（12）选择后单击"打开"按钮，再单击"LOGO 效果"后面的"圆角"单选按钮，让嵌入的 Logo 看起来更加好看。此时还可以输入说明文字，在"添加文字"文本框中输入想要显示的文字内容，还可以设置文字的颜色、字号。

（13）设置之后，再单击左边菜单栏"码眼"选项，打开码眼的形状设计对话框。单击"码眼样式"列表项中的"树叶"形状，让码眼变得光滑好看。

（14）设置到这一步骤，一款精美的、个性化的二维码就可以使用了。直接单击右上角的"下载二维码"按钮，将二维码图片保存以进行其他的应用。

如果想快速制作更具个性的二维码，可以直接单击菜单栏的"模板"选项，打开"公用美化模板"列选项，直接单击应用的模板也可以快速生成个性化的二维码。

产品的二维码也可以参照微店主页面地址的二维码来制作，只是输入文本的时候采用的是产品的地址，上传 Logo 的时候可以选择产品的图片来实现。

三、个性名片二维码

以前做过传统生意的老板都有这样的体会：手上拿着一大堆名片，每张上面除了个人姓名、职务等基础信息外，常常还想加上个人信息、企业产品介绍等内容，印得密密麻麻。如果全部录入手机既麻烦又费力，一不小心还会出错。二维码名片则把传统名片和二维码结合，名片上除了包含了传统的联系方式，如电话，邮箱等，还印上了二维码。用户通过扫码软件轻轻一扫，就可读取二维码内包含的文字和图片信息。

制作二维码名片需要分两步走：第一步制作电子版名片的二维码，第二步用 Photoshop 软件设计的名片。下面分别介绍相关内容。

（1）打开浏览器，在地址栏输入 http：//mp.xli.im/，按下回车键打开草料二维码名片制作页面。按提示在左侧输入内容，然后再单击"生成二维码名片"按钮，即可以生成二维码名片。

（2）单击"上传头像"按钮，打开头像上传的选择方式对话框。在这里可以选择电脑上的本地照片，也可以使用即时"拍照上传"功能。

（3）单击"拍照上传"按钮，打开电脑上配置的摄像头，可以看到自己的大头照。直接单击"拍照"按钮，拍下来后弹出图片处理对话框，可以设置图片的亮度、对比度等。

（4）设置满意之后单击"保存"按钮，返回名片设计页面，输入一般名片上的个人信息，如"姓名""单位""职位""固定电话""移动电话""微信号"QQ 号等信息。

（5）输入完成之后再单击"生成二维码名片"按钮，则生成一个黑白的二维码。

（6）为了让名片的二维码更加好看，可以单击"点击此处进入高级美化"文字链接功能，进入"草料二维码美化器"界面。此时的文字信息二维码名片已经直接嵌入到这个页面里面。

（7）这里的美化设计和前面访问主页面二维码的设计一样，读者可以自行设计自己的个性风格。这里单击选择左边"模板"菜单栏选项，直接单击选择"树"模板对名片二维码进行应用。

（8）最后单击"嵌入"功能按钮，把微店的店标上传到二维码的中间。

最后单击右上角"下载二维码"按钮，将设计的名片二维码保存到电脑硬盘上，或者保存到手机中以备用。

第三节　二维码名片的制作

作为微店店主，除了手机上应用二维码名片之外，还是需要设计一张精美的纸质名片，方便感兴趣的朋友和消费者随时拿着你的名片扫一扫，得到有关你的信息。要记住，一条电子版的名片二维码只能由你一个人拿着手机面对面、一对一地推广，而制作了名片大范围地发送，却是一个非常有效地引导潜在消费者到你微店的方法之一。名片是标示姓名及其所属组织、公司单位和联系方式的纸片，是新朋友互相认识、自我介绍的最快最有效的方法。交换名片是商业交往的第一个标准动作。虽然名片只是一张小卡片，但是它相当于我们的"门脸"，第一印象很重要。而名片设计不同于一般的平面设计，它只有小小的表面空间，要想在小小的面积内发挥，难度可想而知。为此，我们必须掌握名片设计的方法，然后在实际操作中逐渐提升自身的设计水平。本节正是从这一角度入手，详细阐述了名片制作的流程和步骤，以期给予微店店主更大的帮助。

一、名片的设计

名片设计不仅涉及图片，还涉及文字和色彩等方面。要想设计出一张好的名片，必须透彻了解名片设计的相关理论，这样才能在设计中灵活运用。下面逐一对这些理论进行简要的阐述。

（1）名片设计的插图表现

将名片的内容、主题的表达或产品的重点以插图的形式加以表现，其目的在于方便用户通过图文形式快速理解名片所要表达的内容。通常具有独立性的造型图案均可以称之为插图。在商业广告频繁的现代社会，插图几乎被应用于任何广告性质的印刷物中，因此插图的形式与技巧等也成为广告诉求效果的重点之一。插图的选择，分为"真象"与"抽象"两大类。设计者在创作时须考虑普遍性或代表性，才能诉诸心灵将资料分析，选择其中要素去芜存菁，做形、色之创作技巧组合,以达到诱导大众之视觉,从而产生对插图共鸣的心境。所以,插图是名片构成重要素材。最重要的是,通过个性化插图的使用能直接表现公司的VI(视觉)形象,以达到宣传的效果。

(2)名片设计的色彩表现

色彩是一种复杂的语言,它具有喜怒哀乐的表情,有时会使人心花怒放,有时却又使人惊心动魄。除了对视觉发生作用,色彩同时也能影响感觉器官,例如黄色使人联想到酸。因此,名片设计者在从事色彩的规则组合时,最好先了解各公司的企业形象。

现代人已无所谓色彩禁忌,转而追求个性的色彩组合,只要能结合消费者的感情,就能成功掌握名片色彩的应用。反之,采用了错误的色彩组合,则再好的编排内容,也无法引起大家对名片内容的注意。所以在选择色彩时,必须配合设计创意用心思考,否则传播出去的名片,可能会造成对个人或企业形象的损害。

(3)名片设计的色块表现

一般来说,"色块"与"面"和"形"是有密切关系的。例如,画了一个正方形,在这个时候,这个正方形在我们的意识中尚未形成面的印象,但我们把这个正方形以黑色涂满英寸,侧面的意识就渐渐增强了。从这里得知,"形"的意识成立在前,"面"的意识成立在后。

色块可分为几何形与非几何形。通常,几何形的色块具有单纯、简洁、明快的感觉,但若其组合过于复杂时,则易丧失这些特性。非几何形的色块,又可分为有机形及偶然形两种:自然界存在的物象,被称为有机形;偶然形也称为自然形。

在名片设计中以色块表现为主,"黄金比例"是常用的设计比例。黄金比例一般为1∶1.618、3∶5、5∶8、8∶13、12∶21、55∶89。黄金比例具有视觉美感,安定、活泼且具均衡感,是视觉设计之最佳要点和比例。在版面构图时,只要运用这个原理,视觉效果即可得到稳定兼美感的画面。

(4)名片设计的饰框和底纹表现

饰框、底纹为平面设计的构成要素,在名片设计中并不是要素性的材料,大多是以装饰性为目的。

名片设计首先要吸引对方的注意,使对方能集中注意力了解名片的内容。饰框的作用是控制对方的视野范围,达到了解内容的目的,但如果饰框的造型强度过大,则会不断刺激读者的眼睛,使其转移视线。因此,名片饰框应以柔和线条为佳,进而诱导视线移到内部主题。

饰框、底纹既然是以装饰性为主要目的,在色彩应用上就要以不影响文字效果为原则。

(5)名片设计的文字表现

我们都知道,文字是学术文化的传播载体。文字的设计就是将文字精神技巧化,并加强文字的造型魅力。所以文字应用在设计行业,不单只为传达信息,同时还具有"装饰""欣赏"的功能和加强印象的作用。

近年来,由于广告事业的迅速发展和受世界性设计潮流的影响,不论是广告公司还是个人,在从事设计工作时,为了商业需求或表现个人设计理念,除了印刷字体的变化外,也产生了许多具有装饰性、变化性的新颖字体。"手绘字体"就是在强调书写时的轻快和创意趣味等诸多前提下，巧妙设计出来的与传统字体截然不同的特殊字体。

在设计名片时，行业常影响文字造型的表现方式，例如，软笔字体适合应用在茶艺馆上。文字设计的题材来源有公司中英文全名、中英文字首、文字标志等；字形则包罗万象，如设计的字形、篆刻的字形、传统的字形等。最后，要注意字体与书面的配合，以营造版面的气氛，将名片塑造成另一种视觉语言。

（6）名片设计的要点

名片为方寸艺术，设计精美的名片让人爱不释手，即使与接受者交往不深，别人也乐于保存。设计普通的名片则只能用来交流，在普通的应酬后，很可能被人遗弃，不能发挥它应有的功效。名片设计不同于一般的平面设计，大多数平面设计的设计表面较大，给人足够的表现空间；名片则不然，它只有小小的表面设计空间，要想在小小的面积内发挥，难度可想而知。名片印刷也不同于一般印刷，绝大多数名片只能小幅单张套印，印刷质量无法与大型胶印机相比，印刷图片的精细度有一定的要求，这是设计中要考虑的又一重要因素。

设计尺寸：国内通用的标准名片主要有两大类尺寸，即普通尺寸与折卡尺寸。普通名片的设计尺寸为55mm×90mm，折卡名片的设计尺寸为95mm×90mm。当然您还可以设计其他规格的名片，只是您很难找到名片店为您印刷，除非您自己能提供与之相适应的名片纸张。

软件选择：目前的名片设计主要使用电脑，也可以先用手工绘制，但终究要使用电脑进行排版、定色、定字体、定字号。市面上有专门的名片排版软件销售，同时，您还可以运用市面上流行的其他办公软件进行设计，Photoshop是比较好的专业软件之一。

内容选择：设计名片首先要确定名片的内容。名片的内容主要分为文字与图形。文字内容主要有名片印刷者的姓名、头衔、职务与职称、工作单位、联系地址与联系方式，有时您还需要列出您的产品或服务项目、您的收款账户与开户银行，有必要时您还得印上公司的位置详图及公司的座右铭。图形内容主要有图片、商标、线条和底纹。

名片排版：所有内容选好后，还得把它们排列起来，搭建成名片的框架。您可以采用横式排版，也可以采用竖式和折卡式。根据您自己对名片内容的理解，把文字、图片、标志、色块、图形进行有机的排列组合，最后在电脑中形成名片。

修饰名片：字体选择和色彩选择是名片的主要修饰手段。变换字体是名片设计的主要方式。名片上的文字本来就多，内容也没有必然的联系，所以可分散排列，每一内容可以使用不同的字体、不同的字号，也可使用不同的文字颜色。对名片的色彩，可以使用照片，也可以使用色块，配合文字与商标的色彩，使名片更有美感。但名片的色彩选择，决定了名片的价格：如选择双色印刷，那么您无论印照片或色块，只能在三原色（红、黄、蓝）和黑色中选择两种进行搭配；如选择三色印刷，则选择的范围就会大一点，可印出彩色图片。要想印出的色彩更饱满的名片，最好选择四色印刷。选择四色印刷也不是说可以随心所欲地选择图片，名片胶印机由于体积小、精度差，印刷质量无法与大型胶印机相比，设计时只能选择面积较大、精度要求不高的图片。

校对修改：名片设计好后，还得打印出来进行校对和修改。电脑中的排版和文字最好先输出，如果不满意还可以修改。如果对设计出的名片满意了，即可完成设计，输出胶片或硫酸纸再进行印刷。

二、名片的创意设计

下面用一个实例来阐述精美名片的设计方法。

具体的制作步骤如下：

（1）运行 Photoshop CC，执行菜单栏上的"文件""新建"命令，打开"新建"对话框。将"宽度"设置为4.5厘米，"高度"设置为9厘米，"分辨率"设置为300像素/英寸，"颜色模式"设置为 CMYK 模式，其他设置保持默认。

（2）单击"确定"按钮，完成文件的新建。单击"图层"面板上的"新建新图层"按钮，创建一个新图层，名称为"图层1"。

（3）设置"图层1"的前景色为 R=156、G=156、B=157，按< Alt+Delete >组合键为背景色填充前景色。

（4）执行菜单栏上的"滤镜"→"杂色"→"添加杂色"命令，弹出"添加杂色"对话框，设置"数量"值为20，单击选择"高斯分布"单选按钮，再单击选择"单色"复选框。

（5）设置完成后，单击"确定"按钮。然后再执行菜单栏上的"滤镜"→"模糊"→"动感模糊"命令，弹出"动感模糊"对话框，设置"角度"值为90度，距离为90像素。

（6）设置完成后，单击"确定"按钮。单击"图层"面板下面的"创建新的填充或调整图层"按钮，选择"亮度/对比度"命令。"图层"面板中会主动生成"亮度/对比度"图层。

（7）单击"图层"面板上的"不透明度"右边的三角按钮，把设定值调为90%。

（8）单击"图层"面板上的"新建图层"按钮创建一个新图层，名称为"图层2"。然后选择工具箱中的"矩形选框工具"，绘制选区，设置前景色为 R=165、G=165、B=165、按〈Alt+Delete〉组合键填充前景色。

（9）单击选择工具箱中的"直排文字工具"，键入文字"天鹅妆"，设定字体为"汉仪菱心体简"，字号为12点，颜色为黑色。

（10）选择工具箱中的"直排文字工具"，分别键入文字"美"和"颜"，设定字体为"叶根友毛笔行书"，设定颜色为 R=220、G=10、B=120，按〈Ctrl+T〉组合键调节字体的大小与位置。

（11）创建"图层3"，设定前景色为黑色，然后选择工具箱中的"矩形选框工具"按住〈Shift〉键绘制一个正方形选区，并填充为黑色，取消选区，然后选择工具箱中的"直排文字工具"，键入文字"店"，设定字体为"汉仪菱心体简"，填充为白色，按〈Ctrl+T〉组合键调节"店"字的大小，按〈Shift〉键的同时单击"图层3"与"店"图层，选择居中对齐方式。

（12）在图层面板中创建"图层4"，设置前景色为黑色，然后选择工具箱中的"矩形选框工具"逗，绘制一个边框非常细的矩形并按〈Alt+Delete〉组合键填充颜色，取消选区，在工具箱中选择"移动工具",调节图形到恰当的地方,并把"图层4"放置在"图层2"下面。

（13）选择菜单栏上的"文件"→"打开"命令,弹出"打开"对话框,用鼠标单击选择前面制作的二维码店标。

（14）打开文件之后将图片拖入设计的名片文件,新建立一个图层对象"图层5",按〈Ctrl+T〉组合键自由变换,调节图片的大小及位置,再按〈Enter〉键确定自由变换,然后在"图层"属性面板中设置图层类型为"正片叠底"。

（15）单击图层面板上的"新建图层"按钮,新建"图层6",单击工具箱中的"画笔工具",在图层上绘制一个任意形状的背景,填充颜色色值为"#373939"灰色。

（16）按第13步的方法置入"素材图片1"文件,获得新图层7,并复制图层,获得"图层7拷贝"。

（17）运用自由变换命令做变换,并设定图片的位置,按〈Enter〉键确定,按〈Ctrl+E〉组合键合并图层,并命名为"图层7",再把其移至"图层6"的上面,设定其混合模式为"叠加"。单击"图层7"图层,并在"图片"图层上右击,选择"创建剪贴蒙板"命令,多余的图像则被隐藏。

（18）在"图层"面板中创建"图层8",然后选择工具箱中的"矩形选框工具"固,按住〈Shift〉键绘制正方形选区,然后执行菜单栏上的"编辑"→"描边"命令,弹出"描边"对话框。设置"描边"的宽度为2px,颜色为白色,然后把"图层6"的"不透明度"调为20%。然后再选择工具箱中的"矩形选框工具"回,绘制一个"田"字形选区,填充为白色,"不透明度"同样也调为20%。

（19）复制"图层8",获得"图层8拷贝"与"图层8拷贝2",按住〈Shift〉键的同时单击这三个图层,执行居中对齐与平均分布。

（20）选择工具箱中的"直排文字工具"键入姓名与"店主"等字样,"店主"二字要比姓名小些,同时居中对齐。

（21）执行工具箱中的"直排文字工具"叹,键入地址、电话、邮箱等,最终运用移动工具、自由变换等工具执行最终的调节,使文字、照片组合得更加合理、美观,这样一个完整的名片就设计完成了。

第四节　有赞微店的创办

一、有赞微店的注册

有赞微店是免费使用的软件,在行业内的知名度也比较高。本小节将介绍微店APP的下载安装使用过程。有赞微店是主要面向中小卖家的开放平台,目前对卖家开店的门槛极低,用户只需通过手机号、身份证号、银行卡号等信息验证即可注册店铺。

（一）微店 App 的下载

这里以安卓系统手机的开店为例，使用 iOS 版手机的操作步骤也大同小异。

App（Application）是智能手机的第三方应用程序，比较著名的应用商店有 Apple 的 iTunes 商店，Android 的 Play Store，还有 Blackberry 用户的 Black-Berry App World，以及微软的应用商店。

（1）打开手机里的浏览器

在地址栏输入百度网址 WWW.baidu.com，按下

确认按钮键后打开百度的搜索主页，输入关键词"微店 APP 下载"，然后再单击"百度一下"即可以打开搜索结果页。

（2）找到有赞的微店 APP 单击网页上的"进入下载"按钮

打开微店的下载界面。页面上会显示微店 APP 的版本号、更新时间、系统安装要求等基础资料。

（3）单击页面上的"普通下载"文字链接，手机将自动下载 APP 软件并提示下载的具体进程。

（4）下载完成之后

单击下载的"weidian_396-1.apk"可安装执行程序，打开微店安装的开始安装界面。页面上提示安装此程序将共享用户使用手机的"您的位置""网络通信""存储""硬件控件""电话""需要支付费用的服务"，以及"系统工具"设置等功能。

（5）单击"安装"按钮

微店 APP 将开始安装的进程，由于基于手机的 App 软件都比较小，几秒钟即可以安装完成，单击"完成"按钮，即可完成整个 APP 软件的安装。

（二）注册微店账号

安装完成之后，即可以使用手机注册一个自己的独立微店账号。因为要向服务器方即时提供注册的信息，因此要确保手机的无线功能已经开启，方便数据的交互操作。具体的注册过程如下：

（1）微店 APP 安装成功之后，在用户的手机"应用程序"里会有一个可执行的桌面图标。

（2）单击桌面上的"微店"，即可以进入微店的欢迎界面。已有用户可以单击"登录"按钮进行登录，新注册用户单击"注册"按钮可以开始下一步的操作。

（3）单击"注册"按钮打开"注册"向导，出现"请确认你的国家和地区并输入手机号"对话框，"国家和地区"默认情况下是中国，只需要输入自己的手机号即可。为了更详细地了解这个 APP 的一些使用条款，可以单击"微店注册使用协议"和"微店禁售商品管理"文本链接。

（4）输入完成之后单击"下一步"按钮，打开"确认手机号码"对话框，提示"我们将发送验证码到这个号码：+你的手机号"。

（5）单击"好"按钮，在几秒钟之内，平台就会发送短信验证消息到手机上。

（6）切换回"请填写验证码"对话框，输入接收的验证码。

（7）输入完成之后，直接单击"下一步"按钮，打开"设置密码"对话框。这里需要输入两次一样的密码，为安全起见可以输入字母加数字的组合密码。

（8）输入完成之后，再单击"下一步"按钮，打开"填写个人资料"对话框，要求"请如实填写真实姓名和身份证号，否则将无法"体现"。

（9）填写完毕后单击"下一步"按钮，系统会再次提醒用户"请如实填写真实姓名和身份证号，否则将无法"体现"。如果有问题可以单击"修改"返回进行修改；如果确认无误，单击"确定"按钮即可以完成。

（10）确认后打开"创建店铺"对话框，在文本框中输入自己要创建店铺的名称，如这里的"天鹅妆美颜店"。

（11）输入完成后单击"完成"按钮，即可以完成店铺的创建操作。登录微店APP的首页，会提示"请开启GPS，以便我们为附近买家推荐你的微店"对话框。

（12）单击"好"按钮启动GPS，完成微店用户的基本注册，进入开始应欢迎界面。

（三）绑定专属银行卡

注册完成之后，要进行绑定银行卡的操作。店主在经营之后所收的款项可以申请提现到绑定的银行卡上。

绑定银行卡的操作步骤如下：

（1）登录微店首页，单击"我的收入"功能按钮。

（2）打开"我的收入"页面，页面上有"账户余额""累计收入""我的银行卡"和"收入明细"4大功能。这里的"账户余额"是指当前账户经营的收入款项，"累计收入"显示从开店至今整个店的收入情况，"我的银行卡"可以实现绑定银行卡功能，"收入明细"显示每笔的交易记录明细。

（3）单击"我的银行卡"功能按钮，打开"我的银行卡"页面，提示"请填写银行卡，用来收取货款"。

（4）单击"选择开户银行"文本框，打开下拉选项，单击选择自己要绑定的开户银行，如笔者选择的"中国建设银行"。

（5）选择完成之后，单击"请输入储蓄卡卡号"文本框变为可输入状态，输入自己的银行卡号，在下边的"请再重复输入一遍卡号"文本框中再次输入自己的银行卡号，一定不能有错误。

（6）输入完成之后单击"确定"按钮。为保障银行的账户安全，打开最后的短信确认页面。

（7）将收到的验证码输入到文本框中。

（8）输入完成之后，单击"确定"按钮即可完成银行卡的绑定，并显示在"我的银行卡"页面中。如果用户需要换银行卡，平台限制更换的次数为一天一次。

（9）单击"返回"按钮，返回"我的收入"页面，在"账户余额"后面有一个红色问号按钮。

（10）单击这个问号，打开"账户余额"的详情列表，这里显示了正在提现、暂时冻结的金额和相关要求。

二、有赞微店的装饰

店铺注册成功后，卖家可以自由添加商品、分享店铺或商品、通过微信收款、管理订单、进行促销。和传统的电商平台一样，虽然微店是基于手机移动端的小店，同样也需要花大量的精力去装饰。本小节介绍有赞微店的装饰方法。

（一）制作精美店标

好的店标、店名，在一定程度上能够扩大你的店铺宣传。店名，顾名思义就是你在网络上所开店铺的名称；而店标，就是店铺的Logo，从字面上理解，就是店铺的标志。店名和店标在很多情况下，一定要相辅相成，避免出现，如店名是饰品类而店标是服饰类的情况。

基于有赞微店的店标规格要求如下：

（1）仅支持GIF和JPEG两种格式的图片文件；

（2）限制大小为50 KB以内；

（3）规格为正方形（显示为圆形）。

通常，店标分为静态店标和动态店标两种。

静态店标：通常为一张图片。它又分为纯文字静态店标、纯图片静态店标和文字图片混合店标三种形式。很多人认为制作一个静态店标是很简单的事情，其实不然，如果一个专业的店标能和一个企业的标志相媲美，则说明网店的开办者在用心地做事，买家也会更加放心。

动态店标：是由纯文字、纯图片、文字图片组合等合成的图片来构成的GIF动画。目前网络上应用较多的为动态店标，相对而言，动态店标比静态店标更吸引顾客。

下面我们就用Photoshop来制作一款新颖的动态店标。

有赞微店支持上传GIF格式的图片。有些手机环境下看不到GIF动画，只显示第一帧的图片，但这不影响其使用。在一些可以显示动画的环境下，动态店标更能突显出微店店招的个性化效果。

GIF动画也可以使用Photoshop软件来开发制作，具体的步骤如下：

（1）打开Adobe Photoslwp CC软件

选择"文件"→"新建"菜单命令，打开"新建"对话框，在"名称"文本框中输入名称"logo"，"宽度"设置为100像素，"高度"设置为100像素，"分辨率"设置为72像素/英寸。

(2)单击"确定"按钮,创建 logo.psd 文档

单击"图层"面板上的"创建新图层"按钮豆创建"图层1",然后再单击工具箱中的"铅笔工具"按钮,在"图层1"上绘制自己店铺的 Logo 形象。这里绘制了一个长翅膀的人物创意形象。

(3)接下来我们要输入微店的文字

选择工具菜单中的"横排文字工具",在文字工具选项栏中设置字体、大小、模式,然后再单击"设置文本颜色"按钮,打开"选择文本颜色"对话框,设置颜色值为 #ff399b。

(4)输入店名的文本"天鹅妆"

输入后单击文字工具选项栏中的"提交当前所有编辑"按钮。

(5)这里我们将要制作的店标动画

是让"天鹅妆"几个文字的颜色替换变化,所以需要事先按(3)~(4)的步骤输入一个红色的"天鹅妆"文字。

(6)我们现在需要用到"动画"面板,进行动画的制作

通过执行菜单栏上的"窗口"→"时间轴"命令,从而打开"时间轴"面板。这时我们可以看到在"时间轴"的第一帧存在两张图片。

简单地了解一下"时间轴"面板中各按钮的功能:

"选择循环选项"按钮:就是在动画中,设置动画是否要循环。这里有"1次""3次""永远""其他"四个选项:"1次"表明动画只循环1次;"3次"表明动画循环3次;"永远"表明动画从打开一直循环下去;"其他"选项,在这里可以设置动画的循环次数,可以是2次、3次等等。

"选择第一帧"按钮:就是在动画过程中,点击此按钮,都会立即跳转到第一帧。

"选择上一帧"按钮:就是在动画过程中,可以快速地选择此帧动画的上一帧,当然你也可以通过鼠标点击来操作。

"播放/停止动画"按钮:这个按钮在动画制作中起较大的作用,可以通过点击它来决定动画的播放和停止。

"选择下一帧"按钮:就是在动画过程中,可以快速地选择此帧动画的下一帧,与"选择上一帧"方向相反。

"过渡动画帧"按钮:可以在动画帧与帧之间加入过渡,过渡可以在上一帧或者第一帧中加入新的帧,可以设置透明度、大小等。

"复制所选帧"按钮:这个按钮可以复制你选择的动画帧,相当于"图层"面板中的"新建图层"按钮。

"删除所选帧"按钮:顾名思义,就是将你选择的帧删除。

(7)此时切换时间轴的两帧会发现两张图片显示的效果是一样的,保持第一帧的图片效果不变,即第一帧是显示上面图层的红色文字效果。

(8)用鼠标选择"时间轴"面板中的第二帧,同时选择"图层"面板中的红色文本图层,

单击该图层前面的"指示图层可视性"按钮，关闭其可视状态。

（9）接下来我们回到"时间轴"面板中的第一帧动画中，选择其底层的动画时间，拉出下拉菜单，设置为1秒。注意：如果想让你的动画播放得慢一点，可以选择较长时间；如果时间大于10秒，可以选择"其他"设置你的具体时间。

（10）按照上一步骤的同样方法，将第二帧动画的时间也设置为1秒。

（11）至此动画已经制作完成了，这时可以按下"播放/停止动画"按钮，来观看制作的动画效果。

（12）最后将制作的店标保存为GIF动画图片，办法是选择菜单栏的"文件"→"存储为Web所有格式"命令，打开"存储为Web所有格式"对话。

（13）单击"存储"按钮，打开"将优化结果存储为"对话框，单击"保存类型"后面的下拉三角按钮，在打开的菜单中选择仅限图像选项，在"文件名"文本框中输入将要保存的文件名"logo.gif"。

（14）设置完成后点击"保存"按钮，完成店标动画的制作。

至此，动态店标整体已经设置完成。当然，店主们在设置的时候可以根据自己的喜好，添加或者减少一些图片、字体，或者增加、减少动画的帧运行速度，或者设置成纯图片替换。

（二）使用同步软件

如果想用手机直接设计精美的店标或者产品图片，从目前的技术上来看是不太可能的事情。那么如何快速实现电脑和手机的同步呢？现在就介绍如何使用360的"手机助手"实现电脑与手机的同步操作。

（1）在IE地址栏内输入www.baidu.com，按下回车键。打开百度的主界面，输入需要安装的软件"360安全卫士"，单击"百度一下"按钮，即可以搜索到很多可下载的资源。

（2）单击选择官方的下载选项，进入360的官网。

（3）单击页面上的"免费下载"按钮，下载后是一个引导安装的可执行文件"inst.exe"，只有1.4MB大小。

（4）双击下载的instexe文件，打开安装界面。

（5）单击"立即安装"按钮，由于是在线安装的软件，需要保证网络畅通，先进行下载。

（6）下载完毕后，软件会自动安装，安装完成之后即可自动启动界面。

（7）将手机开通Wifi功能（或者直接使用数据线将手机与电脑相连），单击"手机助手"功能按钮，切换到"我的手机"界面，软件会自动查找到你所配置的手机型号。

（三）上传店标操作

同步电脑和手机之后，就可以很方便地进行操作了，这里先把微店的店标上传到有赞微店平台里面。具体的上传步骤如下：

（1）单击"手机助手"面板上的"照片"功能，切换到"我的手机"下的"手机相册"

功能页面，同步显示了手机中的所有图片信息。

（2）单击功能栏上的"添加图片到手机"按钮，弹出"打开"对话框，单击选择前面我们制作的店标图片文件"logo，gif"。

（3）单击"打开"按钮，360手机助手会将设计的店标传到手机的图片相册里面。上传的图片会显示在最上面，并显示详细的上传时间信息，方便用户的管理和使用。

（4）打开手机界面会发现一个"通知"，提示"已收到电脑发来2个文件"，一个是刚传送的Logo文件，另一个如果是第一次传递的还会传递"360平板卫士"。

（5）打开手机上安装的"微店"。不管是新开设的小店还是已经上传了产品的微店，这个界面都是一样的。

（6）单击"我的微店"功能按钮，进入"我的微店"管理界面。

（7）单击页面上的"编辑"文字功能链接，进入"编辑店铺"管理界面。这里显示了微店的基础信息，可以进行店招的上传和更换，可以绑定微信号，也可以输入最新的店铺公告，设置运费的信息等内容。

（8）单击"点击图片编辑店铺图标"文字链接功能，进入"选择图片"面板。

（9）单击选择电子相册中从电脑上传过来的"logo，gif"店标，选择完成后弹出图片大小的调整页面，会出现可调整的8个调整方块，可以通过拖拉实现整个图片的选取。

（10）调整大小之后，再单击右上角的"完成"按钮，即可以完成店标的上传操作。

（四）发布商品图片

基于手机的微店商品发布一般都是通过互联网来实现的，因为手机界面较小，拍摄的商品图片也不方便在手机上进行处理操作。建议开微店的读者尽量在电脑上进行处理，然后通过互联网上传到微店的后台。有赞微店开辟了单独的商品图片上传通道，本小节就介绍这方面的知识。

（1）在浏览器地址栏内输入http：//v.vdian.com/shop/l/CPC/login.php，按下〈Enter〉键。打开微店网的登录界面，输入手机号码进行登录，单击页面上的"下一步"按钮。

（2）打开输入密码页面，在"请输入密码"文本框中输入注册时使用的密码。

（3）单击"登录"按钮，打开后台管理主界面。网页设计得很简单，右上角是欢迎提示"您好，欢迎使用微店网页版"，页面上有"我的微店""订单管理""卖家市场报名"3个主要功能。

（4）单击"我的微店"按钮，打开"商品管理"页面，里面有"商品管理"和"分类管理"两个功能模块可以设置。

（5）首先进行分类管理，单击左边菜单栏"分类管理"选项，打开"分类管理"页面，里面有"添加分类"和"保存更改"两个功能。

（6）单击"添加分类"功能按钮，在页面上的"分类名称"栏下会自动添加一栏分类的信息栏，输入"分类名称"为"面膜"，"排序"的值为"1"。

输入"分类名称"时应尽量用中文名称,"排序"的值为"1"的意思是让这个分类显示为第一个。

(7)再次单击"添加分类"功能按钮,在页面上"分类名称"栏下会自动添加第二栏分类的信息栏,输入"分类名称"为"饰品","排序"的值为"2"。

(8)添加完分类之后,再单击"保存更改"功能按钮,在页面"操作"栏下会自动显示"删除"和"查看"功能。

添加完成分类之后,就可以再进一步上传所销售的商品图片了,具体的操作步骤如下:

(1)接上面的操作,单击左边菜单栏"商品管理"选项,进入"商品管理"界面。

(2)单击右上角的"添加商品"红色按钮,进入"添加商品"界面。

(3)单击"图片"后面的"+"按钮,打开"选择要加载的文件"对话框,用鼠标单击整体处理的产品图片,选择"产品1.jpg"文件。

(4)单击"打开"按钮,图片自动上传到服务器,上传成功之后会在页面上显示上传成功的缩略图。

有赞微店的产品图片上传可以多个同时进行,如果想从不同角度显示您的产品图片效果,可以单击"+"号按钮继续上传图片。

(5)在"描述"文本输入框中输入该产品的描述。

(6)输入完成之后再单击"价格"文本框,在这里输入要销售商品的价格,如150元。在"库存"文本框中输入所有销售的产品量;如1000件。在"商品编码"文本框中输入商品的编码,如BS0001。单击选择"分类"后面的"面膜"复选框按钮选择该分类。

(7)单击"提交"按钮,所输入的商品信息就自动保存到服务器上。

(8)微店的商品显示还提供了"型号"显示功能,可以让购买者通过一个表格中的说明快速了解商品的详情。单击"编辑商品"按钮,进入"添加商品"页面,再单击页面上的"添加商品"按钮,会自动添加一个产品表格,在表格的文本框中输入产品说明文字,单击"提交"按钮就可以完成修改操作。

(9)重复步骤(1)~步骤(7)的操作,将所有销售的产品图片上传到后台。

在网站上传的产品图片,可在手机上同步看到。有很多刚开店的读者,因为觉得产品图片只是在手机上显示,设置的图片比较小,结果在稍微大一点的手机屏幕上往往失真。

为了增加商品的浏览量,我们可在宝贝的名称中多加入一些关键词,例如时尚的、最新的、各式各样的、新颖等。我们还可以将宝贝的类别写得清楚、细腻些,让购买者了解得更多。我们还需要把宝贝的描述信息写得更加全面,更加完美。还需要写明宝贝的邮寄方式,从而使顾客更加了解。这一切都能够增加顾客对商品的好感,更加了解商品的信息,起到宣传销售的效果。

(五)淘宝搬家助手

在有赞微店网上的店铺,最值得一提的就是"淘宝搬家助手"功能。有赞微店的开发者充分考虑到了开微店的店主目前基本上都有淘宝店，为了节省开店的操作，开发了这个非常人性化的功能。

下面就简单介绍这个功能的操作：

（1）打开有赞微店的主界面，单击页面上的"设置"按钮（右下角），即可以打开"设置"页面，里面包括了"淘宝搬家助手""检查升级""求评价""关于微店"，以及"新手帮助"这5大功能。

（2）单击"淘宝搬家助手"功能按钮，打开"淘宝搬家助手"页面，其中提供了"快速搬家"和"普通搬家"两种操作方法。

（3）单击"快速搬家"按钮，打开淘宝网的登录页面。输入"淘宝会员名"和"密码"，然后再单击"登录"按钮，即可登录淘宝的后台，同步进行操作搬家功能。

（4）单击"普通搬家"按钮。在这里按照"生成序列号""确认店铺"和"开始搬家"三个步骤，可以实现一对一的快速搬家。由于页面上有详细的案例演示操作，这里就不做具体介绍了。

到这一步，在有赞微店上免费建立微店的步骤已基本完成，读者可以根据个人的要求设置不同的选项，从而完成个性微店的建立。

第四章　网店产品管理

第一节　产品描述

一、筹备思路

（一）高质量的标题

标题是信息内容的核心以及精华浓缩。表述清晰并且包含关键信息的标题能让潜在顾客更好地掌握产品具体情况，从而激起买家更多的兴趣和购买潜意识，标题的质量也直接决定了产品在淘宝的排名。

（二）清晰、表现力强的图片

网购者由于无法通过实地观察产品，因此图片就成为展示产品信息、给人直观印象的最主要因素。

（三）详尽的商品数据

商品属性、尺寸说明、挂牌图、细节图等数据一样都不能少。

（四）具有诱惑力的展示区

通过展示区尤其是通过优质商品的展示区带动其他产品的流量和销量，因此展示区的设置一定要有诱惑力，能吸引访问者点击展示区的商品。

（五）为用户着想的细节

其实我们所做的一切都应该为用户着想，如把图片拍精美点，把细节展示得更直观点等。这里所说的细节主要指快递说明、退换货说明、售后服务，让顾客能随时联系上你，及时沟通解决问题。

（六）友好的销售策略

卖家当然想让顾客多下单、多成交，但是生硬的广告是不行的。运用软文来打动顾客，用搭配销售、限时折扣、包邮等方式来吸引顾客等都是不错的手段。

二、商品描述

商品描述有不同的风格和方式，但我们通过总结，发现优质的商品描述一般都包括产品标题、零风险承诺、产品证书或者一些权威见证或者实体店照片、客户见证、商品特性描述、价值包装、促销被迫成交、再次零风险承诺、亲情策略等要素。本部分就是按照这样的模式来描述商品的。

（一）优质产品标题设置

产品标题是关系淘宝排名的最重要因素，也是给客户的第一印象，因此一定要充分利用淘宝要求的 30 个字符写出高质量的标题。

（二）商品详情描述

商品详情描述可按照零风险承诺、产品证书或者一些权威见证或者实体店照片、客户见证、商品特性描述、价值包装、促销被迫成交、再次零风险承诺、亲情策略的模式来描述。

1. 零风险承诺

有一些商品，在淘宝上可能假货比较猖狂，所以最需要解决的是客户的信任感。例如一些名牌运动鞋、名牌服饰、名牌箱包、行货手机、笔记本电脑、版权软件、名牌化妆品、品牌保健品等，只要跟名牌相关的商品，那我们上去的第一句话就是"保证100%正品，假一赔十""100%正品，支持专柜验货""100%保证正品，支持全国防伪电话验证查询""消保诚信商家，无效退款"等！第一句话直接放这个即可。

有疯狂销售记录的话，可以先把这些话放在第一句："30 天狂卖 1000 件"，"30 天售出 1000 件，100% 好评，卖疯了"，"淘宝保暖内衣最热销冠军"等，给客户的印象是这商品很热销很好，潜意识里说服了客户，这其实是一种"催眠营销"，非常有效。

2. 放置产品证书、权威见证或者实体店照片在显眼位置

有些商品，例如保健品、食品什么的，最好附上产品证书，正规公司营业执照，或者一些权威部门的获奖证书。有的有实体店的店铺，那么直接附上自己实体店的照片。这样做的目的就是再次加强客户的信任感。

3. 客户见证

如可以加上评价截图或者销售截图，当然截图肯定要截那些评价好的页面，打上自己店铺的专用水印；又或者可以加上旺旺聊天记录或者 QQ 聊天记录，当然都是一些好的带有溢美之词的聊天页面，打上自己店铺的水印。这样不但可以强化客户的信任感，而且能让客户感到店家对这个商品的负责和用心。

4. 商品特性描述

很中肯地描述这个商品，用事实说话，不要夸大，用专业数据、专业术语和科学语言说话。配合大量的商品图片，尽量多角度描述产品细节，图片都要有水印，图片上该红色标记的地方就标记，该着重的地方就用颜色和语言着重，有视频的加上视频。

5. 价值包装

包装最简单的方法就是对比法，一是和同类产品对比，显示你这个商品的优势之处；二是权威获奖图片、营业执照或者客户聊天记录（在这里再次出现图片视觉冲击）。

6. 促销被迫

给客户一个现在成交的理由，可采用以下策略：

（1）包邮策略。（2）赠品策略。（3）限时抢购差价策略。（4）团购策略。（5）秒杀策略。

7. 撤零风险承诺

最后再一次强调"零风险承诺"，再次敲打客户的神经，让客户彻底放弃对产品和服务的疑惑，促成最终的成交。

8. 亲情策略

这个策略是贯穿全程商品描述的，多喊一些"亲们"，多加一些旺旺的搞笑表情，拉近与客户的交流，对促进成交也是非常有用的。

避免店铺被淘宝禁言，最好要看看哪些是淘宝标题禁用关键词，以免被降权处罚。关于标题禁用的关键字，统计了以下几点，跟大家一起学习（以下内容无法得到官方的证实，淘宝只会告诉你有没有违规，而不会告诉你哪个关键字违规了，所以仅供参考）。

卖家代充下的商品不能使用"自动发货""闪电发货""在线卡密"。淘宝充值平台的商品都属于卖家代充的属性。

自动发货下的商品不能使用"闪电发货""在线卡密"。卡密商品属于自动发货的属性。

卖家在所出售的商品标题中使用并非用于介绍木商品的字眼（包含但不仅限于如下情况：标题为"MISSHA 杏子去角质面膜瘦身健美用品热销中"等）。

卖家故意在所出售的商品标题中使用淘宝网正在热推的关键词，并且该关键词和内容商品无直接关联。

卖家在所出售的商品标题中使用非该商品制造或生产公司使用的特定品牌名称（包含但不仅限于如下情况："橡果同厂出品*第二代*浙江-双超*豪华液压摇摆踏步机"，实际商品品牌为"双超"，不可在标题中使用其他品牌）。

卖家在所出售的商品标题中出现与其他商品和品牌相比较的情况（包含但不仅限于如下情况："可媲美LV的真皮手袋"等）。

在标题中使用"最大""最高""最好"等最高级陈述（包含但不仅限于如下情况："淘宝最低价"、"包身蓬蓬裙"等）。

不允许任何商品在标题中添加对赠品、奖品的描述，否则属于乱用关键词。卖家可以将相关促销内容添加到商品描述中，参加淘宝活动有另行规定的除外。

运动类目商品管理规则补充：不能以任何理由在同一件商品中使用多种属性关键词，以干扰搜索，除网站整体规则以外，下列情况也是被禁止的：组合式发布商品、使用多种属性关键词（如品牌，系列，类别等），卖家可以在商品描述中进行说明。

如未取得专卖资格或者特约经销商资格，不得在商品信息中声称其为"淘宝专卖"及"特约经销商"等暗示其与商标权人或者生产厂家之间存在授权或者合同关系的字眼。

网络游戏虚拟商品交易区商品管理规则补充：QQ专区下，商品标题中不得出现其他类目的字眼，否则属于乱用关键词，如在QQ秀红钻下面，只能出现标题中带有红钻的商品，不能出现例如：红、黄、蓝钻2元/月这样标题的商品。

如果用户或店铺不具有相关资质或未参加淘宝相关活动，淘宝不允许用户在商品标题中使用与特定资质或活动相关的词汇，如：台湾馆、香港街、淘宝商城、消费者保障计划、先行赔付等。

第二节 产品图片拍摄

一、如何拍摄出色的产品图片

以街市上卖西瓜的摊档为例，他们把西瓜切开展示给别人看。西瓜切开，一来可以让别人见到西瓜的成熟度，二来瓜肉红颜欲滴，让人垂涎三尺。这样大大地提高购买欲，从而达成营销目的。

联想到我们发布产品信息时，如何拍摄出色的产品图片呢？

1. 背景颜色要突出产品
2. 物体摆放技巧
3. 巧用道具
4. 多角度展示

只有让图片传递更多的信息给买家，才能赢得买家的信赖。站在买家的角度，把买家关心的信息通过图片传递出来，就是优秀的产品图片。

（一）拍摄前准备

1. 相机的使用姿势

产品图片的拍摄使用单反数码相机或数码相机都可以，一般要求像素高一点，防抖动效果要好。如果您从未有过拍摄商品的经验，手上也没有专业摄影所用的高级相机。使用家用数码相机，再配合一些拍摄技巧，同样也能拍摄出效果很好的商品照片。

2. 三脚架

一支可靠的三脚架给相机提供了一个稳固的平台，可以极大地提高照片的锐度。三脚架的作用主要是固定相机，特别是光线不够好的情况下，可以防止抖动，从而保证拍摄效果更清晰。三脚架用于室内拍摄会更多一些，而且是越重越好；外出拍摄可以携带轻便型的三脚架；如果没有三脚架，可以找一些临时的支撑物，比如桌角、椅背、石头栏杆等，就地取材。

3. 背景布/背景纸

背景布/背景纸的作用是为产品营造一个干净整洁的拍摄环境，从而能够更好地突出被拍摄主体。选择背景布/背景纸需满足几个要点：不反光、防皱、材质细腻、厚实、大小合适。一般情况下，背景纸都能满足以上几点，但是防水及耐用性不高。而背景布耐用性好，但是易皱，可适当熨烫再使用。对于需要产生倒影的物件拍摄，可采用倒影台。当然，前期为了节省成本，也可以使用A4纸，或者单色床单、家中的茶几等作为替代品。

4. 布光准备

光线的好坏很大程度上会影响到产品拍摄的效果。所以，营造良好的光线环境在拍摄中显得尤为重要。光线分为室外和室内光线：室外光线一般适用于需要外景的产品，如服装模特在街上展示服装、户外桌椅在草坪上展示。而室内光线，适合需要摆放在背景布上面拍摄的物品。为保证拍摄的光线亮度，应采用相同型号的灯泡，在相同的亮度下拍摄。一般选择色温在 5500K～6500K，从而保证光线亮度，建议采用专门搭建的室内摄影棚进行拍摄，设备叫作"摄影棚"或者"柔光箱"。

产品拍摄的所有器材在网上都能买到。如果前期经费不足，也可以模仿制作。

（二）了解相机的拍摄功能

1. 微距拍摄

通常在数码相机上有一朵小花的按钮，就是微距拍摄的转换按钮。微距摄影的目的是力求将主体的细节表现出来。

微距功能主要是用于拍摄小物件，如饰品、螺母、电子元器件等。它能够把物件表面细节拍得非常清晰，并且形成突出拍摄主体，虚化背景的效果，显得既专业又有美感。微距还可以拍摄大件物品的细节，比如材质、面料、做工，这些都是客户所关心的。

2. 白平衡

在使用数码摄像机拍摄的时候都会遇到这样的问题：在日光灯的房间里拍摄的影像会显得发绿，在室内钨丝灯光下拍摄出来的景物就会偏黄，而在日光阴影处拍摄到的照片则莫名其妙地偏蓝，其原因就在于"白平衡"的设置上。通过白平衡设置可以解决色彩还原和色调处理的一系列问题。

一般白平衡有多种模式，适应不同的场景拍摄，如自动白平衡、钨光白平衡、荧光白平衡、室内白平衡和手动调节等多种模式。

自动白平衡为数码相机的默认设置，这种自动白平衡的准确率是非常高的，但是在光线下拍摄时，效果较差。而在多云天气下，许多自动白平衡系统的效果极差，它可能会导致偏蓝。

钨光白平衡也称为"白炽光"或者"室内光"。设置一般用于灯泡照明的环境中（如家中），当相机的白平衡系统知道将不用闪光灯在这种环境中拍摄时，它就会开始决定白平衡的位置。不使用闪光灯在室内拍照时，一定要使用这个设置。

荧光白平衡：适合在荧光灯下作白平衡调节，因为荧光的类型有很多种，如冷白和暖白，因而有些相机不止一种荧光白平衡调节。摄影师必须确定照明是哪种"荧光"或者进行"试拍"，使相机进行效果最佳的白平衡设置。

室内白平衡：适合把昏暗处的光线调置成原色状态，并不是所有的数码相机都有这种白平衡设置。一般来说，白平衡系统在室外情况时处于最优状态，无须这些设置。

手动调节：一般来说，用户需要给相机指出白平衡的基准点，即在画面中哪一个"白色"物体作为白点。可以携带一张标准的白色纸，拍摄时拿出来比较一下被摄体就行了。操作过程大致如下：把摄像机镜头对准标准白卡或者白纸，让白色充满整个画面，按一下白平衡调整按钮，直到寻像器中手动白平衡标志停止闪烁。不同的机器，其表示方法有所不同，这时白平衡需手动调整完成。

在不同的环境中应用不同的模式，可以帮助拍摄出色彩逼真的照片。

3. 曝光补偿

曝光补偿也是一种曝光控制方式，一般常见在 ±2-3EV 左右，如果环境光源偏暗，即可增加曝光值如调整为 +1EV、+2EV 以突显画面的清晰度。

许多拍出的照片如果偏暗或是偏亮，用曝光补偿的功能就能解决，这个功能在相机里通常显示为"EV"，非专业级别相机的曝光调整的范围通常为 -2.0 到 +2.0 曝光补偿（EV），是用专业相机设置为光圈优先自动曝光模式，并使用曝光补偿功能分级改变照片亮度进行拍摄的。和相机判断为"合适"曝光值的照片（无曝光补偿：±0EV）相比，不管是正向曝光补偿还是负向曝光补偿，补偿值越高，亮度变化就越明显。

相机计算出的"合适"曝光值和实际见到的效果不一定一致。拍摄者可以根据自己的主观意志判断究竟什么程度的亮度最合适。相机计算出的"合适"曝光参数归根结底只是一个参考标准，最终还是要根据拍摄者的意图来进行补偿。

4. 闪光灯

闪光灯也是加强曝光量的方式之一，尤其在昏暗的地方，打闪光灯有助于让景物更明亮。使用闪光灯也会出现弊端，例如在拍人物时，闪光灯的光线会在眼睛的瞳孔发生残留的现象，进而发生"红眼"的情形。因此许多相机商都将"消除红眼"这项功能加入设计，在闪光灯开启前先打出微弱光让瞳孔适应，然后再执行真正的闪光，避免红眼发生。中低档数码相机一般都具备三种闪光灯模式，即自动闪光、消除红眼与关闭闪光灯。再高级一点的产品还提供"强制闪光"，甚至"慢速闪光"功能。

一般近距离的拍摄商品照片不宜使用闪光灯，通常光线过强会使拍出的画面白茫茫一片，或者局部曝光过度，致使商品照片严重失真，不利于商品销售，所以要慎用闪光灯。

5. 快门速度

它主要通过时间快慢来控制进相机的通光量。提高快门速度，会相应提高照片的清晰度。如果被拍摄的对象正在进行一连串快速的动作，您可选减慢快门的速度进行模糊拍摄。因为快门速度太快的话，只能拍摄一瞬间静止的动作。这样说明了通过对快门速度的调节，可自由选择表现被摄物的动态或静态影像。

通常普通数码相机的快门大多在 1/1000 秒之内，基本上可以应付大多数的日常拍摄。主流的数码相机除了具有自动拍摄模式外，还必须具有光圈优先模式、快门优先模式。光圈优先模式就是由用户决定光圈的大小，然后相机根据环境光线和曝光设置等情况计算出光进入的多少，这种模式比较适合照静止物体。而快门优先模式，就是由用户决定快门的速度，然后数码相机根据环境计算出合适的光圈大小来。因此，快门优先模式就比较适合拍摄移动的物体，特别是数码相机对震动是很敏感的，在曝光过程中即使轻微地晃动相机都会产生模糊的照片，在使用长焦距时这种情况更明显。

6. 光圈

光圈就是光线能通过的一个圆圈，它主要控制照片的明暗程度。光圈越大进光量就越多，光圈越小进光量就越小。

光圈可以调校聚焦范围和提高镜头的描写力。通过调校光圈，可控制聚焦的范围大小，即光圈的 F 值越小，光圈就越大，越突出主题，虚化背景。开放光圈度数可分为 F2.8、F4、F5.6、F8、F11 等数值，数值越小代表光圈越大，数值越大代表光圈越小。

因此在我们拍摄商品的时候，商品越大，需要的景深就越大，我们就需要选择小光圈来拍摄达到清晰的效果。这个时候镜头的进光量小，快门就会变慢，拍摄就会变得非常不容易。相应的我们就需要越充足的光线来进行补充，使快门的减慢达到一个比较正常容易拍摄的范围。

7. ISO 感光度

ISO 感光度表示对亮度敏感程度的数值。数值越大表示可以在昏暗环境下进行更明亮的成像。ISO感光度分为100、200和400等。感光度越高，就越适合在光线昏暗的场所拍摄，但同时色彩的鲜艳度和真实性则会受到影响，所以低ISO值适合营造清晰、柔和的图片，而高的ISO值却可以补偿灯光不足的环境。

比如晴朗天气的拍摄：光圈可以适当缩小，快门速度适当变快。如果是需要拍摄漂亮的外景人像照片，那么光圈最好还是调到最大（因为大光圈才能带来小景深，背景虚化），光圈最大了，那么快门速度肯定要变快，要不然你的照片就会一片白，因为进来的光线太多了。

（三）室内拍摄场景布置

1. 光源的布置

1）光源的角度

为了很好地表现拍摄物的形状和细节，一般需要选择同被摄体成大约45°角的侧光。灯光配置尽可能为两个以上，这样可以保证产品左右受光均匀，注意：灯光的数量及高低远近对产品都有一定影响。

人工光源主要是指各种灯具发出的光，是商品拍摄中主要使用的光源。它的发光强度稳定，光源的位置和灯光的照射角度可以根据自己的需要进行调节。一般来讲，布光至少需要两种类型的光源，一种是主光，一种是辅助光。

主光是所有光线中占主导地位的光线，是塑造拍摄主体的主要光线，一般选择主光置于拍摄物顶部有较好效果。而辅助光一般应安排在照相机附近，灯光的照射角度应适当高一些，目的是降低拍摄对象的投影，不致影响到背景的效果，可以选择左右45°角以内照射。

服装产品拍摄：细腻材料的服装比较适合用柔和的光，而粗糙材料的服装比较适合直接打光。

2）光线的运用

光线照射的角度和技巧非常重要，同样的产品在不同的照射角度下会有不同的效果。

打光方式，不适合立体感较强且有一定高度的商品，那如何解决这个问题呢？这时，就需要灵活调整我们的光线，产品拍摄时产品的正面一定要受光均匀，因为在网络上买家看到的永远是产品的正面。

服装产品拍摄：细腻材料的服装比较适合用柔和的光，而粗糙材料的服装比较适合直接打光。

2. 背景布置

除了良好的光线条件，拍摄背景也不容忽视，干净整洁的背景能够突出产品。一般常见的是采用背景布/背景纸。

如何选择背景布/背景纸呢？满足几个要点：不反光、防皱、材质细腻、厚实、大小合适。如果卖的是衣服和较大商品，背景纸一定要大一些，至少约要2m×1.5m的，2m×2.5m的最合适，而且背景纸的放置方式要恰当，最好成弧形放置，这样能够避免背景上出现接缝和折痕。

一般情况下，专业的背景纸都能满足以上几点，但是背景纸防水及耐用性不高，成本就增加了。背景布耐用性好，但是易皱，建议买厚实一点的布，可适当熨烫再使用。

需要注意的是：背景颜色的选择非常重要，一般选择温和的颜色。有对比，但是对比又不要过于强烈，如选择白色、米色、粉色、暗色系等。

除了这些，还可以配上一些漂亮的假花和小饰品作为装饰物，这样单调的产品就会马上敞亮起来。

（四）不同物品不同拍摄方法

（1）拍摄水晶等透明物品

这类物品本身最大的特点就是透明，因此在拍摄过程中要力求体现它透明的物品特质。背景要干净，否则会反射在物品上。建议大家在拍摄过程中最好戴上白色的手套，以免拍出来的物品上留有指纹。因为透明物品表面很光亮，容易造成反光，所以光线不要直接照射物品。在肉眼看起来明显比较暗的部位，打上反光板或者旁边用白纸映衬下，使画面的光达到均匀的效果，增加透明物品的立体感觉。

（2）拍摄首饰等反射物品

不言而喻，这类物品具有反射的特点，非常容易反映出四周的情形，尤其是在四周颜色与其本身颜色截然相反的情况下，更加容易造成这种情形的出现。在拍摄过程中，最好把物品放置到四周颜色都比较单调又与其本身颜色较近的环境里。另外一种解决的方法是事先找地方固定好相机的位置，利用相机自拍功能，避免自己的衣服颜色反射到物品上。

（3）拍摄食品

通常用"色、香、味"俱全来形容食品的好与坏，"色、香、味"是食品的特点，那么如何用图片来表现食品这个特点呢？熟透了的食品往往偏向于黑色，颜色太深导致图片缺乏美感，调动不了买家的食欲。拍摄食品最好的时机是在半熟的时候，颜色偏向于黄色，让人一看就有吃的冲动。因此，拍摄熟的食品一般是一做完就立马拍摄，保证食品最佳的状态，体现食品"色、香、味"。建议在食品表面涂上一层油，"色"会更加好看。

（4）拍摄数码类电子产品

这类产品可以用白色或者黑色来当背景。如果产品是黑色的，可以考虑利用颜色比较浅的背景；如果产品是白色的，可以考虑利用颜色比较深的背景来衬托。在拍摄时要注意光线分布是否均匀，底部可以打光，颜色搭配要合理。尽量避免镜头和被拍摄物品放在同一垂直线方向，不要使用广角镜头，以免拍出很夸张的透视变形。

（5）拍摄衣服

在拍摄过程中，手绝对不能颤抖，否则会抹杀了服装质感的表现。在用光方面，细腻质料的服装比较适合用柔和点的光；粗糙质料的服装比较适合直接打光，以挽回质料差的缺陷。刚进货的衣服由于折叠会比较皱，可以先用熨斗把它烫平整再拍摄，图片的效果会更好。

（6）拍摄化妆品

化妆品消费人群多是女性，对产品的质感和功能非常看重，拍摄化妆品对光线、细节、颜色的要求很高。消费者对化妆品安全性很关注，所以化妆品产品图片需要多角度、多细节去拍摄。

（五）网店产品图片拍摄需注意的问题

（1）有条件尽量使用摄影棚

摄影棚有贵有便宜，看情况自己选。有摄影棚拍摄的图片效果远比没用摄影棚的要好。摄影棚能增强图片阴影圆滑性、去除反光、充足光线照射等，产品图片拍摄优势非常明显。

（2）尽量避免使用闪光灯

使用闪光灯的技巧非常讲究，一不小心就容易造成曝光过度或者曝光不足的毛病。另外，使用闪光灯就要考虑光线的来源问题，考虑因素增加很多，是普通的拍摄者所掌握不了的。

（3）千万不能晃动相机

在普通拍摄过程中，数码相机稍微一晃动就会造成图片模糊情况的出现，更何况网上创作更多的是需要拍摄近距离的特写。所以建议大家不要用手端着相机拍摄产品，最好使用三脚架对物品进行近距离拍摄，建议拍摄时注意体现需要表现的物品部位，其他地方进行虚化，突出重点。

二、自制简易摄影棚并拍摄产品

（一）自制简单摄影棚

1. 所需材料

一个纸箱、一大张白纸、一卷透明胶布、一把剪刀。

2. 制作过程

白纸并不是最好的选择，因为它比较厚，透光性并不是太好。相比之下，如果有那种很薄的丝质白布，制作出来的摄影棚效果会更好。下面，我们开始制作。

剪掉的纸板不要扔掉，这里还有用。剪几片四指宽的纸板，从中线对折，然后用透明胶扎紧，就做成了一根较坚固的立柱。然后将立柱垂直固定在纸箱底面的角上。为了保持垂直不倒，可以剪两片小三角形的纸板，用透明胶布粘在立柱的底部。到此为止，摄影棚的骨架基本就做完了。

粘好两个侧面之后，顶面用一张白纸盖好即可，这样，摄影棚就制作完成了。最后，在摄影棚里面铺上白纸，就可以拍摄了。

（二）用自制摄影棚拍摄产品图片

把两盏普通的台灯，分别放置在摄影棚两侧斜上方45°。（尝试不同的拍摄角度和光源的高低，肯定可以拍出理想的照片）。将商品放在摄影棚内，就可以进行拍摄了。

1. 景深

使被摄物体产生较为清晰影像的最近点至最远点的距离就是景深，也是被摄物体能清晰成像的空间深度。在景深范围内景物影像的清晰度并不完全一致，其中焦点上的清晰度是最高的，其余的影像清晰度随着它与焦点的距离成正比例下降。景深的控制在摄影技巧中有着举足轻重的地位，它能直接影响照片主题的突出以及画面的整体效果（层次感）。

光圈大小与景深的关系：

光圈在控制景深的作用中，扮演一个非常重要的角色。光圈越大，景深越小；光圈越小，景深越大。

拍摄时，若希望主体的前后景物都非常清晰，可以将光圈尽量向小处调节，比如f/16、f/22；反过来，若希望对焦的物体清晰，虚化前后的另外一些景物，那就尽量将光圈开大，比如f/2.8、f/2，甚至f/1.4。

2. 焦距

焦距：镜头有各自固有的焦距，焦距不同拍摄范围也相应地有很大变化。镜头焦距越长，景深越小；焦距越短，景深越大。

照相机镜头的焦距是镜头的一个非常重要的指标。镜头焦距的长短决定了被摄物在成像介质（胶片或CCD等）上成像的大小，也就是相当于物和像的比例尺。当对同一距离远的同一个被摄目标拍摄时，镜头焦距长的所成的像大，镜头焦距短的所成的像小。根据用途的不同，照相机镜头的焦距差别非常大，有短到几毫米，十几毫米的，也有长达几米的。较常见的有8mm，15mm，24mm，28mm，35mm，50mm，85mm，105mm，135mm，200mm，400mm，600mm，1200mm等，还有长达2500mm超长焦望远镜头。

一般情况下，焦距越小，视角越大；焦距越大，视角越小。一个焦距为50mm的镜头，它的视角在全幅数码单反相机上大约为46°，和人的眼睛的视角差不多，所以这个镜头叫标准镜头。而一个焦距为24～70mm的变焦镜头，它的视角在全幅数码单反相机上大约为84°～34.2°之间，包含了人的眼睛的视角48°左右，所以这个变焦镜头我们也可以叫它标准变焦镜头。

焦距小于标准镜头的叫广角镜头，焦距小于标准变焦镜头的叫广角变焦镜头。

焦距大于标准镜头的叫长焦镜头，焦距大于标准变焦镜头的叫长焦变焦镜头。

焦距再小于广角镜头的叫超广角镜头，焦距再大于长焦镜头的叫超长焦镜头。

标准变焦镜头也可以叫中焦变焦镜头。

3. 光圈优先模式

光圈优先是一种曝光控制模式，它由拍摄者自行手动设置所需的光圈大小，然后由相机根据拍摄现场光线的明暗、CCD感光度以及手动设定的光圈等信息自动选择一个适合曝光所要求的快门速度，实现准确的曝光。

使用光圈优先模式的目的是，使用者可以自己控制景深。在风景摄影中，当使用者希望近处和远处的画质都要清晰，而快门速度并不重要的时候，需要设定一个较小的光圈值。在人物摄影中，相机使用者更希望有一个较大的光圈值，使得人物的背景失焦，用以强调人物主题而淡化背景。

4. 快门优先模式

快门优先是指由机器自动测光系统计算出曝光量的值，然后根据你选定的快门速度自动决定用多大的光圈。拍摄的时候，用户应该结合实际环境把曝光与快门两者调节平衡，相得益彰。

快门优先是在手动定义快门的情况下通过相机测光而获取光圈值。举例说明，快门优先多用于拍摄运动的物体上，特别是在体育运动拍摄中最常用。很多朋友在拍摄运动物体时发现，往往拍摄出来的主体是模糊的，这多半就是因为快门的速度不够快。在这种情况下你可以使用快门优先模式，大概确定一个快门值，然后进行拍摄。因为快门快了，进光量可能减少，色彩偏淡，这就需要增加曝光来加强图片亮度。物体的运行一般都是有规律的，那么快门的数值也可以大概估计，例如拍摄行人，快门速度只需要 1/125 秒就差不多了，而拍摄下落的水滴则需要 1/1000 秒。

5. 手动曝光模式

手控曝光模式是指每次拍摄时都需手动完成光圈和快门速度的调节，这样的好处是方便摄影师制造不同的图片效果，如需要运动轨迹的图片，可以加长曝光时间，把快门加快，曝光增大；如需要制造暗淡的效果，快门要加快，曝光要减少。虽然这样的自主性很高，但是很不方便，对于抓拍瞬息即逝的景象，时间更不允许。

第三节　产品图片美化

商品图片在淘宝店铺中起着至关重要的作用。它就像一个商店橱窗摆放的商品，当人们经过时，它能够吸引人们的眼球，走进店铺，从而开展我们的营销活动。

在淘宝中，买家通过搜索对自己所需要的商品进行筛选。这时候，一张美观的照片就能增加商品被潜在客户发现的概率，从而点击进入店铺查看整体信息，影响买家的购买决策。而竞争力的提高，销量的提升，有可能引起供货商的重视，以便拿到更好的产品和更优惠的价格，更好的优惠条件及服务。

不是所有的人都可以拍摄出专业的商品照片，当拍摄的照片出现不同程度的缺陷时，后期的图片处理就成了必不可少的环节。

有时候拍摄的图片往往不尽如人意，但后期通过图片的美化修饰，可以制作漂亮又精致的图片，这样更能吸引消费者的眼球。

一、图片处理的基本工具

图像处理的基本工具有 nEoiMAGING 和 Photoshop 等。

nEoiMAGING（光影魔术手）：是一个对数码照片画质进行改善及效果处理的工具软件。光影魔术手软件简单易用，不需要任何专业的图像处理技术，就可以制作出专业胶片摄影的色彩效果。对于在淘宝开店的掌柜，光影魔术手给商品图片的美化提供了更实实在在的应用。该软件能够满足绝大部分照片后期处理的需要，而且批量处理功能非常强大，足够胜任淘宝商品图片的处理。

Photoshop 是一款平面设计软件，是世界上公认的最好最全面的图片平面设计软件，该软件具有界面友好、图像处理功能强大等优点，但该软件操作较复杂，需要比较专业或熟练的操作技巧。

二、图片处理步骤

图片处理包括前期美化与后期美化。前期主要调整图片大小与色彩亮度等，后期主要为图片增加边框、水印等。

三、使用光影魔术手软件对图片进行处理

（一）安装软件

此软件的下载可以到百度或 google 里面搜索即可找到，安装简单。

（二）调整图片的大小

目前显示器主流设置在 1024×768 的情况下，如果图片过大，显示时会缺损一部分。图片建议在 500×700Px 左右的宽度。同时要依据淘宝网站对商品图片限制进行设置，图片大小要限制在 120k 内。

打开安装好的软件，进入界面。选择工具栏的"打开"按钮，打开一幅图片。再点击选项条的"图像"——"缩放"按钮。

勾选"维持原图片长宽比例"，设置图片大小。

（三）图片亮度色彩等的调整

点击选项栏的"调整"——"曲线"按钮。

拉动曲线，调整图片亮度与色彩。

单击选项栏的"调整"——"色阶"按钮。对图片色阶做调整。

单击选项栏的"调整"——"亮度/对比度"按钮。对图片亮度与对比度做调整。

（四）图片白平衡的调整

如果遇到照片的颜色不正/偏差就使用白平衡调整。

单击选项栏的"调整"——"白平衡——"指键"按钮。

（五）锐化图片提高清晰度

如果图片细节模糊，要提高图片的清晰度，可以使用锐化功能。单击选项栏的"调整"——"模糊与锐化"——"精细锐化"。

（六）给图片加边框

单击选项栏的"工具"——"添加边框"。选择各种类型的边框。

（七）加水印及文字标签

水印不仅美观还能防止图片被盗。选择"工具"菜单栏下的"水印"选项。

在弹出的窗口中，在"插入水印标签"处可以选择下载的水印素材（注意素材文件格式选 gif 或者 png 时才有透明效果），再对水印的透明度、大小和位置进行设置。

（八）批处理图片

当同时处理大量图片时，使用批处理功能可以大大减少使用者的工作量。

点击"照片列表"按钮，增加需要批处理的图片。

点击"自动处理"按钮，增加需要的动作，如水印和文字标签等。

点击"输出设置"按钮，指定图片输出路径与覆盖类型等。

四、利用 Photoshop 软件制作水印和边框

（1）打开一幅图像，在工具栏里选择文字工具，输入文字。在工具选项栏点击"图层"——"图层样式"。根据需要，设置文字图层的样式。最后移动文字到合适的位置。（2）打开水印素材，点击工具箱的魔术棒工具，选中白色背景，再按快捷键 Ctrl+Shift+I 进行反向选择。（3）把选中的物体用移动工具移动到图片中，再按快捷键 Ctrl+T 键变换物体大小。（4）加上店铺地址，让水印看起来更专业。把地址、图标和文字移动到合适位置。（5）在图层面板按 Shift

键选中地址、图标和文字三个图层。点击工具选项栏的"图层"——"合并图层"命令。(6)设置合并图层的不透明。

(7)制作边框。点击工具选项栏的"选择"——"全部"命令。(8)点击工具选项栏的"编辑"——"描边"命令。弹出描边对话框,设置描边颜色和宽度。(9)完成效果。(10)也可以使用路径画笔描边命令,点击工具选项栏的"选择"——"全部"命令,进入路径调板,点击从选区生成路径按钮。(11)设置画笔模式。进入路径调板,点击从选区生成路径按钮。(12)完成效果。

五、利用 Photoshop 软件更换产品背景

(1)打开一幅香水图片。(2)选择钢笔工具,点击工具选项条的路径按钮。使用钢笔工具绘制香水路径。(3)绘制路径完毕后,进入路径面板,点击将路径作为选区按钮,把香水插入选区。(4)新建一个文件,选择渐变工具,点击渐变编辑器。根据香水的颜色,设置渐变背景。(5)用移动工具把香水移动到背景图当中。(6)点击工具选项栏的"图层"——"图层样式",给香水图层设置投影效果。(7)香水图片的美化效果。

六、图片处理技巧

1. 一种简单的数码照片后期润饰

(1)打开图片,执行色相/饱和度(-40)降低饱和度。(2)新建一图层,将图层模式改为柔光,用画笔工具将需要润饰的部分画几下,这里可以利用色板方便地提取颜色。(3)图片色彩过渡不够柔和,再执行一下滤镜下面的高斯模糊(+85)。

2. 简单处理照片曝光不足

(1)打开图片,复制背景层,对背景层的模式改为滤色。(2)对背景层的色阶进行调整。

3. 图像错位效果

(1)打开图片,新建一图层,选择"视图"——"标尺",选择移动工具,分别从上方和下方拖曳出两条蓝色标线(9格)。(2)利用矩形选取工具,填充方格(1,9暗灰;5,7黑;3亮灰),以psd格式储存,然后关闭文件。(3)执行"滤镜"——"扭曲"——"置换",选择刚才储存的psd文件。备注:"置换滤镜"是利用置换图的颜色值使选区发生位移:白色(色调值=0)是最大负位移,即将要处理图像相应的像素向左和向上移动;黑色(色调值=255)是最大正位移,即把图像中相应的像素向右和向下移动;灰色(色调值=128)不产生位移。

4. 照片底纹效果

(1)打开图片,执行选择——全选,然后编辑——复制,建一新通道,编辑——粘贴,将拷贝图像贴入新建通道中。(2)执行图像——调整——反像,回到RGB通道,编辑——清除,删除原图像。(3)执行选择—载入选区,调用新通道,执行编辑——填充(所需颜色)。

5.PS 渲染照片气氛（风景）

（1）图像——调整——色阶（RGB+29，1.0，+234）。（2）执行色相/饱和度命令（全图 -14，+41，-1）。（3）继续执行色相/饱和度（红色，色相值降低，饱和度增加）。（4）继续执行色相/饱和度（黄色，-22，+45，-1）。（5）继续执行色相/饱和度（绿色，+15，0，0）。（6）调节亮度/对比度（亮度降低/对比度增加）。

第四节　产品发布

在淘宝、京东、拼多多等这些大大小小网站开店已经是许多人的工作和生存之道了。在前面的项目学习中，我们掌握了产品描述以及图片拍摄与美化的相关技能，这些都是产品发布的前期准备工作，有了前面的准备，就可以将自己所要出售的产品发布到网站上，发布产品是网上开店的关键一步，所有的前期工作都只有通过产品发布来体现，那么到底如何发布自己的产品？有没有什么技巧？如何合理地使用产品上传工具录入商品，从而达到事半功倍的效果？这是本项目学习和训练的重点。

一、产品发布的概念

本文所用到产品发布的概念是将要销售的商品录入到网店上并通过互联网向外展示的过程，产品发布有多种形式，有一口价发布，拍卖价发布，秒杀、团购、展示性等很多形式，其目的都是为了销售或宣传展示自己的产品。

二、产品发布的规则

产品发布的规则各个网站都不一样，淘宝、京东、拼多多等都有各自的规则，产品发布的规则制定的目的是为了维护网络市场与交易的规范、公平，保障网络用户合法权益，维护网络市场的正常经营秩序以及网站市场平台方的管理。

三、产品发布软件

随着网上开店参与人员的增加，网店的店主们都将面临一个问题就是要付出大量的时间去维护产品信息，如上传、下载商品，修改价格等，特别是有些店产品数百个，修改一次工作量很大，店主们迫切需要一个快速高效的商品上传与管理工具，于是就有了针对不同平台的开店工具软件。

我们以淘宝助理为例，介绍产品上传软件的使用方法与技巧。

四、下载淘宝助理

在浏览器的地址栏内输入：

http://www.taobao.com/tbassistant/index.php，点击"下载淘宝助理"按钮，点击保存，将执行文件下载到本地机器上。

五、淘宝助理的安装

双击下载成功的安装文件，并点击运行（这里需要提醒一下的是，淘宝助理请尽量从淘宝网上下载，因为在其他网站下载，不排除带有病毒或者木马的风险），开始进入安装向导，点击"下一步"；点击"同意"许可协议，按照安装的引导依次点击下一步操作下去，开始进入程序安装过程，耐心等待几秒钟，程序安装完毕，点击"完成"，整个安装过程结束，最后会在桌面上生成图标，像一顶神奇的魔法帽。

六、登录淘宝助理

在桌面双击淘宝助理的图标，或者选择开始→所有程序→淘宝网→淘宝助理，系统将显示淘宝助理的登录界面。

如果是首次使用淘宝助理，系统将会有以下的提示"没有在本地登录过，接下来需要连接到服务器进行身份验证才能登录，希望继续吗"，选择"是"，输入淘宝会员名和密码，点击"确定"。密码验证成功后，系统将显示淘宝助理的主界面。这时系统将会自动同步商品属性，而无须手工同步。

七、运用淘宝助理的主要功能

（一）新建商品

使用淘宝助理本地新建商品，点击新建商品（可以使用原有的模板）。

（二）预览商品

首先在右侧选中要预览的商品，点击"预览商品"按钮就可以预览在淘宝网的实际展现页面。

（三）上传商品

（1）新建成功的商品将会放在"库存商品"目录中，如果想发布这件商品，请在"库存商品"目录中选中商品。

（2）点击"上传商品"。

（3）确认要上传的商品，点击"确定"，商品就会发布到淘宝网上。需要注意该商品是否有图片，因为没有图片的商品可能会被客服下架，所以请务必要注意。当某个商品上传失败时，将会在失败原因里提示具体的错误信息。

（四）下载商品

点击"下载商品"按钮。

在弹出的对话框中提供按商品类目、店内类目、商品状态、关键字、时间范围等条件下载淘宝网线上出售中和仓库中的商品，下载后的商品将同步覆盖助理本地"出售中的商品""线上仓库里的商品""待处理的违规商品"目录下的所有商品。

（五）更新数据

点击"更新数据"按钮。

弹出的进度条会显示当前的更新进度。

"更新数据"具有同步更新淘宝网线上的类别、属性和店内类目等信息的功能，请及时、周期性地更新这些信息，以保证助理本地的信息与淘宝网线上保持一致，避免助理发布的商品出现问题。

（六）删除商品

在助理中删除的商品，不会直接影响到淘宝网线上的商品状态，如果要真正删除商品，请直接到"淘宝网"→"我的淘宝"中删除商品。

（七）查找商品

提供按商品关键字、商品类目、店内类目、商品状态等条件查询商品信息。

我们还可以点击"附加条件"以及"高级查询"复选框，通过商品类目、上传状态等更精确地查找商品。

（八）启动旺旺

一键启动旺旺聊天工具，方便与买家谈生意。

（九）批量编辑产品（商品）

选中要编辑的多个商品，点击"批量编辑商品"，即可批量编辑商品的名称、价格、类目、地区等信息。

（十）导出导入产品（商品）

在列表里选择需要导出成 CSV 文件的商品记录，右击选择"导出到 CSV 文件"。

在保存窗口，选择保存 CSV 的位置（并建议使用有含义的文件名），点击"保存"，系统将选择的记录保存到指定的 CSV 文件。这样，文件就备份好了。

当想使用备份的文件，只需要将 CSV 文件转化成商品数据即可。具体操作如下：

选择商品后，点击右键"从 CVS 文件导入"。

选择备份过的 CSV 文件，然后点击"打开"。

八、商品发布技巧

（一）商品发布时间技巧

因为淘宝的搜索引擎会把接近下架时间的商品优先排在前面，所以为了保证在上网高峰时间有更多的商品排名尽量靠前，就要在高峰时间段（如 9：00-13：00，15：00-18：00，20：00-23：00）发布一定数量的商品，增加商品被搜索到的机会。

如果新的店铺上货的商品不多，可以控制在每天的 9：00-11：00，11：30-13：30，14：00-17：00，19：00-21：00 这几个时间段发布商品。

（二）合理运用橱窗位推荐

有橱窗推荐的商品比没有橱窗推荐的商品排在前面，因此必须合理利用橱窗推荐，在保证用尽所有橱窗位的前提下，尽量推荐最接近下架时间的、重点推介的商品。

（三）商品的发布个数

若使用一些商品发布软件的话可以一次上传所有商品，但是若用人工上传方式的话每次发布商品的数量不宜过多也不宜过少，个数与橱窗位的个数相一致是通行的做法。

第五章 网店客服管理

一、客服的意义

电商客服部门是承载着顾客投诉、订单业务受理（新增、补单、调换货、撤单等），通过各种沟通渠道获取参与顾客调查、顾客直接联系的一线业务受理部门。

作为承上启下的信息传递者，客服部门还肩负着及时将顾客的建议传递给其他部门的重任。如来自顾客对于服装款式的建议、线上下单操作修改反馈等。

电商公司的客服按形式分在线客服与语音客服两种。独立的 B2C 公司一般都不设立在线客服，C2C 购物市场主要以在线客服为主。

按业务职能可分售前客服与售后客服两种。

电子商务的客服，在企业形象维护、产品的销售以及售后的顾客维护方面均起着极其重要的作用，不可忽视。

1. 塑造公司形象

对于一个电商公司而言，顾客看到的商品都是一张张的图片和文字描述，既看不到商家本人，也看不到产品本身，无法了解各种实际情况，因此往往会产生距离感和怀疑，这个时候，客服就显得尤为重要了。顾客通过与客服的交流，可以逐步了解商家的服务和态度，让公司在顾客心目中逐步树立起店铺的良好形象。

2. 提高成交率

通过客服良好的引导与服务，顾客可以更加顺利地完成订单。电商客服有个很重要的意义就是可以提高订单的成交率。

3. 提高顾客回头率

当买家在客服的良好服务下，完成了一次良好的交易后，买家不仅了解了卖家的服务态度，也对卖家的商品、物流等有了切身的体会。当买家需要再次购买同样商品的时候，就会倾向于选择所熟悉和了解的卖家，从而提高了顾客再次购买概率。

4. 更好的用户体验

电商客服有个很重要的角色就是可以成为用户在网上购物过程中的保险丝，当用户线上购物出现疑惑和问题的时候，客服的存在给用户更好的整体体验。

二、客服的基本要求

1. 素质要求

（1）责任心

这是员工无论在哪个岗位，都必须具备的良好品质，无论身在哪个岗位都要把自己的岗位当成最重要的岗位，而客服是战斗在一线的岗位，可以说客服是一个店铺的形象大使，更要尽职尽责地做好，不能做只会应答的机器人。

（2）耐心

在网上在线服务顾客，需要客服有足够的耐心。有些顾客会问比较多的问题，这是因为顾客有疑虑或者比较细心，这个时候需要客服耐心的解释和解答，打消顾客的疑虑，满足顾客的需要。

（3）细心

面对店铺中多达百种的商品以及不同的顾客，都需要客服非常细心地去对待。一点点的错漏和贻误，都会耗费许多时间和精力来处理。

（4）同理心

把自己当作顾客，设身处地来体会顾客的处境和需要，给顾客提供更合适的商品和服务。

（5）自控力

客服作为一个服务工作，自己首先要有一个好的心态来面对工作和顾客，客服的心情好了也会带动顾客。毕竟网上形形色色的人都有，有好说话的，就也有不好说话的，遇到不好说话的顾客，客服就要控制好自己的情绪，耐心地解答，有技巧地应对，工作时严禁把私人情绪带到工作中来。

2. 知识要求

（1）商品专业知识

客服应当对商品的种类、材质、尺寸、用途、注意事项等都有所了解，最好还应当了解行业的有关知识，对商品的使用方法、洗涤方法、修理方法等有基础的了解。

（2）网站交易规则

应该让自己从一个商家的角度来了解淘宝的交易规则，以更好地把握自己的交易尺度。有的时候，顾客可能第一次在淘宝交易，不知道该如何进行，这个时候除了要指点顾客去查看淘宝的交易规则，还需要在有些细节上一点点地指导顾客如何操作。

（3）支付宝的流程和规则

了解支付宝交易的原则和时间规则，可以指导顾客通过支付宝完成交易，查看支付宝交易的状况，更改现在的交易状况等。

（4）物流知识

了解不同快递公司、快递业务、邮寄的信息，了解不同邮递方式的价格、速度、联系方式、查件方式。

三、客服的基本技巧

1. 微笑是对顾客最好的欢迎

虽然说网上与顾客交流是看不见对方的，但言语之间是可以感受到诚意与服务的。聊天时多用些表情，可将自己的情感讯号传达给对方。

2. 保持积极态度

奉行顾客永远是对的理念，打造优质的售后服务。当售出的商品，出现问题的时候，不管是顾客的错还是快递公司的问题，客服都应该及时解决，而不是回避、推脱。要积极主动与顾客进行沟通，对顾客的不满要反应敏捷、积极，尽量让顾客觉得自己是备受重视的，尽快处理顾客的反馈意见，让顾客感受到尊重与重视，能补货最好尽快再给顾客补发货过去。在除了与顾客之间的金钱交易之外，更应该让顾客体验到购物的乐趣和满足。

3. 礼貌对客、多说谢谢

当顾客及时地完成付款，或者很痛快地达成交易后，客服应该衷心地对顾客表示感谢，感谢他这么配合客服的工作，感谢他为交易节约了时间。

礼貌对客，让顾客真正感受被尊重。顾客进店先说一句："欢迎光临，请多多关照！"或者"欢迎光临，请问有什么可以帮忙的吗？"诚心致意，会让人有一种亲切感，并且可以先培养一下感情，这样顾客心理上的抵抗力就会减弱或消失。有时顾客只是随便到店里看看，客服也要诚心地感谢说声："感谢光临本店，有任何需要或者不明白，我随时在线为您解答。"诚心致谢是一种心理投资，不需要很大代价，但可以收到非常好的效果。

4. 坚守诚信

网络购物虽然方便、快捷，但唯一的缺陷就是看不到、摸不着。顾客面对网上商品难免会有疑虑和戒心，所以对顾客必需要用一颗诚挚的心，像对待朋友一样对待，包括诚实地解答顾客的疑问，诚实地告诉顾客商品的优缺点，诚实地向顾客推荐适合他的商品。

坚守诚信还表现在一旦答应顾客的要求，就应该切实的履行自己的承诺，哪怕自己吃点亏，也不能出尔反尔。

5. 凡事留有余地

在与顾客交流中，不要用"肯定、保证、绝对"等字样，这不等于售出的产品是次品，也不表示对买家不负责任，而是不让顾客有失望的感觉。因为每个人在购买商品的时候都会有一种期望，如果保证不了顾客的期望，最后将会变成顾客的失望。例如，不能保证仓库发货时能按照要求发小礼物，当出售货品在路程中时，不能保证快递公司不误期、不丢失、不被损坏。为了不要顾客失望最好不要轻易说保证。如果用正常情况下、尽量、努力、争取等词语，效果会更好。多给顾客一点真诚，也给自己留有一点余地。

6. 处处为顾客着想，用诚心打动顾客

让顾客满意，重要的一点体现在真正为顾客着想。处处站在顾客的立场想顾客所及，把自己变成一个买家助手，卖家就要尽量为对方争取到最大的优惠。顾客在购买时，可以引导顾客购买套餐或者多件，给予多件包邮等。为顾客争取最大的优惠，以诚感人，以心引导人，这是最成功的引导顾客的方法。

7. 虚心请教，多听顾客声音

了解顾客的情况，才能仔细对顾客定位，才能了解顾客属于哪一类消费者。尽量了解顾客的需求与期待，努力做到只介绍对的不介绍贵的商品给顾客。做到以客为尊，满足顾客需求才能走向成功。

当顾客表现出犹豫不决或者不明白的时候，应该先问清楚顾客困惑的内容是什么，是哪个问题不清楚，如果顾客表述也不清楚，可以把自己的理解告诉顾客，问清楚是不是这种理解，然后针对顾客的疑惑给予解答。

8. 要有足够的耐心与热情

常常会有一些顾客，喜欢打破砂锅问到底，这时候就需要耐心热情地细心回复。有些顾客在所有问题问完了之后也不一定会立刻购买，这时客服不能表现出不耐烦，就算顾客不买也要说声"欢迎下次光临"。如果这次服务好，顾客下次可能会购买。

9. 做个专业卖家，给顾客准确的推介

不是所有的顾客对产品都是了解和熟悉的。当有的顾客对产品不了解的时候，在咨询过程中，客服就要了解自己产品的专业知识，更好地为顾客解答，帮助顾客找到适合他们的产品。

10. 活用沟通的语气和表情

在聊天工具上和顾客对话，应该尽量使用活泼生动的语气，不要让顾客感觉到客服在怠慢他。虽然很多顾客会想："哦，客服很忙，所以不理我"，但是在顾客心里还是觉得被自己疏忽了。这个时候如果实在很忙，不妨客气地告诉顾客："对不起，我现在比较忙，我可能会回复得慢一点，请理解。"这样，顾客可能会理解并且体谅客服。

尽量使用完整客气的句子来回答顾客的提问，避免说"是""是的""好""好的""不行""不议价"等简短生硬的回复。

11. 设置自动回复和状态

通过聊天工具的状态设置，可以给店铺做宣传。例如，在状态设置中写一些优惠措施、推荐商品、活动结束开始倒计时等。

如果暂时不在岗位上，可以设置"自动回复"，不至于让顾客觉得自己好像没人搭理，也可以在自动回复中加上一些自己的话语，都能起到不同的效果。

12. 遇到问题多检讨自己，少责怪对方

客服在遇到问题的时候，先想想自己有什么做得不对，诚恳地向顾客检讨自己的不足。

例如，有些内容明明写了，可是顾客没有看到，这个时候不要光指责顾客不好好看商品说明，而是应该责怪自己没有及时提醒顾客。

13. 表达不同意见时尊重对方立场

当顾客表达不同的意见时，客服应力求体谅和理解顾客，表现出"我理解您现在的心情，目前……"或者"我也是这么想的，不过……"这样顾客会觉得客服体会他的想法，能够站在他的角度思考问题，同样，顾客也会试图站在客服的角度来考虑。

14. 保持相同的谈话方式

尽量保持和顾客的谈话步调一致。如果对方谈话严谨，就需要用专业的态度去回复；如果对方是年轻人，喜欢轻松俏皮的说话方式，就不太适合一板一眼的回复；如果客服常常使用网络语言，在和顾客交流的时候，顾客对使用的网络语言不理解，会感觉到交流障碍，而且有的人也不太喜欢网络化的语言。所以建议在和顾客交流的时候，尽量不要使用太多的网络语言。

15. 坚持自己的原则

在销售过程中，客服经常会遇到讨价还价的顾客，这个时候客服应当坚持自己的原则。

如果商家在制定价格的时候已经决定不再议价，那么客服就应该向要求议价的顾客明确表示这个原则。例如，如果顾客没有符合包邮优惠，而给某位顾客包邮了，虽然被包邮顾客高兴了，但也会产生不好的影响：其他顾客会觉得不公平，使店铺失去纪律性；给顾客留下经营管理不正规的印象，从而小看店铺；给顾客留下价格产品不成正比的感觉，否则为什么还有包邮的利润空间呢？顾客下次来购物还会要求和这次一样的特殊待遇，或进行更多的议价，这样店铺需要投入更多的时间成本来应对。

第一节 售前客服流程

一、售前规范语言

（1）亲，您好，我是售前客服**，请问有什么可以帮到您的呢？现在我们正在举行"******"活动，即日起，凡在店里购买任何商品（不限金额），就可以免费得到价值**元的大礼包哟。亲，选好要的东西后，顺便拍下礼包链接，然后联系我改价格就行了哟！（2）亲，您好，我是销售的客服**，在架的东西我们这里都有货的。您放心拍好了。嘻嘻……（3）亲，请问您是否有款式或者颜色的要求呢？（4）亲爱的客人，我们这里默认快递是**快递，不知道您那边能不能到呢？（如客人不知道的话，帮客人查询快递）（5）不好意思了亲，您这边**快递是不到的，我们这里还有**快递和**快递。亲可以指定一种快递来发货。不过其他快递因为当天晚上不收件，发货时间要延迟一天，这个请您注意下，以免发生误会哟！嘻嘻……（6）

亲留的地址是******，请您核实一下是否正确？（7）嗯，好的，我们打包时间一般是晚上七点到晚上九点钟，单号在晚上 11 点前填上。如果亲是在今日下午四点前拍下的话，没有意外是当天发的，如果不是的话就要等到明天了……（8）合作愉快，亲！请在大概要收件的日子保持开机状态，以免快递联系不到您。还有，亲麻烦查收好后再验收，切记哟！如果亲收到货后有什么疑问，有什么不满意的话，请第一时间告诉我们，我们将竭诚为您服务并解决您的问题。小店珍惜亲给我们的每一个评价，评价对我们"灰常"重要，如果满意的话希望能多给我们一些带字的好评，如果不满意的话一定要跟我们说，千万不要冲动点中、差评哟！我们一定会尽力帮您解决的，非常感谢！再次谢谢亲您的光临！

二、不同类型顾客的沟通技巧

1. 对商品缺乏认识，不了解

这类顾客对商品知识缺乏，疑虑多且依赖性强。对于这样的顾客需要客服像朋友般细心解答，从顾客的角度考虑给他推荐，并且告诉他推荐这些商品的原因。对于这样的顾客，解释越细致，顾客就会越信赖。

2. 对商品有些了解，但是一知半解

这类顾客对商品了解一些，比较主观，易冲动，不太容易信赖。面对这样的顾客，这时客服就要控制情绪，专业而真诚地回答，会让顾客增加对客服的信赖。

3. 对价格要求不同的顾客

议价是买家的天性，可以理解。客服可以引导买家换个角度来看商品，让他感觉货有所值，他就不会太在意价格了，也可以建议顾客先货比三家，总之要让顾客感觉客服的服务是热情真诚的。千万不可以说本店不还价等伤害顾客自尊的话语。

有的顾客听客服说不议价后就不再议价。对待这样的顾客要表达感谢，并且主动告诉他店铺的优惠措施，让顾客感觉物超所值。

有的顾客会试探性地问问能不能还价，对待这样的顾客既要坚定地告诉他不能还价，同时也要缓和地告诉他宝贝是物有所值的，并且感谢他的理解和合作。

有的顾客就是要讨价还价，不讲价就不高兴。对于这样的顾客，除了要坚定重申店铺的原则外，要有理有节地拒绝他的要求，不要被他的各种威胁和祈求所动摇。适当的时候建议他再看看其他便宜的商品。

4. 对商品要求不同的顾客

有的顾客因为买过类似的商品，所以对购买的商品质量有清楚的了解，对于这样的顾客是很好打交道的。

有的顾客会对图片和描述产生置疑。对于这样的顾客要耐心地解释，在肯定产品图是实物拍摄的同时，要提醒他难免会有色差等，让他有一定的思想准备，不要把商品想象得太过

完美。

还有的顾客非常挑剔,在沟通的时候就可以感觉到,他会反复问有没有瑕疵,有没有色差,有问题怎么办,怎么找卖家等。这个时候就要意识到这是一个很完美主义的顾客,除了要实事求是介绍商品,还要实事求是地把一些可能存在的问题都介绍给他,告诉他没有东西是十全十美的。如果顾客还坚持要完美的商品,就应该委婉地建议他选择实体店购买需要的商品。

三、促成交易的技巧

(1)利用"怕买不到"的心理

人们常对越是得不到、买不到的东西,越想得到它、买到它。客服可利用这种"怕买不到"的心理促成订单。当对方已经有比较明显的购买意向,但还在最后犹豫中的时候,可以用以下说法来促成交易:"这款是我们最畅销的**了,经常脱销,估计不要一两天又会没了,喜欢的话别错过了哦!"

(2)利用顾客希望快点拿到商品的心理

大多数顾客希望在付款后卖家越快寄出商品越好,所以在顾客已有购买意向,但还在最后犹豫的时候,可以说:"如果真的喜欢的话就赶紧拍下吧,我们会立刻给您发货的。"

(3)当顾客一再出现购买信号,却又犹豫不决时

可采用"二选其一"的技巧。譬如,客服可以对他说:"亲是看中 A 款还 B 款呢,两款一起购买的话还享受包邮呢!"或是说:"您看中红色还是黑色呢?"这种"二选其一"的问话技巧,只要顾客选中一个就会购买,其实就是客服帮顾客拿主意。

(4)当顾客拍下商品时

客服可以问他:"您是支付宝付款吗?我给您改好邮费您就可以付款了。"这样有支付宝的顾客就会及时付款,顾客完成付款后要告诉顾客一声:"您已经付款了,我们会尽快安排发货的。"

(5)帮助准顾客挑选产品

许多准顾客即使有意购买,也不喜欢迅速签下订单,他总要东挑西拣,在产品颜色、规格、式样上不停地打转。这时候客服就要改变策略,暂时不谈订单的问题,转而热情地帮对方挑选颜色、规格、式样等,一旦上述问题解决,订单也就落实了。

(6)客服采用反问式的回答

当顾客问到某种产品,不巧正好没有时,就得运用反问来促成订单。举例来说,顾客问:"这款有金色的吗?"这时,客服不可回答没有,而应该反问道:"不好意思,这款衣服设计之初我们设计师就觉得金色并不适合这个款式的,所以没有生产,我们有黑色、紫色、蓝色的,在这几种颜色里,您比较喜欢哪一种呢?"

(7)当顾客拿不定主意,需要客服推荐的时候

客服可以尽可能多的推荐符合顾客要求的款式,在每个链接后附上推荐的理由,而不要

找到一个推荐一个。推荐时可这样说："这款是刚到的新款,目前市面还很少见的"或者"这款是我们最受欢迎的款式之一"。

第二节 售后客服流程

一、售后处理的基本步骤

1. 热情接待

如果顾客收到东西后反映有什么问题的话,要热情的对待,且比交易的时候更热情,这样买家就会觉得卖家好,不是那种虚伪的卖家,让买家失望的客服,即使东西再好,服务不好,他们也不会再来。

2. 快速反应

顾客认为商品有问题,一般会比较着急,怕不能得到解决,而且也会不太高兴。这个时候值班客服要快速反应,记下顾客的问题,及时查询问题发生的原因,及时帮助顾客解决问题。有些问题不是能够马上解决的,也要告知顾客一个明确的时间节点,有一些小问题可以自己解决的,就不要转到售后客服那里,晚上值班客服更应注意。

3. 认真倾听

顾客投诉商品有问题,客服不要着急去辩解,而是要耐心地听清楚问题的所在,然后记录下顾客的用户名、购买的商品,这样便于回忆当时交易的情形。客服和顾客一起分析问题出在哪里,才能有针对性地找到解决问题的办法。

4. 安抚和解释

当顾客来反映问题的时候,客服要站在顾客的角度想问题,如果是自己遇到这个问题会怎么做,怎么解决,所以要跟顾客说:"我同意您的看法"或"我也是这么想的"。这样顾客会感觉到客服是在为他处理问题,也会让顾客对客服的信任更多。客服要和顾客站在同一个角度看待问题,比如说:"是不是这样子的呢"或"您觉得呢"。在沟通的时候称呼也是很重要的,若不是一个客服的话,那么肯定是有一个卖家团队,所以对自己这边的称呼要以"我们"来称呼,和顾客也可以用"我们"来说。例如,"我们分析一下这个问题""我们看看……"这样会更亲近一些,对顾客要以"您"来称呼,不要一口一个"你",这样既不专业,也没礼貌。

5. 诚恳道歉

不管是因为什么样的原因造成顾客的不满,都要诚恳地向顾客致歉,对因此给顾客造成的不愉快和损失道歉。如果客服已经非常诚恳地认识到自己的不足,顾客也不好意思继续不依不饶。

6. 提出补救措施

对于顾客的不满，客服要能及时提出补救的方式，并且明确地告诉顾客，让顾客感觉在为他考虑，为他弥补，并且很重视他。一个及时有效的补救措施，往往能让顾客的不满化成满意。

7. 通知顾客并及时跟进

客服给顾客采取什么样的补救措施，现在进行到哪一步，都应该告诉顾客，让顾客了解工作进展，了解卖家为他付出的努力。当顾客发现商品出现问题后，首先，担心能不能得到解决；其次，担心需要多长时间才能解决。当顾客发现补救措施及时有效，而且商家也很重视的时候，就会放心。

如果遇到不讲理和没有素质的顾客，可以选择性地把顾客不堪入目的文字忽略掉。留意关键字眼，了解这位顾客到底是哪里不满意了，认真地做出合理的解答。

二、处理顾客抱怨与投诉的"七个一点"

1. 耐心多一点

在实际处理中，客服要耐心地倾听顾客的抱怨，不要轻易打断顾客的叙述，也不要批评顾客的不足，而是鼓励顾客倾诉下去。让顾客尽情发泄心中的不满，当客服耐心地听完了倾诉与抱怨后，顾客得到了发泄的满足，就能够比较自然地听进客服人员的解释和道歉了。

2. 态度好一点

顾客有抱怨和投诉就表现出顾客对产品及服务不满意，从心理上来说，他们会觉得亏待了他。因此，如果在处理过程中态度不友好，会让他们的心理感受及情绪很差，会恶化与顾客之间的关系。反之，若服务人员态度诚恳，礼貌热情，会降低顾客的抵触情绪。俗话说"怒者不打笑脸人"，态度谦和友好，会促使顾客平复心绪，理智地与服务人员协商解决问题。

3. 动作快一点

处理投诉和抱怨的动作快，一是可让顾客感觉到受尊重，二是表示企业解决问题的诚意，三是可以及时防止顾客的负面影响对店铺造成更大的伤害，四是可以将损失减至最少。客服一般接到顾客投诉或抱怨的信息，应立即通过顾客电话或传真等方式了解具体内容，然后在部门内部协商好处理方案，不管处理的结果如何都要在给顾客承诺的时间内回复。

4. 语言得体一点

顾客对服务不满，在发泄不满的言语陈述中有可能会言语过激，如果服务人员与之针锋相对，势必恶化彼此关系。在解释问题的过程中，措辞也应十分注意，要合情合理，得体大方，不要一开口就说"您懂不懂"等伤人自尊的语言，尽量用婉转的语言与顾客沟通，即使顾客存在不合理的地方，也不要过于冲动，否则，只会使顾客失望并很快离开。

5. 补偿多一点

顾客抱怨或投诉，很大程度上是因为他们买了宝贝后，没有达到预期效果。因此，顾客抱怨或投诉之后，往往希望得到补偿，这种补偿有可能是物质上的，也可能是精神上的。在补偿时，卖家应该尽量补偿多一点，有时是物质及精神补偿同时进行，顾客得到额外的收获，会理解卖家的诚意并对店铺再建信心。

6. 层次高一点

顾客提出抱怨或投诉之后都希望自己的问题受到重视，往往处理这些问题的人员的层次会影响顾客期待解决问题的情绪。如果高层次的领导能够亲自到顾客处处理或亲自电话慰问，会化解许多顾客的怨气和不满，顾客易配合服务人员进行问题处理。因此，处理投诉和抱怨时，如果条件许可，应尽可能提高处理问题的服务人员的级别，如部门经理出面（或服务人员任职为部门领导）。

7. 办法多一点

解决顾客投诉和抱怨的办法有很多种，很多企业处理顾客投诉和抱怨的结果，就是给他们慰问、道歉或补偿其他物质，如赠小礼品等。

三、售后常见问题分析

（一）卖家缺货

1. 投诉内容

买家 A 在卖家 B 处购买了几样家居用品，因卖家商品店铺中正开展满两百包邮的促销活动，买家为能参加此活动，精心挑选了几样商品，并已成功付款。在买家成功付款后，卖家 B 在确认商品订单过程中，发现商品已严重超重，需买家 A 补加几十元的邮费方将货物发出。买家 A 以店铺并未说明包邮只包首重为由，不愿补邮费。因双方协商未果，买家发起维权，由投诉处理工作人员介入处理。

2. 触犯规则

卖家缺货监管处罚规则之卖家缺货第一条：买、卖双方在网上成交后，卖家无正当理由拒绝出售或买家与之联系却始终没有回音。

3. 解决方法

此案例中，卖家 B 因未对活动进行分析与规划，导致活动开展后，才得知没有利润，并拒绝发货。所以建议卖家在参加包邮类的活动时先计算商品包邮成本，若有的商品重量比较重，成本太高，只能包首重，超重的部分需买家补邮费。卖家在店铺举行活动前，应对所要开展的活动进行详细分析与规划，比如活动规则等。同时，卖家可在活动开展时，在店铺详情中对包邮规则进行详细说明，避免再次发生此类情况，影响买家的购物体验及卖家的信誉。

除此之外，在避免卖家缺货监管处罚时，还需要做到以下几点。

（1）核实商品数量，按商品实际数量上架

买家能拍下商品并成功付款，表示商品有货。卖家在买家付款成功后，不得以商品有瑕疵、库存不准等为由，拒绝为买家发货。所以在库存这一方面，一定要严格把握，若商品已缺货，应及时下架，避免发生买家购买成功，却无货可发的情况。

（2）根据实际交易情况标记发货

卖家在交易过程中要确保所发出商品与买家实际购买商品一致，切记勿因商品缺货，随意将其他商品发给买家，影响买家的购物体验及自己店铺的信誉。

（3）积极主动地与买家沟通

若商品已缺货，未来得及下架，无法及时给买家发货，卖家需主动联系买家协商解决方案，进行退款或换货处理。卖家及时主动的沟通，对双方矛盾缓解起到很大作用。

（二）发货速度慢

1. 投诉内容

卖家 B 的店铺的某件商品报名参加了一次比较大型的促销活动，活动商品数量达到一千件，在活动正常上线后，卖家在发货时，因库存数据存在失误，导致百分之五的买家货物无法 72 小时内发出。

2. 触犯规则

监管处罚规则之抢购活动发货慢：抢购活动商品，卖家未能在买家付款后的 72 小时内发货。

3. 解决方法

卖家在参加此类活动时，在活动上线前，需严格把关商品库存，保证活动商品能及时发出。同时，此类活动因抢购数量多，发货工作量大，为避免货源充足但人手不足，导致发货慢的问题，卖家可在活动开始前，提前将货物进行包装，并提前与物流公司进行沟通协调物流资源。

（三）商品与描述不符

1. 投诉内容

买家 A 在卖家 B 处购买了一件汽车用品，检查发现，货物包装及产品成分说明与卖家网上商品详情描述不一致。联系卖家售后人员时，卖家不但不配合进行售后处理，且服务态度也非常不友善。在卖家 B 处得不到解决方案后，买家 A 进行维权，将商品包装及成分说明的图片一并上传至维权中。在投诉工作人员联系卖家 A 处理时，卖家 A 同样不配合投诉处理，并且不肯承担售后服务责任。

2. 触犯规则

监管处罚规则之商品与描述不符：买、卖双方在网站上成交后，买家收到的商品与网上描述不符，或与双方约定存在严重不符的情况，或商品质量影响正常使用。

3. 解决方法

卖家在避免此类违规时，需对商品属性、使用功能等详情进行详细检查，然后按照商品实际情况，例如商品颜色、材质、尺寸大小、实际使用功能等进行描述并发布。保证买家收到的商品，与卖家描述的商品详情、使用功能等一致。若不一致，则构成商品与描述不符的处罚类型。

同时，在避免此类型违规时，卖家还需做到以下几点：

（1）发货前严格检查

在商品与描述不符的投诉中，有很大一部分是买家收到的商品存在脱线、脱胶等做工问题，其实此类问题可以完全避免．做到发货前及时检查就行。有瑕疵等做工问题的商品一律不能发出，此类问题就可以避免。

（2）保持与买家的及时沟通

在交易中遇到商品与描述不符的情况下，买家一般会先与卖家联系，此时卖家务必做好沟通协商工作，若是商品出现质量问题，可先请买家提供商品有质量问题的图片，如核实是卖家责任，及时承担责任并与买家沟通售后服务事宜。若是快递公司造成的损坏，及时与快递公司沟通处理方案，同时在沟通的时候先安抚买家，避免买家情绪激动，而上升至投诉。

（四）违背承诺

1. 投诉内容

买家A在卖家B处购买了一件数码产品，因包装不到位，商品在运输途中被压坏，无法正常使用，买家在第一时间联系卖家，将情况告知卖家，希望卖家B能配合进行换货处理。因商品价格较高，卖家B不肯承担快递途中造成的损坏，不愿给买家进行退换货服务。因此事件中，卖家包装不到位在先，所以卖家需承担此次的全部损失，无条件给买家进行换货服务，投诉处理工作人员已将处理结果告知卖家B，但卖家毫不理会，仍然不处理。

2. 触犯规则

监管处罚规则之违背承诺第一条：网站判定卖家确实应该承担因消费者保障服务产生的退货退款等售后保障责任但卖家拒绝承担。

3. 解决方法

此案例中，卖家包装不到位在先，导致之后的货物损坏，且在事情发生后，不积极主动处理，不肯承担责任。所以，卖家在交易中除了仔细、谨慎外，还应勇于承担自己失误造成的损失。避免因此影响店铺信誉，因小失大。

（五）线下交易违规

1. 投诉内容

买家A看中卖家B店铺中的一件商品，在与卖家B沟通后，已准备购买，但卖家以第三方支付平台暂无法正常使用为由，和买家沟通，请买家将款项通过汇款的方式支付给卖家，买家A将款项汇给卖家B后，多次联系卖家B确认发货信息无果，后通过维权的形式进行反馈。

2. 触犯规则

监管处罚规则之线下交易违规：针对买家通过银行汇款或第三方支付平台直接转账等所有非第三方支付平台中介交易方式成功打款至卖家指定账户，卖家收到款项后超过五天仍不予以发货的违规行为所给出的处罚。

3. 解决方法

在交易中，为了保护双方财产安全，不允许卖家拒绝使用第三方支付平台进行交易，或引导买家进行汇款等其他非第三方支付平台交易。所以，卖家在交易过程中，在即将交易成功的情况下，一定要严格遵守网站规则。若买家不知道如何通过网银或者第三方支付平台付款，卖家可以在双方交易时主动向其介绍如何付款。同时若开通请人代付功能，卖家也可在买家不知如何付款的情况下，主动向其介绍，避免因卖家的不诚信行为，影响双方交易，影响网站交易秩序，最终对店铺造成恶劣影响。

（六）使用不文明语言

1. 投诉内容

买家A购买了卖家B的商品，买家A收到货后，商品出现问题，需卖家进行售后处理。

在与卖家沟通过程中，买家情绪较为激动，语言措辞方面略有不当，但卖家B在与买家商量应该如何售后时，在买家的激动情绪下，未能进行控制，用不文明语言对买家A进行反驳，此举行为让买家A的情绪更为激动。随后买家A便发起维权，投诉卖家的不文明语言行为，并将双方聊天记录作为凭证提供至维权中。

2. 触犯规则

监管处罚规则之使用不文明语言：买、卖双方在沟通过程中或者在评价以及补充回复中使用不文明语言以及有人身攻击、污辱性的语言。

3. 解决方法

在双方交易中，使用文明语言是双方交易最基本的素质，作为卖家，更应该注意。如果买家在与卖家沟通过程中，使用不文明语言，卖家可提醒买家；若提醒后买家仍然使用，卖家可暂停与买家交流，等买家情绪稳定后再与之沟通，但切记用不文明语言反驳买家，否则卖家会处于非常被动的地位，最终被处罚。

（七）恶意泄露用户隐私

1. 投诉内容

买家A在卖家B处购买了一件衣服，衣服收到后存在小瑕疵，因不影响正常使用，买家未联系卖家反馈商品情况,在确认收货后,给出了卖家B如实的评价。卖家在看到买家给出的评价后,曾多次在买家休息时联系,希望能让买家A将评价类型进行修改,此时买家坚持自己的评价,不同意修改,卖家B恼羞成怒,在给买家A的回评中,将买家的个人手机号码、姓名泄漏至评价中,并污蔑买家为恶意差评师,导致买家A在之后无法正常购物,且影响了买家的日常生活。

2. 触犯规则

(1)监管处罚规则之恶意泄露用户隐私

指买、卖双方在网站成交后,一方将另外一方的个人隐私资料(银行卡、姓名、手机号码、地址等)恶意发布在网站或者其他网站上,对另外一方造成不良影响。

(2)监管处罚规则之恶意骚扰

卖家在交易中或交易后采取恶劣手段骚扰买家,妨害买家服务满意权益的行为。

3. 解决方法

卖家在与买家沟通过程中,务必尊重买家的个人隐私,从长远利益出发,注意自己的服务态度及服务素质。在评价方面,若双方评价内容属实,网站尊重双方客观评价的权利。若卖家认为买家给出的评价不妥,可以先进行友好协商,若协商不一致,且卖家怀疑买家有恶意评价的嫌疑,卖家可对评价进行维权,网站会从客观、公正的角度处理双方给出的评价。若核实评价内容不属实,网站可以在买家逾期未修改评价的情况下进行删除处理。但卖家切勿在给予买家的评价、网站或者其他网站中泄漏买家的个人信息且给出不实的评价,同时切勿对买家进行恶意骚扰,影响买家信誉及个人生活,这些同时也会影响店铺声誉。

在评价处理方面,为保证在不骚扰买家的情况下进行有效沟通,卖家还可做到以下几点:

(1)选择正确的沟通时间

在买家给出卖家评价后,若卖家需联系买家协商修改评价,卖家可采用聊天工具及电话联系方式。通过聊天工具联系方式可进行留言,等买家有回复后再与之详细沟通。若买家聊天工具长时间未回复,卖家可通过电话进行再次沟通,在与之电话沟通时,切勿选择晚点十点以后及早上九点之前这段时间,这段时间买家一般都在休息,选择此时间,极有可能让买家觉得反感,并被认为是骚扰电话,影响双方沟通效率。

(2)把握沟通方法

买家在双方交易成功后给出卖家评价,实际是买家对于双方此次交易的认可程度,同时买家会将交易中遇到的问题,通过评价的形式进行反馈,所以评价也是卖家了解如何进行售后服务的一个非常重要的途径。卖家在与买家沟通关于评价问题的过程中,要以售后服务作为切入点,要让买家认为商家是为了售后服务而与之联系,不是为了评价而联系,这样双方的沟通才更顺畅,买家的感觉也会好很多。这样双方在评价沟通上才能达到有效沟通,也不会发生买家误认为的恶意骚扰行为。

（八）提供虚假凭证

1. 投诉内容

买家 A 在卖家 B 处购买了一件化妆品，收到的化妆品包装与在专柜中购买的不一致，买家 A 在与卖家 B 沟通过程中，卖家 B 一直闪烁其词，未给包装一事做出详细解释说明，随后买家 A 进行维权处理，并提供了收货商品与专柜商品的详细对比图片。在网站投诉工作人员介入处理后，需卖家提供此商品的正品代理证明等相关文件，但卖家 B 所提供的凭证无法证明此商品的属性，且无法提供有效凭证对包装一事进行解释说明。

2. 触犯规则

监管处罚规则之提供虚假凭证：买卖双方在交易纠纷处理过程中提供的凭证，经核实后确定为虚假凭证。凭证包括但不限于：聊天记录、快递公司开具的凭证、相关截图。

3. 解决方法

诚信是做人的基本准则，同样，诚信也是做生意的基本准则。网络平台虽然提供的是虚拟购物平台，但卖家同样需以诚信为本。所以，卖家在交易中要遵守规则，确保商品的实际属性及使用安全。切记见利忘义。

以上是八大常见卖家被投诉案例，若卖家在交易中注意细节，谨慎处理，此类投诉都可以避免，且不会影响店铺信誉及正常运营。但如果卖家已被投诉，卖家需紧密配合投诉处理工作人员进行相应处理。在投诉处理时，工作人员一般会通过电话或聊天工具联系卖家，卖家需保持沟通顺畅，以便与之协商沟通投诉事宜。这样才能缩短投诉处理时间，有利于买、卖家及网站三方有效沟通以及促进三方的和谐发展。

四、中、差评处理手册

（一）商品与描述不符

1. 运输中的破损问题

处理办法：请顾客从多个角度拍摄商品质量问题部分的局部细节照片三张，发给客服交由公司品质管理部门查看，限制三个小时内给予明确答复。

如果是运输中的破损问题，给予顾客该产品价格 10% 至 30% 的现金返还，作为补偿。如果顾客同意了，为表示公司的诚意，先支付现金，然后诚恳地请求顾客修改成五分好评。如果不能解决，请顾客退货或者更换一个新品，卖方承担来回所有运费。如果换货，给予顾客 30 元补偿费；如果顾客退货，在顾客发回货物收到后，给予支付宝直接打全额货款，并请顾客进行评价修改。

2. 商品质量问题（破损、瑕疵）

处理方法：请顾客从多个角度拍摄商品质量问题部分的局部细节照片三张，发给客服交由公司品质管理部门查看，限制三个小时内给予明确答复。

如果是产品瑕疵问题，给予顾客该产品价格20%至50%的现金返还，作为补偿。如果顾客同意了，为表示公司的诚意，先支付现金，然后诚恳地请求顾客五分好评。如果不能解决，请顾客修改成"已收到货，需退货"，由卖方承担该产品所产生的所有运费，给予顾客退货或者更换一个新品，并给予顾客30元补偿费。

如果是运输中的破损问题，卖方承担所有来回运费，给予顾客退货或者更换一个新品，并给予顾客10元补偿费，由物流发货部门和物流公司进行问题包裹处理。

如果不属于以上两种情况，由顾客承担返回运费，在收到包裹时，由物流发货部门进行产品检验，如果不影响第二次销售，可以签收，通知客服部门给顾客确认退款。如果产品影响第二次销售或者产品不符，则拍照存证后拒签，让快递公司将包裹退回，并通知客服部门上传照片证明，进入问题件处理流程。

3. 收到假货

处理方法：卖方提供授权证明，进货发票等证据给顾客。如果无法解决，卖方承担所有来回运费，请顾客进行退货，在收到包裹时，由物流发货部门进行产品检验，如果不影响第二次销售，可以签收，通知客服部门给顾客确认退款。如果产品影响第二次销售或者产品不符，则拍照存证后拒签，让快递公司将包裹退回，并通知客服部门上传照片证明，进入问题件处理流程。

（二）发票问题

提醒顾客查找包裹，检查包裹中是否有发票。若卖家忘记给顾客开发票，给顾客补发。

（三）发货时间延迟

1. 未按约定时间发货

处理方法：如果一切正常情况下，24小时内发货；如果24小时到48小时发货，由客服给顾客打电话道歉，同时为表歉意送给顾客一个价值10元的赠品；如果48小时到72小时发货，由客服经理给顾客打电话道歉，送给顾客一个价值20元的赠品；如果72小时以上发货，由部门经理给顾客打电话道歉，并给予50元的现金返回，不考虑顾客购买的产品金额。

2. 快递公司中途发生意外，延长送货时间

处理方法：由客服给顾客致歉，并承诺将问题反馈给快递公司，给予顾客5元现金补偿，并请求顾客进行评价修改。

3. 快递公司人员态度恶劣

处理方法：由客服给顾客致歉，并承诺将问题反馈给快递公司，给予顾客5元现金补偿，

并请求顾客进行评价修改。

（四）客服态度恶劣

客服回答态度恶劣，或长时间不理睬顾客。由客服经理查询客服与顾客的旺旺聊天记录，判定顾客投诉的事情真实与否。如果是客服的责任，则给予顾客电话赔礼道歉，并给予20元现金返回，并对客服采取20元处罚。如果无法界定，则给予顾客电话赔礼道歉，并给予10元现金抵用券。

网店客服是指通过网络，提供给顾客解答和售后的服务人员。目前，网店客服主要是为淘宝网、拍拍网、易趣网等网购系统服务的。例如，淘宝网的阿里软件提供给淘宝掌柜的在线顾客服务系统，旨在让淘宝店主更高效地管理网店，及时把握商机，从容应对繁忙的生意。

客服工作是一个卖家与顾客交流最多的，能获得第一手资料最多的岗位，所以客服工作尤为重要。客服工作重点表现在，对宝贝要熟悉，对产地、规格、款号、布料等各项参数了如指掌，多说肯定的、确切的话，少用"可能""也许""应该是吧"等含糊不清地说辞。一个成功的电子商务公司一定要有自己优秀的客服团队。

数据显示，目前淘宝网的网店客服数已达到284万人。客服的分工已达到相当细致的程度：有通过旺旺、电话解答买家问题的客服，有专门的导购客服和投诉客服，也有帮店主打理生意的客服等。

在淘宝上，专业化经营的网店一般都会聘请2～4名网店客服，有些规模大的网店，客服队伍已近百人。有专家估算，目前网店客服至少存在60万个工作岗位缺口。

作为一个优秀的淘宝客服，不仅需要礼貌的对待顾客，还需要熟悉淘宝购物流程，这些都已经在前面淘宝售后客服岗位职责透露过。那么，淘宝客服任职具体要求有哪些？

（1）熟悉淘宝网购物、支付及相关售前、售后流程，熟练使用淘宝网后台。（2）有一定的销售技巧、应变能力，沟通能力强，能积极处理售前、售中、售后的相关问题。（3）熟悉电脑基本操作，打字速度不低于70字/分钟。（4）有良好的顾客服务意识，能吃苦耐劳，能承受工作压力。（5）高中以上学历，18～35岁之间，身体健康人员，能适应晚班和轮班。（6）全职，有挑战精神，能承受工作压力，具备强烈的工作激情优先。（7）责任心强，有强烈的职业意识和职业道德；对团队具有高度的忠诚感，具有优良的团队协作精神。（8）有长期淘宝客服经验者优先。

第六章 运营数据分析

一、电子商务数据指标

根据在线营销的业务流程、内容和主要特征,我们将电子商务的数据指标分为流量指标、转化指标、推广指标、服务指标和用户指标五类一级指标。每类一级指标又分别由若干个二级指标组成。

(一)流量指标

流量指标主要用于描述网站访问者的数量和质量,是电子商务数据分析的基础。该部分指标主要包括访客数、回访客数、浏览量、访问深度、人均浏览量、入站次数、跳失数、跳失率、停留时间等二级指标。

1. 访客数

访客数(UV)是指在统计周期内,访问网站的独立用户数。网站的访客数指标是为了近似地模拟访问网站的真实人数,故"同一个人"(在 Cookie 技术下,通常表现为同一顾客端同一浏览器)多次访问网站,也仅记为一个访客。

2. 浏览量

浏览量(PV)是指在统计周期内,访客浏览网站页面的次数。访客多次打开或刷新同一页面,该指标均累加。

3. 回访客数

回访客数是在统计周期内,历史上曾访问过网站的访客数。回访客数占总访客数的比例,即浏览回头率。回访客数和浏览回头率共同用于描述访客回访网站的情况。实际数据计算中,判断访客在整个网站历史上是否曾经访问过网站,计算量比较大,也不一定符合分析需求。在比较了不同历史区间对网站的回访客数和浏览回头率的影响,最终选定以"最近七天"作为访客是否曾访问过网站的历史区间标准。

4. 访问

访问即会话(Session)是访客浏览网站时的一次交互过程。该交互过程以打开网站开始,以关闭网站或30分钟无操作为结束。同一访客(技术上表现为同一Cookie)可能有多次访问。

5. 入站次数

入站次数是指在统计周期内，访客从网站外进入网站内的次数。在多标签浏览器下，访客对网站的每一次访问均有可能发生多次入站行为。访客入站后第一个到达的网站页面就是通常说的登录页或入口页。该页面的质量及其与入站来源链接（尤其是广告来源）和访客属性的匹配性，很大程度上决定了访客是否会有后续的访问行为。为了保证入站次数与访客、访问数据的一致，我们将入站定义为访问的下级细分，每一次入站及其后续产生的一系列行为，均属于同一个访问。极少数情况下（不超过2%），用户入站后，停留在网站内某页面并且连续30分钟无后续操作，之后在该页面继续点击了其他链接，此时用户开启了一次新的访问，相应地，也将这次点击记录为一次新的入站次数（入站的来源为站内的某一页面）。

6. 跳失数

跳失数是指访客入站后，只访问了登录页即离开的次数。传统地跳失数是基于访问计算的，产生的实际问题是，在同一次访问中，访客有可能多次入站，并且有不同的跳失情况，这给数据统计造成了一定困扰。例如，一次访问中，访客有两次入站，其中一次发生跳失，另一次继续浏览了多个页面，则该访问地跳失不好计数。由于跳失实际是与入站相对应的，所以我们更倾向于基于入站计算跳失数。

7. 跳失率

跳失率是指在统计周期内，跳失数占入站次数的比例。

8. 人均浏览量

人均浏览量是指在统计周期内，每个访客平均查看网站页面的次数，即PV/UV。

9. 访问深度

访问深度是指在统计周期内，每次访问平均查看网站页面的次数，即PV/访问次数。

10. 停留时间

停留时间是指访客在同一访问内访问网站的时长。在实际应用中，通常取平均停留时间。UV、PV是最常见的描述网站流量数量的指标，跳失率、人均浏览量、停留时间则用于描述流量质量。从电子商务网站角度来看，通常访客平均查看的页面数越多，停留的时间越长，表示访客对网站的内容或商品越感兴趣，但也不排除访客在网站迷失，找不到所需要的内容或商品的可能。

上述流量指标能够帮助我们对网站访问概况有一个整体把控，但如果要真正要发掘网站问题，进而提升网站运营效率，还需要从多个维度解读这些指标，如时间、流量来源、访客地域、性别、年龄、终端设备、页面类型等。

（二）转化指标

转化指标主要用于描述访客和网站的交互状况，用于帮助网站判断是否达到了网站建设的预期目的。转化是一个泛化的概念，访客在访问网站的过程中，所有有价值的行为均可记为转化。对电子商务网站来说，通用的转化目标包括注册、收藏、加入购物车、下单、支付等。

1. 注册用户数

注册用户数是指在统计周期内，发生注册行为的独立访客数。

2. 注册转化率

注册转化率是指在统计周期内，新增注册用户数占所有访客数的比例。通常网站的访客中，已经有一部分是注册用户，这导致该指标不能真实反映非注册访客的注册意愿，但考虑到目前行业通用的定义，目前大部分电子商务网站主要以新访客为主，我们没有对该指标进行修正。

3. 收藏量

收藏量是指在统计周期内，访客收藏网站或商品等对象的次数。

4. 收藏用户数

收藏用户数是指在统计周期内，对网站或商品等对象进行收藏的访客数。

5. 推车访客数

推车访客数是指在统计周期内，将商品加入购物车的访客数。

6. 推车率

推车率是指推车访客数占所有访客数的比例。

7. 下单用户数

下单用户数是指在统计周期内，确认订单的用户数。

8. 下单率

下单率是指下单用户数占所有访客数的比例。

9. 确认订单数

确认订单数是指在统计周期内，用户成功订购网站商品或服务而产生的订单数量。同一用户可能在网站产生多笔订单。

10. 成交订单数

成交订单数是指在统计周期内，已完成付款的订单数量。

11. 支付率

支付率是指成交订单数占所有确认订单数的比例。网站的支付流程和体验是影响支付率的重要因素。

12. 成交用户数

13. 成交转化率

成交转化率是指在统计周期内，成交用户数占访客数的比例。

14. 成交金额

成交金额是指在统计周期内，用户成功完成支付的金额。

（三）推广指标

推广指标主要用于描述为促进网站在线营销效果而采取的推广行为的整体效果。推广行为泛指以付费广告、SNS宣传、软文等形式在互联网媒体上进行的宣传活动。

1. 推广费用

推广费用是指网站花费在推广内容上的费用。

2. 展示时长

展示时长是指推广内容展现的时间跨度，通常用来描述以展示时长定价的付费广告。

3. 展现量

展现量是指推广内容被展现的次数，可理解为该内容的PV数。

4. 千次展现费

千次展现费是指推广内容展现一千次所需支付的费用，通常用来描述以展现量定价的付费广告。

5. 点击量

点击量是指推广内容被点击的次数。

6. 点击率

点击率是指在统计周期内，推广内容点击量占推广内容展现量的比率。

7. 平均点击花费

平均点击花费是指在统计周期内，推广内容被点击一次需要支付的平均费用，通常用来描述以点击定价的付费广告。

8. 点击到达率

点击到达率是指通过推广内容来源到达网站登录页的次数占推广内容点击量的比例。过低的点击到达率通常和网站加载速度、推广内容投放渠道等因素相关。

9. 引导成交订单数

引导成交订单数是指在统计周期内，访客通过点击推广内容进入网站并成功付款的订单数量。

10. 点击转化率

点击转化率是指在统计周期内，推广内容引导成交订单数占广告点击量的比例。

11. 引导成交用户数

引导成交用户数是指在统计周期内，通过点击推广内容进入网站并成功付款的访客数量。

12. 引导成交金额

引导成交用户在统计周期内，通过点击推广内容进入网站并成功付款的成交总金额数。

13. 投资回报率

投资回报率是指在统计周期内，推广内容引导成交金额与推广费用的比率，该指标是描述推广效果的核心指标。

（四）服务指标

服务指标主要用于描述电子商务网站的服务水平。主要探讨电子商务在线营销范畴的数据分析，但也对电子商务的售中、售后等服务指标进行了一定的解读，供大家参考。

1. 咨询访客数

咨询访客数是指利用各种通信工具等方式进行业务咨询的访客数。

2. 咨询响应访客数

咨询响应访客数是指获得客服反馈回应的咨询访客数。

3. 咨询响应率

咨询响应率是指在统计周期内，咨询响应用户数占总咨询访客数的比例。

4. 咨询响应时间

咨询响应时间是指访客首次发出咨询至得到网站反馈的时间。

5. 咨询下单用户数

咨询下单用户数是指在统计周期内，成功下单的咨询访客数。

6. 咨询下单率

咨询下单率是指咨询下单用户数占咨询响应用户数的比例。

7. 咨询成交用户数

咨询成交用户数是指在统计周期内，成功下单并完成付款的咨询访客数。

8. 咨询成交金额

咨询成交金额是指在统计周期内，咨询访客数成功付款的金额。

9. 咨询用户转化率

咨询用户转化率是指咨询成交用户数占咨询响应用户数的比例。

10. 平均退款时间

平均退款时间是指在统计周期内，用户发起退款申请到退款结束的平均时间。

11. 订单处理耗时

订单处理耗时是指在统计周期内，用户完成订单至订单出库的时间。"用户完成订单"指用户完成支付，或者货到付款订单填写完成等状况，即订单内容完全满足出库要求。该指标描述电子商务网站的订单处理效率。

12. 物流耗时

物流耗时是指订单出库后至到达用户的时间。该指标指订单出库后，由第三方物流或自建物流配送至用户地址的耗时，与订单处理耗时共同描述网站的发货速度。

13. 正常发货订单数

14. 发货准确率

发货准确率是指正常发货订单占所有成交订单数的比例。异常订单包括商品错误，数量错误，丢包，地址错误等。

15. 退款订单数

退款订单数是指在统计周期内，发生退款的订单数。

16. 退款订单率

退款订单率是指在统计周期内，退款订单数占成交订单数的比例。

17. 投诉订单数

投诉订单数是指在统计周期内，发生投诉的订单数。

18. 投诉率

投诉率是指投诉订单数占成交订单数的比例。

（五）用户指标

用户指标主要从有真实成交记录用户的角度来描述网站的发展状况。对大部分电子商务网站来说，新用户的获取成本、老用户的活跃度等指标是评价网站核心竞争力的重要指标。

1. 新成交用户数

新成交用户数是指在统计周期内，历史上首次在网站有成交的成交用户数。

2. 用户获取成本

用户获取成本是指在统计周期内，每增加一个新成交用户所需投入的广告费用。

3. 成交回头客数

成交回头客数是指在统计周期内，历史上曾在网站有成交记录的成交用户数。

4. 成交回头客占比

成交回头客占比是指在统计周期内，成交回头客数占所有成交用户数的比例。

5. 重复购买率

重复购买率是指在成交用户数在未来一段时间内再次发生成交的比例。

6. 客单价

客单价是指在统计周期内，成交用户的平均成交金额，即成交金额/成交用户数。

7. 成交频次

成交频次是指在统计周期内，成交用户在网站产生的订单数。

8. 最近成交日期

最近成交日期是指在成交用户在网站最近一次成交的发生日期。

二、电子商务数据分析

具体到电子商务行业，量子恒道团队总结了行业常用的并且已经在量子恒道数据产品中得到应用和实践的分析方法。

（一）量率度分析

1. 分析方法介绍

销售额的变化，可以从访客数、全店成交转化率、客单价三者的变化中得到解答。

销售额 = 访客数 × 全店成交转化率 × 客单价

访客数，指全店各页面的总访问人数；全店成交转化率指成交用户数占访客数的比例；客单价指平均每个成交用户的成交金额。

访客数与全店成交转化率的乘积即成交用户数，分析这两个数据我们可以了解成交用户数的构成及变化以及不同来源渠道的访客数量及质量，进而寻找能有效促进销售额增长的点，如增加高转化率的来源的访客数，优化高访客数登录页的页面等。

全店成交转化率与客单价的乘积可理解为平均每一个访客数带来的价值，该数据值是引流成本的参考值，可以帮助制定合理的广告策略。同时，分析这两个数据，可以了解不同经营活动的影响，如打折促销在提高全店成交转化率的情况下，如果没有更多刺激用户购买，是否会采用降低客单价等。

2. 案例分析

某天猫旗舰店的销售额变化如表 5-1 所示。

表 5-1 某天猫旗舰店的销售额变化

天	访客数（人）	成交用户数（人）	人均成交件数（件）	成交转化率	客单价（元）	成交金额（元）
T1	23371	550	2.12	2.35%	129.5	71242
T1+1	43545	1568	2.3	3.60%	199.2	312393
T2	22992	613	1.98	2.67%	145.9	89418
T2+1	39720	1332	2.06	3.35%	161.4	214985

续表

天	访客数（人）	成交用户数（人）	人均成交件数（件）	成交转化率	客单价（元）	成交金额（元）
T3	76563	479	2	0.63%	150.7	72176
T3+1	58367	6080	1.31	10.42%	132.7	806816

表 5-1 是某天猫旗舰店 2018 年 9 月份经营过程中，不同日期的数据汇总。T1 天是该店铺在该季节下，正常经营状况下的数据表现。这里，我们通过量率度分析方法对 T1+1、T2+1、T3+1 行的数据进行解读。

T1+1 天时，该店铺销售额变为 T1 天的 4.38 倍，其中访客数增长 86%，成交转化率增长 53%，客单价增长 53%，人均成交件数增长 8%。

如表 5-2 所示，分析该网站主要的流量来源变化，可知从周末到周一，各渠道的流量均有显著增长，并且对比免费流量和付费流量的增长幅度，可以判断周一时该店铺显著加大了广告流量的投入，这解释了访客数的变化原因。

客单价显著上升，但人均成交件数并没有相应幅度的提高，即该店铺销售的商品的单价变高。查看该店铺的宝贝销售排行并与 T1 天对比，发现该店铺在周一时上新了一款高价单品，带来了大量销售，另外有一款低价商品，也贡献了很高的转化率。如表 5-3 所示。

表 5-2 网站流量变化

天	流量来源	入站次数	占比
T1	自主访问	10914	31.4%
T1	淘宝免费流量	14723	42.4%
T1	淘宝付费流量	8674	25.0%
T1+1	自主访问	22160	33.5%
T1+1	淘宝免费流量	21299	32.2%
T1+1	淘宝付费流量	21556	32.6%

表 5-3 店铺部分宝贝销售情况

宝贝价格（元）	宝贝页访客数（人）	支付宝成交件数（件）	宝贝页成交转化率
468.00	5357	728	11.13%
68.00	415	456	98.55%

至此，通过量率度分析，我们可知，T1+1 天时，该店铺上新，新商品单价较高（做了相应折扣提高了转化率），并且相应做了大力推广，从而促进了销售额增长。

（二）漏斗分析

分析广告的引流效果时，我们可以通过广告点击漏斗，从广告展现量——广告点击量（广告展现量 × 点击率）——入站次数（广告点击量 × 广告点击到达率）——跳失数（入站次数 × 跳失率）几个步骤来分别解读引流目标在各个阶段的流失情况，帮助我们判断广告在哪个阶段具有较大的优化空间，从而提高广告引流效果。

访客访问一个网站，有入店、在不同页面间跳转浏览、出店三个过程。网站的成交转化漏斗，可以帮助我们了解访客在网站各个环节的流失情况，了解访客进入网站最终却未产生购买的原因，是首页质量较差，访客一进入网站就关闭退出呢？还是网站导航搜索体验不好，访客未能找到需要的商品？甚至是不是因为不同浏览器支持的支付工具的问题，导致访客辛辛苦苦填完订单后却未能顺利支付呢？成交漏斗分析，可以帮我们一一解答。

（三）用户分析

1. 分析方法介绍

我们把电子商务理解为传统行业（一般指商品零售相关的）在互联网上的应用，而传统零售业的用户管理至关重要，大部分的电子商务企业也越来越认识到会员管理的重要性。

这里提出用户成本和用户质量分析的方法，希望对电子商务企业的会员管理能有一些帮助。

直观地看，电子商务企业的收入由成交用户贡献，企业要最终实现盈利，平均每一个用户贡献的利润水平，需要至少覆盖获得该用户的成本。新用户的获得需要网店投入一定的成本（如广告投入，商品让利促销等），老用户也需要网店有相应的投入来维持，而每一个用户在网站的成交金额（订单金额 × 成交次数）及表现出来的时间间隔都有一定的特点，如果从用户成本和用户质量这一角度进行分析，可以很好地指导我们进行经营决策。

2. 案例分析

以某网站 2018 年年底新用户成本和用户质量进行分析，如表 5-5 所示。

表 5-4 用户成本和用户质量分析

用户成本	用户质量
新用户获得成本	重复购买率
老用户维护成本（成交回头）	成交频次、金额等
不同渠道获得用户的成本等	最近成交日期

表 5-5 某网站 2018 年底新用户成本和用户质量进行分析

名称	普通用户	团购用户
新用户数	12600	3000
市场费用	504000	50000
新顾客获得成本	40	16.7
客单价	120	100
毛利率	30%	10%
新顾客收回成本购买次数	1.11	1.67
三个月重复购买率	30%	15%

该网站 2018 年年底正常运营获得 12600 名新用户，花费市场费用 50 万元，则每一个新用户获得成本为 40 元，在首次购买中每个用户贡献 38 元的毛利，而平均每个新用户需购买 1.11 次，该网站才能收回成本。经计算，这批用户在未来三个月内产生重复购买的比例为 30%，即这批用户在未来三个月，平均每人还能贡献 10.8 元（客单价 120× 毛利率 30%× 复购率 30%=10.8 元）的毛利，加上首次购买的毛利，足以覆盖新客户获得成本。

同期，该网站进行了一个团购活动，对商品进行了较大程度的让利，以较低的市场费用获得了 3000 名新用户，新用户获得成本为 13.3 元，但每个用户的毛利率仅 10 元。另外，由于这批团购用户对价格较为敏感，在网站后来三个月的正常运营过程中，产生重复购买的比例为 15%，即这批用户在未来三个月，平均每人还能贡献 5.4 元（客单价 120× 毛利率 30%× 复购率 15%=5.4 元）的毛利，加上首次购买每人贡献的 10 元毛利，仍不足以覆盖 16.7 元的新客获得成本。

当然，在实际情况分析时，可能较上述更为复杂，不同活动内容、不同时间周期，数据将千变万化。但这里希望重点提出的是"用户成本与质量"的分析方法，以帮助电子商务网站解读用户的价值，从而更好地进行经营决策。

第一节　量子恒道店铺统计的设置

量子恒道店铺统计是为淘宝旺铺量身打造的专业店铺数据统计系统，深度植入淘宝后台，通过统计访问使用者店铺的用户行为和特点，帮助使用者更好地了解用户喜好，为店铺推广和商品展示提供充分的数据依据。量子恒道标准包是针对淘宝卖家全部免费的，极大地满足了用户对淘宝店铺数据分析和统计的需要。量子恒道标准包主要用于流量分析、销售分析、推广效果分析、顾客分析、手机淘宝数据分析。

量子恒道标准包的操作步骤如下：

1. 登录网址：lz.taobao.com

步骤：复制网址，将地址粘贴放入地址栏，通过网址登录进入到量子恒道店铺经页面。

2. 设置快捷入口

步骤：点击"淘"字进入"卖家中心"，在"卖家中心"的左侧，找到"我的快捷菜单"，勾选"量子恒道统计"。

选中之后点击"确定"，"量子恒道统计"就会出现在"我的快捷菜单"中，点击之后也可以进入"量子恒道店铺经"页面。

3. 设置免费模块

步骤：点击进入"卖家中心"，在页面的右侧就会找到一个"添加免费模块"的按钮。

点击"添加免费模块"按钮，弹出"添加模块"对话框，找到"量子恒道店铺经"，点击"添加"按钮，添加"量子恒道店铺经"模块。

在"卖家中心"页面就可以看到，点击右上方的"量子恒道店铺经"按钮，进入"量子恒道店铺经"页面。

4. 通过"卖家中心"——"营销中心"——"数据分析"找到"量子恒道店铺经"模块

步骤：进入"卖家中心"，点击右侧选项栏中的"营销中心数据工具"，找到"量子恒道店铺经"，点击进入。

5. 进入量子恒道店铺经后，设置桌面快捷方式

步骤：进入"量子恒道店铺经"页面后，点击页面左下角的"设置中心"，找到"设置为桌面快捷"按钮。

点击"设置为桌面快捷"按钮之后，弹出"文件下载"对话框，点击"保存"按钮，保存在桌面上。

第二节 量子恒道主要功能展示

一、流量分析

1. 流量概况

流量分析展现了店铺的一些基本流量数据,通过查看该页面,能够大致了解店铺的流量状况。该页面展示店铺的流量概况,包括两部分数据:淘宝店铺数据和手机淘宝店铺数据。两部分数据相对独立地包括通过电脑访问店铺的浏览量和访客数及通过手机端访问店铺的浏览量和访客数。系统每分钟会对数据进行更新,可以选择"按天"和"按小时"这两种方式查看数据。同时,通过图表下方的时间轴可以调整查看的时间。拖动时间轴上选中区域可以查看不同时间段,拖动选中区域边界可以调整时间段的大小。

2. 实时顾客访问

实时顾客访问界面显示店铺当前的被访问情况。系统每分钟更新顾客的访问数据,包括访问时间、入店来源、被访页面、访客位置、是否为回头客,可以时刻了解店内顾客访问情况。同时可以使用"顾客跟踪"功能,详细了解顾客的访问轨迹、访客地区、进店时间、停留时间、入店来源,探索顾客的关注范围和行为规律。

3. 按小时流量分析

按小时流量分析可以查询店铺内某一天的流量情况,24小时分时段的数据报表。各时段用户浏览量和访客数一目了然,为店长安排店内人手和宝贝上线时间提供参考。

"流量对比"功能,可以同时对比任意两天的浏览量和访客数信息。

4. 按天流量分析

按天流量分析可以自定义查看不同日期的统计数据,也可以快速查看当月、最近三个月、最近六个月和最近12个月的统计数据,可最简单、直接地了解店铺一定时期内顾客的浏览量和访客数。当鼠标放置在图表区域以外时,还可以显示选择时段内浏览量和访客数的最高值与最低值。另外,"流量对比"功能,可以对两个不同月份各天的店铺浏览量和访客数进行对比。

5. 宝贝被访排行

宝贝被访排行可以自定义查看不同时间段的统计数据,也可以快速查看最近30天、本周、本月等不同时段的统计数据。

在宝贝较多时,还可以通过按分类或相应的宝贝查询,快速了解宝贝的情况。

"宝贝被访详情"提供排名Top 10的宝贝被访详情信息,包括关注度、浏览量、访客数、平均访问时间、入店和出店次数等,并清晰地显示出查询日期内宝贝每天的浏览量和访客数。

在页面的上方可以选择不同的时段查看数据，宝贝图片右侧的下拉菜单可用来选择查看 Top 10 中其他宝贝的详情，在页面的下方是宝贝被访趋势图以及宝贝访问来源和访问地区，可多角度了解宝贝信息。

6. 分类页被访排行

分类页被访排行提供所有分类页当天、最近七天及最近 30 天的详细被访信息，包括浏览量、访客数、入店人次、出店人次等。排行默认按浏览量降序排列，也可选择按访客数、入店人次、出店人次等其他指标进行排序。

另外，也可以直接输入某个分类名称，点击"查询"，即可查看所查询的分类页信息。同时，为了方便在本地进行数据分析以及对统计报表进行操作，可以点击"下载"或"打印"按钮进行相应操作。

7. 店内搜索关键词

店内搜索关键词提供访客在店内查找宝贝时所使用的全部关键词的统计信息，如搜索次数、跳失率等，可以自由选择时间段，系统会自动根据选择的时段，显示店内搜索排名前十位的关键词以及每个关键词所占的搜索比例。

另外，可以用"趋势查看"功能查看随着时间的变化，每个关键词的浏览量、搜索次数及跳失率的变化趋势，帮助及时优化宝贝的名称以便能够被高效地搜索到提供参考。

二、推广效果

1. 流量来源构成

流量来源构成中总结了店内所有浏览的来源情况。例如，某来源的到达页浏览量及其所占的百分比。

2. 淘宝搜索关键词

淘宝搜索关键词反映的是买家通过哪些词的搜索到达店铺宝贝的数据。淘宝搜索关键词提供 Top 10 搜索关键词的图表展示，并提供所有关键词的统计信息，如到达页浏览量、平均每次访问页面数、跳失率等。

另外，可以用"趋势查看"功能查看随着时间的变化，每个关键词的到达页浏览量、搜索次数及跳失率的变化趋势，可以及时优化宝贝的名称以便能够被高效地搜索到提供参考。

三、顾客分析

"访客地区分析功能"支持国际和中国各省、自治区、直辖市、特别行政区内城市浏览量及访问人数的查询，以地图的形式展示地区分布。当鼠标放置在地图当中某一区域内时，会相应显示该区域的浏览量和访客数，系统每小时对该数据进行更新，可以选择不同时间段查询数据。

另外，点击某一地区对应的访问趋势"查看"按钮，可以查看本周、一月、一个季度等不同时间段内各地区浏览量、访客数的变化趋势，为针对不同地区做推广提供决策。

四、量子排行榜

量子排行榜是量子店铺统计通过收集分析用户数据并加以整理，以量子排行（宝贝人均关注度 Top 榜）的形式体现出来。在这个排行榜中按淘宝主要类目 / 卖家地区 / 卖家级别等维度来体现宝贝的关注度。卖家通过这个，可以简单清晰地了解自己行业类目最新动态。第一时间掌握商机、优化商品，达到最终促进成交的效果。

第三节　其他数据分析工具使用

一、淘宝指数

淘宝指数是淘宝官方免费的数据分享平台上线后，用户可以查看淘宝购物数据，了解淘宝购物趋势。而且，产品不仅仅针对淘宝卖家，还包括淘宝买家及广大的第三方用户，同时承诺将永久免费服务，成为阿里巴巴旗下一款强大精准的数据产品。

淘宝指数包括：

（1）人群指数

购买该宝贝的人群性别、年龄、地域、星座、消费层级等分布。

（2）热销指数

该宝贝的近七天销量、近 30 天销量。

（3）价格指数

购买该宝贝价格的平均值。

（4）相关款式

购买了该宝贝的人还买了同类目下的其他宝贝。

（5）相关风格

和该宝贝在同 CPV 下的宝贝。

（6）搜索指数

指数化的搜索量，反映搜索趋势，不等同于搜索次数。

（7）成交指数

由搜索带来的成交量，并进行指数化处理。反映成交趋势，不等同于成交量或成交金额。

（8）热销指数

成交宝贝的标题中包含该关键词的商品成交笔数的指数化。

（9）倾向指数

突显该人群的购物偏好并结合热销指数综合计算得出。

（10）喜好度（TGI）

反映不同人群对该搜索词的偏好程度，数值越大则偏好程度越高。数据为100时，表示无明显偏好，该数值不受人群基数的影响。例如，某搜索词的搜索人群中喜好度最高的星座是白羊座，则说明白羊座的人群比其他星座人群更喜欢搜索该词。

二、数据魔方

数据魔方是淘宝官方出品的一款数据产品，主要提供行业数据分析、店铺数据分析。其中包含了品牌、店铺、产品的排行榜.购买人群的特征分析（年龄、性别、购买时段、地域等等）。除此之外，数据魔方还提供了淘词功能，主要用来优化宝贝标题用，通过使用效果更好的关键词来提升搜索排名。

数据魔方还可以给卖家提供实时的运营数据支持、店铺的实时成交情况、行业的实时成交情况，是运营活动的得力助手。

数据魔方的主要功能包括：

（1）淘词分析

分析行业的热词榜，随意查找关键词，诊断宝贝标题，帮助及时更新关键词，优化标题引流量。

（2）自有店铺分析

分析店铺内的成交、转化率等一些整体店铺的数据分析，帮助了解店铺整体运营情况。

（3）行业分析

俯瞰行业市场大盘，分析行业内热销宝贝、热卖店铺买家信息等，帮助做品类管理、定价、定向营销。

（4）市场细分

从品牌、产品、属性的角度分析热销宝贝、热卖店铺买家信息等，帮助做更细致深入的市场分析。

在整个电子商务行业，一直在追求数据。在国外，一般电子商务企业都有一两个人专门做数据分析的工作，从目前中国整个电子商务行业来说，真正关注数据分析的企业并不是非常多，主要原因可能由以下几个方面构成：

（1）缺乏对数据重要性的认识。（2）企业投入预算不足。（3）数据分析人才的缺失。（4）企业还没有到达这个需求。（5）数据量不多，不足以分析等。

作为一个电子商务公司，除了关注产品等以外，更需要关注数字所反映的问题，从而从这些数据里看出问题。

电子商务公司可以从以下几方面做好数据分析。

（1）拥有一个好的统计系统。现在互联网上提供很多，如 GA、CNZZ。（2）持续关注数据的变化。（3）需要专人负责数据汇总和解读。（4）确定主要考核电子商务网站的运营指标有哪些。（5）定期做周度、月度、季度、年度或者某一个特别事件的专项数据分析。（6）需要采用一些图表，以增强数据的可读性。（7）需要对数据做一些交叉分析，以观察某一个特定问题。（8）需要关注行业数据变化，如某一段时间内某一个产品的行业数据等。目前第三方公司提供很多，如艾瑞。（9）需要了解中国整体网民对电子商务的偏好度、用户属性和变化情况。

第七章　网店推广管理

第一节　网店活动策划

一、稳固老客户

（一）老客户需要进行维护

如果条件允许，我还是建议你在千牛软件或网店管理后台之外建立单独的客户资料库，也可以成立一个老客户管理部门，吸引这些顾客再次到你的店铺进行消费。对老客户进行日常维系，在纪念日、活动日发放优惠券，或进行免费礼品发放，或开展"买就送"等活动，可以持续保持网店的高人气值。

从某种意义上来说，与其拿资金去炒作信誉度，还不如用这些资金回馈老客户，提高其黏度。因为他们不仅可以带来真实的成交量，而且会介绍他们的朋友到你的店铺消费。

作为一个买家，我用几个账号在淘宝共消费大约30万元，自然碰到了数量不少的卖家。然而，除了少数几个卖家在老客户管理方面有所施展外，绝大多数卖家在这方面几乎是零投入！有的卖家以发送手机短信的方式通知顾客，但是个人觉得对于买家来说，这些毫无作用。尤其需要指出的是，当购买到某些颇受周围人欢迎与好评的商品时，我会反复购买，但也从来没有得到过任何额外的优待，比如额外赠送小礼物或面值不等的折扣等，甚至连一句"谢谢再次光顾"或"希望继续支持"的话都没有听到过。

从中也可以看出，绝大部分卖家都非常轻视老顾客或大主顾。

大部分卖家都比较反感还价，但是对于大主顾还是应该给予一些特殊照顾。其实他们的要求并不高，只是希望能在你这里得到一些和普通买家稍许不同的"待遇"罢了，甚至仅仅希望你能知道他在你这里已经消费了很多，图你一个感恩的眼神而已。

很多卖家苦于生意冷清，想提升人气却找不到门道。其实，你所成交的每笔订单，都是一种资源，把这些资源聚拢起来，通过回馈的方式就很容易实现买家重复购买。

比如，你一个月的成交量只有30笔，两个月也才60笔。如果你能管理好老客户，让其中50%的买家实现二次购买，那么第三个月将有60笔成交。再能干一点的卖家，可以让这些买家一次购买多件，那么第三个月就将有100个以上的订单了。这听起来似乎有点夸张，但只要方法得当，是完全可以实现的。

第一步，先把这些顾客召集起来，让他们加入你的QQ群中。但买家凭什么要听由你的指挥，进入群内呢？当然需要一些利益驱使。这些利益可能是——会员每月超低价格购物、支付宝现金红包、生日免费礼品等你所能想出来的。

第二步，实施购买驱动强刺激。这些买家既然愿意加入客户群，就说明存在一定的利益驱动性。所以只要给予适当的利益刺激，就可以让他们成为你的回头客。

新手卖家或者小卖家要解决的首要问题，是商品的成交而非盈利。所以你不要指望在这些顾客身上赚到钱，而要考虑你能把赚到的多少钱花在他们身上。这一点也不矛盾，因为加入群中的会员越多，可供你利用的资源也就越多。等到会员的人数达到一定规模时，你可以采取限定购买次数的方法来紧缩开支。

而老卖家、大卖家所期望的则是稳定和放大成交。这些老客户资源就完全可以充当单品人气的维系者和新品的人气提升者。

（二）利用老客户提升人气

为了对众多的客户进行管理，可能需要煞费苦心地对客户的等级进行分类，可以以金额，也可以以成交笔数来确定等级。不同等级的优惠程度各不相同。

现在举两个实例来演示操作方法。

1. 提升新品的权重和搜索排名

第一批，0.01元免费试用名额N个，符合特定条件的会员可以报名，要求收货后给予20字以上的五分好评及买家照片秀。第二批及以5元、9.9元等超低价格维持免费试用。同时还可以采取群内会员超低价格销售模式，让会员付费购买。你可以采取的购买流程是多样化的，比如老客户可以从"我的淘宝→已买到的宝贝"中浏览店铺，也可以通过长尾关键词搜索定位、店铺搜索、淘宝客链接、手机订单等浏览。付款方式为"客户预先全额付款"，不改价、无折扣，付款之后再返款给老客户。

当单品提升到一定人气之后，再报名参加天天特价、淘宝清仓等站内活动，还可以报名参加站外的一些团购活动。这种模式比你去参加官方的免费试用活动可能更为有效。因为官方活动的试用获得者只会认为是自己的运气好，很少会有二次购买行为，也不会对卖家有感恩之情；而老客户免费试用则可以增进其与卖家之间的感情，除了以后再购买商品会优先光顾你的店铺之外，还可能会介绍朋友过来。

假设一件商品的进货价格为10元，单价成本含运费约16元，你可以在淘宝设置一口价为45元包邮，通过打折工具设定7折销售，即31.5元。你以7折再5折的价格，即15.75元包邮价向群内会员出售，这样的诱惑力是不是非常大呢？也许你会觉得这是瞎扯，认为10元钱的东西定价为45元，怎么会有人买！但事实就是，在淘宝上，10元钱的东西就可以这么定价。

10元为商品的工厂出厂价,按照工厂价到零售价至少翻倍的规律,可以卖到20多元,再收取快递费10元,加起来就是淘宝零售价30多元。再根据淘宝特色定价模式,抬价到45元之后再打折,就是原来的30多元了。所以,即便9.9元包邮试用,你也只是在每个客户身上亏损6.1元,该商品如果每天自然成交3笔,获利$3 \times 15.5=46.5$元,足够支撑7位老会员的亏损额度。这样加起来的话,你一天的成交量至少能有10单。而因为人气的提升,自然购买的用户也会逐步增加,这样就可以实现盈利了!

2. 为单品引入新客户购买订单

可采取拉人购买获得奖励的举措。若老客户拉入一位新客户实现购买,就给予其一定奖励,比如直接半价退款;拉入三位、五位新客户实现购买,则给予重奖,比如对一位买家进行免单,等等。每个人都有自己的人际关系圈,所以拉人购买并非很难的事情。你需要做的就是,不仅给予推广者奖励,也给予被拉入者最实在的优惠价,在特殊时期,哪怕你亏本卖给他们也要在所不惜。但是,亏本必须有亏本的充分理由!

开展一段时期的利用老客户资源的活动之后,由于他们的鼎力相助,你的店铺权重会日益增加,流量增长,转化率提高,订单也会翻倍式增长。你获得的新客户越来越多,加入群内的会员也越来越多,这时候你可能已经无法应付老客户管理的沉重负担。你就需要开设新的QQ群,按照等级把这些客户资源一分为二或者一分为三,进行分开管理。目的是避免过多的免费资源开支,以及便于采取新的刺激方案。

即使你开业不久,还没有多少成交量,也可以用以上方法实现每月订单数量倍增。来一位客户,你就拉一个客户入群,然后争取实现一变六(一个月内同一买家最多记取六个好评),这样变来变去,很容易就能变成皇冠卖家。到那时候,你就需要聘请客服,组建团队来管理网店了。

这里面的学问又岂止这些呢?与买家的互动有着更深层次的规律和技巧。当你掌握了成千上万的买家资源后,所有的刺激方案就需要考虑得更为细致和谨慎。

二、巧妙定位

(一)价格本就很低,怎样参加打折活动

某一天,在一个行业交流群中,S君在群里说自己的商品上了天天特价的9.9元包邮活动,引发了群内会员的热议。一般情况下,有会员能上活动是一件值得庆贺,也让大家很受鼓舞的事情,而S君却并没有得到大家的肯定。因为他说自己是亏本做活动的,于是引发了一场口水战。行业交流群内的成员基本都是同一个行业的,大家对彼此的成本价格都了如指掌。S君参加活动的商品是一款100g的小毛巾,成本价格大约为5元,如果遇到工厂甩货,可能3元多就可以拿到,而超市售价大约为20元。S君把这款毛巾定价为30元在自己的淘宝店上出售。当然,定价是他自己的事情,只要可以卖得出去,那都是他自己的本事。但是神奇的事情出现了,

这款离奇高价的商品竟然被选中参加活动了。

大家分析了当时参加天天特价活动的要求,

第一,产品促销价格为1～5折。

第二,9.9元包邮的产品要求原价在25元以上。如果产品原价是15元,运费为10元,合计价格就是25元,这样是否可以参加活动呢?答案是:不可以。那么,如果产品原价是25元包邮,是否可以参加活动呢?答案是:可以。

S君会遭遇吐槽,是其不应该在群内说自己亏本,这就属于典型的"得了便宜还卖乖",因此惹怒了众人。大家纷纷斥责淘宝在参加活动时鼓励卖家虚抬物价后打折,扰乱价格体系。而与此同时,群内另外一位成员Y君的一款毛巾,以原价25元包邮的价格也上了淘宝的9.9元包邮的天天促销活动。但是,Y君并没有在群内炫耀自己上了活动,而是一个人偷着乐。然而,在做完活动之后,他却没能乐起来!他的产品比S君的毛巾重量轻了30g,只有70g,显然还薄了很多,成本价格更低,但是他准备了2万条来参加活动,最后却只卖掉了4000多条,他一个人根本就无法消化掉那么多的库存。

由于毛巾卖家以虚抬价格而频繁入选活动,导致行业群内各卖家热议甚至引发争执,最终大家把矛头指向了淘宝的活动准入条件。

首先,只有虚抬价格销售才有上活动的可能。淘宝要求1～5折的准入条件,不是让那些"良民"卖家不得不提高售价来参与活动吗?除了部分具有高额利润的商品类别,还有多少日常消费品卖家能承受得了1～5折的折扣率呢?

其次,卖家服务市场提供的"打折工具"让卖家不得不"被打折"。打折工具明显为虚抬价格推波助澜。卖家只需每月花几块钱便可以买一个打折工具,轻松实现抬高一倍以上的售价,于是众多卖家纷纷加入"打折大军",乐此不疲。对于这些打折工具因充当扰乱市场价格的帮凶被卖家痛斥的情况,淘宝发布公告称"新增修改非官方打折工具最高打七折的限制"。

第三,淘宝的高流量活动所采集的商品都采用虚抬价格后打折的模式,必然向买家展示一个价格虚高的市场,这让实价经营的卖家情何以堪?你不打折,买家就来还价,你不同意折扣就说你小气、不好说话,让人哭笑不得。虽然炮轰淘宝官方活动打折的伎俩之后,淘宝对政策做了一定程度的调整,但是打折噱头却仍旧不会停止。

(二)各种各样的价格,你是否认真思量过

如果不懂得淘宝特色的定价模式,以目前的情况来看,你基本上很难有机会参加淘宝的促销活动,或者即使你参加了此类活动,也很可能会血本无归。为了全面剖析定价模式,在这里,我以女装为例,逐次讲解价格体系的构成。

1. 出厂价

泛指批发价格,即你拿到的女装批发价格。

2. 成本价

批发价加上其他费用后的价格，低于此价格销售必定造成卖家亏本。

3. 吊牌价

女装吊牌上印刷的价格。这个价格对于淘宝卖家来说是相当重要的，可以直接作为上架女装的一口价（零售价格）。一般来说，这个价格往往定得很高，正所谓"物有所值"。但是，非品牌女装在超市或服装市场销售时，超市与顾客方面一般都不会考虑吊牌价，基本上毫无意义。

4. 淘宝一口价

淘宝卖家对于零售价格的制定大体分为三类模式。

（1）吊牌价即零售价

这类价格往往虚高，虽然会作为卖家上架时制定的一口价，但实际上都只能依靠打折工具来重新制定价格。

（2）超市价为零售价

这类价格基本参考超市价格，有吊牌价的也不参考吊牌价，没有吊牌价的则参考实体店铺的销售价格来制定一口价。也就是说不考虑吊牌价，而参考实体店售价。

（3）不打折价为零售价

部分卖家采用不打折价格销售，一律不还价，保证了卖家的基本利润。

一般情况下，不打折价格会低于实体店铺的售价，这样可以保持网店的价格优势，而且网店本身不需要支付昂贵的店铺租金等费用，可以大大减少成本，从而降低售价。

这三种一口价卖法，都是对照实体店定价来说的，或高于、或持平、或低于其价格。

而超市价格也有两种：一是初始零售价，二是打折促销价。上面说的超市价格为前者。

5. 店内促销价

以单个店铺为主体，卖家自行采用打折工具进行促销的价格。普通打折工具最高折扣限度为7折，官方促销工具可以低于7折。

6. 官方活动价

以淘宝官方为主体，卖家制定符合官方要求的促销价格而参加官方高流量展示的活动价。

目前官方活动制定的准入条件一般有三个特征：

第一，必须是历史最低价。

第二，禁止先提价后打折。

第三，必须为超低折扣。比如1~5折、1~3折。

很多卖家就是想不通："我卖的商品怎么可能打1~5折，哪里有那么高的利润？""打5折参加活动，要是卖出一万件，岂不是让我赔的内裤都要去当掉？"

根据上面对淘宝价格体系的了解就可以知道，如果你开始上架女装的时候，所采用的一口价是"吊牌价"，平时都使用打折工具来进行打折销售，那么参加官方活动时1~5折的折扣就很容易体现出来了。

现在来看某商品在促销活动中的价格演示：

这是淘宝官方活动的商品展示摊位。原一口价为250元，活动价为60元，折扣率为2.4折。

商品详情页面所展示的也是原价250元，天天特价促销价为60元，60个淘金币可抵扣0.6元。交易成功33件，累计评论20条。

查看其价格变化曲线图，可以看到原价一直为250元，最高售价出现在2018年5月24日，为68元，折扣率为2.7折。

追溯成交历史到3月份，可以发现该女装的价格一直保持以68元的价格进行打折销售。由此可以看出，该商品虽然一口价是250元，但一直运用打折工具按2.7折在销售。参加淘宝官方活动时的卖价为60元，算是按2.4折销售，而实际上活动价格和平时的实际售价仅仅相差8元，实际折扣只有8.8折。

倘若该卖家不使用打折工具参加促销，其8.8折的折扣率远远不能达到官方要求的1～5折，因此必然会被排除在活动的准入门槛之外。而卖家一开始就以250元的高价定一口价，通过打折销售，就能以仅仅8元的差价轻松符合淘宝活动准入的三大条件。

这也是很多买家炮轰淘宝虚假打折的缘由。买家以250元的高价来假设此款女装的品质，买回来之后却发现这件衣服其实也就值60元钱罢了。

可是，如果买家指责淘宝涉嫌价格欺诈，却是没有充分依据的，原因是：其一，打折是实实在在的。

该女装原始价格确实为250元，在市场经济中卖家享有自主定价的权利。价格是卖家定的，而不是淘宝定的。

其二，买家买到的商品确实是历史最低价，而且卖家的行为不属于"先提价后打折"的违规情况。

在成交记录里可以查看到，买家确实享受到了实在的折扣。"既然你都已经以历史最低价买到了商品，还有什么可以抱怨的呢？"

如果判定淘宝上的所有商品价格都是虚高价，那么就是"一棍子打死一帮人"了。因为还是有很多卖家的的确确是亏本销售商品来参加活动的。前面提到过毛巾，举一例来证明这些亏本卖家参加活动有多么不容易。

该卖家以95g毛巾3元包邮的价格参加活动。按照平均每个包裹5元运费来计算，一个ID拍下一条毛巾，该卖家最少亏本5元，卖出1万条则会亏本5万元以上。

该卖家上架时的一口价为10元，没有使用打折工具进行促销，卖价始终是10元。活动促销价为3元，其折扣率为3折。

面对如此参加官方活动的卖家，我只能说一句："伤不起，真的伤不起！"

买家都是用脚投票，因此这种卖家的成交率明显会高于以打折工具促销的卖家。

但是，作为淘宝卖家，你需要思考这样血拼到底有何意义，你来淘宝是为了赚钱，而不是亏钱的。如果你不懂如何利用交互式搭配营销方法，那买家只会支付3元钱拍你一条毛巾就走人，这样便丝毫没有带动店内其他商品的成交活跃度。活动过后，你不仅亏了钱，而且即使你利用此款商品在几天内如愿成为皇冠卖家，你的成交量可能又会马上回到原点。这种情况下，店铺肯定是难以为继的，甚至直接面临倒闭的危险。

目前，淘宝对于参加活动的商品的价格管制趋于严格，确保活动价格为历史最低价是其基本准则。如果恶意将初始一口价定得太高，然后打1折参加活动，那就显得愚蠢至极了。这种情况极有可能受到淘宝处罚，如取消资格或者永久性拒绝其参加活动。活动要求为1~5折的折扣率，就不要选择以1折、2折参加，否则很容易被判定为恶意抬价行为。

一件衣服定价为788元，那一定是高档品牌衣服了，而折扣价格才不到60元，不管是谁，用脚指头想一想都能知道其品质肯定类似于地摊杂牌货。

这样巨大的价格差异，还能指望瞒天过海参加活动吗？况且，这样的女装发货时肯定也会采用非常普通的简易包装而非高档包装，与其原价788元的档次严重不符，属于明显的价格欺诈行为。淘宝如果选择为这样的商品注入流量，那岂不是自己打自己的耳光，让业内人士看笑话？

在淘宝开店，定价是一门很大的学问，而当这门学问变得泛滥起来后，就只能让大部分卖家也随波逐流玩起了天天打折的鬼把戏。现在在淘宝搜索一些热门关键词后出现的商品列表页面里，已经很难找到不打折的商品了。其实这是一种很不正常的现象，但是基于淘宝目前的作风，面对这样的情况，恐怕也只能习以为常。

打折工具的泛滥，使得卖家在制定一口价时都不得不考虑提高卖价，以致逐渐形成了今天"打折淘宝"的局面，这一点尤其表现在天猫商品中。目前来看，淘宝打折乱象将可能长期持续存在。面对买家对淘宝促销价格的疲劳与质疑，淘宝也曾进行了一次又一次的整顿，以打造和巩固一些更有竞争力的品牌的活动。因此，想要通过官方活动对价格的审核，还得拿出更具竞争力的商品和价格来。你要相信群众的眼睛仍旧是雪亮的，过多水分与暴利的存在，会让你即使通过了活动审核出现在活动摊位上，得到了足够的流量展示，也没有很高的点击转化率，也没有大的成交量，最后只能是"一场空"。

（三）淘宝定价需考虑的独特因素

现在总结一下在淘宝进行商品定价时，需要考虑的几个独特的因素，店内促销折扣率。

准备参加活动的折扣率。

淘宝官方大促活动时的折扣率。

淘金币抵扣。

店内优惠折扣组合，包括优惠券、满减、红包、搭配减等。

好评返现。

店内VIP折扣。

信用卡支付佣金。

CPS按成交计费推广佣金。

手机专享折上折。

如准备参加活动，则先考虑店内促销折扣率，再考虑5折以内准入门槛，适当拉大与店内折扣之间的差价，更容易获得活动准入资格及更多的成交量，同时，要预留适当的淘金币抵扣空间以及好评返现5元以内的额度。如利润已经很微薄，则考虑搭配几款促销商品，保持足够的购买动力，让买家一次性在店铺内购买更多商品，以多件商品赚取一笔运费形成的差价为利润点。

比如，A商品是参加官方活动的商品，包邮之后每件大约只有10元的利润；B商品按照原价销售，每件有30元的利润。在活动过程中，你把B商品降价10元，再与A商品进行组合销售，游说买家在你的店铺一次性购买两件以上A商品，或者同时购买A商品和B商品，这样一来，利润点就发生了变化！请看：

买家购买A商品1件，利润为10元；

买家购买A商品2件，利润为25元，因为将两件一起打包发快递，卖家只需支付一笔运费，所以会多出来5元的运费差价；

买家购买A商品和B商品各一件，利润为35元，因为B商品在降价后还可以获得20元的利润，以及一笔运费的差价。

所以，不同的设置与搭配，会直接影响你的盈亏情况。巧妙设置，就可以轻松实现盈利。

（四）淘宝特色定价存在的必要性

为什么现在淘宝定价会如此混乱？究其根本，是源于愈演愈烈的电商平台竞争。多年前，淘宝成功对"中国电商鼻祖"易趣造成毁灭性重创，进而发展到几乎"一枝独秀"的地步。但很快，其成熟而成功的平台运作模式，激发了其他众多投资方群雄逐鹿式的开发竞争与争夺。腾讯投资拍拍网，几乎完整地照搬淘宝模式；"互联网霸主"百度上线百度有啊，放言三年内赶超淘宝，由此眼看C2C呈三国鼎立之势。即使百度有啊粉墨登场后不幸夭折，也没有止住大量资金流向电商的脚步，反而转眼就进入了"五代十国"般的局面，亚马逊中国、京东、当当、苏宁易购、国美、聚美优品、凡客诚品、梦芭莎、一号店等电商迅速崛起。这也让淘宝不得不投放更多的广告资金维护自己在电商中的地位。

我曾在自己的淘宝个人空间里，写过一篇建议淘宝开发"批量购买、批量付款"功能的文章（以前购买商品只能单件购买，即一次只能买一件单品或者多件单品），据闻被提到淘宝内部例会上进行过专门讨论。淘宝小二甚至还专门给我打来电话，与我一起深入探讨批量购买方案。但是之后的很长一段时间内，淘宝一直都没有任何动静，直到拍拍网推出中国第一辆电商"购物车"，实现一次购买多种商品和批量付款，淘宝才跟着上线了此功能。这时候，淘宝可能才真正意识到，倘若自己不变，就已经无法稳固行业龙头的位置了。于是，淘宝在连续几年停止系统优化之后，又悄然加快了升级步伐。不仅在店铺操作系统上、店铺展示风格上、流量分配模式上进行了不断的升级优化，也在自身品牌的提升上进行了更多的投入。所有的不变，是为了稳定系统；而所有的变，则是为了稳定地位。面对大规模的广告宣传，淘宝打折促销必然是唯一噱头。下血本赤裸裸地造出中国"光棍节"的噱头也同样是打折。这就意味着,电商之间的角力之战,无论是淘宝,还是京东,都离不开"打折"这个永恒的关键词。

现在,你应该已经了解,淘宝卖家为什么会被逼着打折。因为如果你不打折,就不符合淘宝的流行定价趋势;如果你不打折,就跨不过淘宝高流量活动的门槛。某种意义上,淘宝又何尝不是被逼着打折呢?

(五)打折工具,天天打折从未停歇

打折工具品种繁多,按照收费形式可以分为付费使用和免费使用;按照出品方可以分为官方工具和第三方工具;按照受益方可以分为全网用户打折和老客户打折;按照表现形式则可以分为无数种花样,如单品打折、整店打折和套餐折扣等。

先来看官方免费打折促销工具。

第一大类,淘宝营销中心工具。位置在:卖家后台→营销中心→促销管理。

1. 天天特价、淘宝清仓

可以实现单品的直接折扣。和官方的促销平台不同,以上两种工具是提供给单个卖家自行免费使用的。

2. 店铺红包

分为购买前领用红包和购买后赠送红包两种方式。购买前领用红包是买家购物前自由领取,在购物时直接抵扣的红包。购买后赠送红包则是买家已经购买之后再发放,以刺激其二次购买。店铺红包可与打折促销、淘金币、集分宝,以及支付宝现金红包同时使用,但不可与商品优惠券、店铺优惠券同时使用。发生退货、退款情况的,买家可发起"申请的现金退款额度仅以其实际支付的价款为限"。店铺红包对全店所有商品通用,不可以只限定部分商品。还有一点需要特别注意,那就是低价商品设置面值过大的红包,会直接导致亏损。

3. 商品优惠券

商品优惠券和红包的区别在于,其可以选择指定的商品进行优惠销售。商品优惠券也可以与打折促销、淘金币、集分宝,以及支付宝红包同时使用,但不可与店铺红包、店铺优惠券同时使用。卖家可以指定买家必须购满多少元之后才可以使用。

4. 购物车营销

该工具暂时免费,但需要订购一次方可使用。它的作用是通过打折、减价、店铺优惠券三种促销方式,激发已将商品加入购物车中的买家尽快落实购买行为,因此具有一定的精准性。

第二大类,客户关系管理。位置在,卖家后台→营销中心→客户关系管理。

所提供的工具主要有店内 VIP 等级促销、发放店铺优惠券、通过打折、减现金、创建包邮、发彩票、发电影票等。

第三大类,淘金币营销。位置在:卖家后台→营销中心→淘金币营销。

接下来要介绍的是淘宝官方提供的付费促销工具。位置在：卖家后台→营销中心→我要推广→营销工具。

1. 搭配套餐

卖家可以指定几个商品加以组合，再进行打折销售。其展示在商品详情页的商品描述上方，位置较好。尤其对于销售服装类产品的卖家，有明显增加客单价（指每一位顾客平均购买商品的金额，即平均交易额）的作用。

此外，点击右下角的"查看套餐"，还能显示其详情页面。

2. 限时折扣

卖家可以在自己的店铺中选择一定数量的商品，在一定时间内以低于市场价的价格进行促销活动。但因为官方已经开放了很多免费工具，所以一般来讲，卖家没有必要再使用这款收费工具。

3. 满就送

包括满就减、满就送礼、满就送积分、满就免邮费等。至于送电子书之类的，则没有太多的意义。因为对于绝大多数在此购买生活类商品的买家来说，文化类商品并无太大吸引力。

4. 店铺优惠券

卖家可以在无须充值现金的前提下，针对新客户或者不同等级的会员发放不同面额的优惠券，包括店铺优惠券、商品优惠券和包邮券等。

最后要说的是第三方插件服务。在淘宝卖家服务市场里，搜索"打折"这一关键词，会出来超过100个服务，基本都是收费性质的。一般情况下，打折相关插件还会提供一些其他的增值服务。你可以适当了解一下，看是否有必要开通这些功能，但千万不要盲目相信，以为真有其所宣传的那么神奇。小卖家和新手的盈利水平往往相对比较低，是没有必要去使用这些插件服务的。

（六）参加打折活动后，反而走向死亡之路

所谓的活动商品，不仅仅指的是天天特价、淘宝清仓、聚划算等淘宝站内活动商品，还包括站外第三方活动商品，即站外推广中会提及的各大导购平台。很多卖家在参加完一次活动获得不少销量后，发现这款商品恢复原价以后基本趋于无成交状态（甚至长时间无成交而彻底滞销）。这究竟是怎么回事呢？为什么一次活动没有让商品变成腾飞的人气宝贝，反而走向了死亡之路？

一起来看一下活动商品的裂变过程，你可能就会明白其中的道理。

第一步：发布新商品，设定高价，使用店内折扣工具进行打折销售。

第二步：通过各种渠道培育该商品的人气值，增加销量，并不断趋于稳定乃至上升。

第三步：以折上折价格报名参加活动，走向"降低售价、增加流量、增加成交"的极速裂变过程。

第四步：活动完毕，繁忙发货，忽略该商品的管理，渐渐走向"流量暴跌、价格上升、成交骤降"的过程。在这个过程中，之前的打折降价导致买家的犹豫心理，觉得"我比别人买的贵了很多"，从而使转化率骤然大降。

纵观第一步到第四步的整个过程，转换率的演变大致为：第一阶段2%，第二阶段5%，第三阶段10%，第四阶段0.1%。这样的走势其实严重违背了正常商品的培育过程。进入第四阶段以后，随着流量、转换率的下跌让商品大幅降权，最终走向覆灭。

参加活动的目的是为了增加销量，培育更加强大的人气宝贝，但因为活动的折扣力度大，利润往往非常微薄。很多卖家参加活动就已经是亏本销售，加上上文所呈现的四步发展历程导致店内人气宝贝走向覆灭。一个店铺就可能因为一次又一次的活动走上了不归之途：他们做一次活动就做死一个人气宝贝，最终只能"曲终人散"。

那么，应该如何操作才能保证活动商品成为"不死之鸟"呢？

最关键的就是活动商品的价格调整策略！

这里我先来介绍一个可能会导致封店的营销策略，虽不符合规定，但其定价理论还是很值得借鉴的。（例子如下）

yy研究出了一个新奇的点子，而这个点子看起来还真的可以让一个店铺迅速成长。首先，他选择了一款成本为30元的鞋，设定一口价100元，再通过打折工具把价格调到0.1元包邮。此外，还设置了"一个淘宝ID只能购买一双"的规定。然后，将此商品链接在论坛或者关系圈中随便一发。由于一毛钱对于任何人来说都算不上什么，99%的买家会认为，"反正就一毛钱，yy也骗不到我什么，而且即便支付了钱，支付宝也不会打款给yy，没准还真是商家搞促销活动，得了一个大便宜呢"。

尤其当这些买家看到"一个淘宝ID只能购买一双，多买了不会发货；价格随时上涨"这样的提醒之后，其购买欲更是被大大激发起来，他们甚至通过自己的关系群不断地传播这款商品，鼓动周边人群抢购。

第二天，yy把0.1元包邮修改为1元包邮，这样也仍旧阻止不了买家抢购的激动情绪。成交量还是在不断地持续变大，单日成交甚至可以破千上万，流量源源不断地输入这个小店。

第三天，yy把价格调整为6元包邮；第四天，又调整为9.9元包邮；一直这样调整下去，直到变成59元包邮。在这个过程中，yy从达到保本的价格节点上下时开始发货，此前的订单一概不发货，如果有买家申请退款，也拖着不同意，这样就都不会在前台显示出来。

再来看下流量变化，日流量从第一天的零开始往上急速增长，直到过千上万，随着价格的不断上涨，流量也逐步下跌直到企稳。yy在保本前期可能略有亏损，但是之后的调价让其轻松扭亏为盈。

这样的做法显然是旁门左道，最终可能引发买家投诉和同行投诉而导致封店。有的卖家改良了这套营销方法，在商品描述中加入类似"0.1元包邮抽奖""按照系统抽选分批发货"的内容，或者擅自修改承诺发货时间为1个月等，也均属违规行为。

这样的营销方法值得我们思考的是——流量、价格与转换率之间的变化过程。回顾前面提到的一般活动商品的裂变过程，可以发现，当流量处于下跌到企稳阶段时，买家最关注的是价格问题。如果从活动价格直接恢复到原价，那么转化率就会直线"跳水"，转化率的暴跌，又会直接引发后期的流量暴跌。

而采取上面的"逐步提价"方案，将可以缓解买家对价格差异的不平衡心理。比如，商品打折后价格是30元，活动结束后，你提升10%的价格，也仅仅加了3元而已。一般的买家对此是可以接受的，这样，转化率就不至于暴跌，而这样的提价也并不属于违规行为。当这款活动商品的流量与转化率均逐步企稳时，再进行多次、逐步的提价，也就恢复到原来的价格了。维持一段时间的原价之后，你又可以拿这款商品去参加活动。这样反复轮回，并在活动商品中关联销售其他商品，带动整个店铺的成交活跃度，才是正确的操作方法。

三、增加好评率和动态评分值

以前淘宝只有评价系统，而没有动态评分系统。淘宝商城上线以后，彻底取消了好、中、差三个评价体系，C店也增加了动态评分系统。逐渐地，淘宝在搜索结果、参加活动时都摒弃了评价系统，而主要考核动态评分。这是因为，原来的评价系统把考核指标只简单地分为三个等级；而动态评分是分为五个等级的，在考核时划分得更细致，而且从商品相符度、客服态度和发货时间三个方面分开进行评价。另外还有一个重要原因，由于中、差评对一个店铺的影响极为关键，便催生出了一种行业里的阴暗职业——差评师。差评师又分为职业性的和非职业性的。他们利用评价系统的缺陷，先给卖家差评，在向其索取非法利益后再删除评价。到后来，这些差评师越来越嚣张，甚至逐渐形成了一个产业链。当其被组织起来之后就更为可怕，他们可以对卖家的淘宝店铺进行围剿。小店铺惹上差评师之后，可能一夜之间就会成为一个信誉不良的死店。现在，淘宝进行评价改革，直接弱化好评率作用，主要目的就是为了让差评师无所遁形。

有些店主被给差评之后惶惶不可终日，总觉得店铺被蒙上了阴影，有了污点，其实大可不必如此。开店时间长了，便会知道虽然买家是上帝，需要尽心为之服务，但是你还是会遇到一些喜欢给中、差评的人，这些人的目的可能是想让你主动联系他，出钱让他改评价。如果你的商品质量过硬、性价比高，就不用纵容甚至助长这些人的贪婪。

动态评分则会影响到店铺的运作，如果动态评分下降得特别厉害，便意味着转化率会降低，从而导致淘宝对你的店铺输入的流量大幅衰减。

（一）商品描述相符度

表面上，商品描述相符度是对商品和描述的相符度进行考核。但在买家看来，实际上是一个用来评价商品的性价比与质量情况的指标。

商品品质，是决定店铺是否可以良性发展的最基本条件。如果商品品质太差，你就是拥有再神通广大的客服也无济于事。试想，买家穿了一天在你店里买的鞋之后，脚跟就磨出血、鞋面皮革起皮、鞋底脱胶开裂，他对你的商品描述相符度会给多少分？另外，有的商品，即使你在描述中已经注明了商品的某些特性，但由于买家没有仔细阅读而造成商品损坏，买家也一样会怪罪于你。比如，有的衣服不能机洗，买家就是机洗了，造成衣服损坏，他就可能会给你1分；又比如，有的商品已经明确了其长宽尺寸，买家收到之后不用尺子量，就是觉得不够尺寸，他也可能给你1分。对于这类情况，就需要在商品描述内容的撰写上多下功夫。

（二）卖家服务态度

其实，让商品描述成为最优秀的售前客服的卖家，才是最聪明的卖家。让买家自助购物，不仅可以减少客服数量，节约成本，还可以让买家减少与客服的沟通或者对客服的纠缠，自然就可以提高服务态度评分。

而对于买家来说，服务态度不仅体现为前面所提到的三大基本素质，还体现在其他三个方面。

1. 客服应答时间

客服不在线的时候，可以设置自动应答。一般来说，客服应答时间长，多半是因为忙不过来，而通过巧妙设置快捷短语，就可以减轻客服打字的压力。

2. 相关产品推荐

买家其实更愿意在同一家店铺选购更多相关的产品，而导购客服是否可以快速了解买家需求并准确推荐相关产品，就显得尤为重要。

3. 售后服务

当买家由于尺码等问题提出换货时，对于大部分包邮商品，客服可以爽快地答应承担第二次发货的运费，往往会让买家觉得卖家服务不错；而纠缠于让买家承担运费的，结果可能会由于买家熟知运费规则，导致卖家不但要承担运费，最后还被买家给了1分评价甚至以投诉相要挟。

大多数淘宝卖家做到一定程度，往往都可以悟出一个道理——大店人满为患，小店颗粒无收。这尤其表现在淘宝官方大促活动前后，买家去参加活动的商家那里购物，购物体验非常差，比如咨询客服没人理，延迟无数天才发货，过了无数天才收到货，需要售后服务时同样没人理，即使威胁给差评，也是一副无所谓的态度等等。你认为你的评价会对卖家造成多大的影响吗？不，下一波评价会马上把你的评价淹没。但其实也不能完全怪那些卖家，也许是因为他们的电脑没办法开机。成百上千的旺旺咨询，持续不断的交易提醒，足以瞬间让电脑死机。不管是什么原因，不少买家还是因此更愿意去小店购买商品。一对一的服务，可能会让买家觉得自己更像上帝，能得到更多的尊重，但这也可能是小店在竞争中唯一的优势了。

（三）发货时间与快递选择影响买家评分

90%以上的买家非常重视卖家的发货时间，他们都希望付款后，卖家当天就可以发货，自己可以尽快收到购买的商品。因此，卖家对于仓储的管理就显得尤为重要。制定严格的发货程序为将来的发展奠定了重要基础。比如，对打印系统的娴熟操作、打印机的日常维护、买家备注留言的审核、货物出库和销售清单的核对等都要做到有根有据、有规有矩。有条件的还可以在仓库安装摄像头监控分拣内容和清单的对应情况，对快递单号拍摄、商品重量称重拍摄据实录像，并记录单号、发货日期和打包时间，以备日后精准调用监控内容查实存疑订单。对于库存管理，可以采用ERP系统，授予不同的人以不同的查询权限。对低于库存警戒线的商品，及时提交补货申请，以防因缺货造成延时发货。只有规范有序的操作，才可以形成高效的流水作业，以应付参加活动后高流量下的发货量。

对于可预见的销售，可以提前将商品打包入库。一旦成交即可打印快递单，直接出库发货，提高发货效率。对于同一买家的多笔订单，在销量暴增、难以应对的情况下，可以分多个包裹发货，以减少因合并订单时人工拣货的出错机会。比如，将预计会成为爆款的五种活动商品提前包装入库，当一位买家使用购物车同时购买三件商品时，直接打印三张快递单，分三个包裹发货。虽然这会增加部分快递费，但却可以大大提高出库速度，降低员工的出错概率，从而减轻售后压力。与此同时，你是否想到过要提前印刷一份分开发货的说明通知，将其放在包裹里以解决买家的疑虑呢？很多卖家正是因为没有考虑到这一点，才导致买家认为是卖家少发了货而在旺旺上咨询，或者求证其他快递包裹的单号。

有的卖家自认为服务态度良好，却不明白为什么自家店铺的评分总是低于行业水平。他们可能忽略了一个问题，那就是快递公司的选择。由于买家所在地的快递公司的不同情况，有些买家在购买商品时会留言选择特定的快递，这点常常被卖家忽视。很多卖家对这样的留言视而不见，仅选择与自己有合作的快递，这样就造成了与买家之间的矛盾。对于这样的卖家，买家怎么可能满意呢？

（四）如何提高店铺动态评分

大多数大卖家面对洪水一般涌入的买家时，往往无力应对，而淘宝的大促活动又不能不参与。为了解决因客服服务不周而造成的动态评分下滑的状况，目前多数卖家所采取的措施是"给五分好评返现"的制度。

好评返现，确实是提高店铺动态评分最行之有效的手段。虽然会使成本提高1～5元，但却可以明显地提高动态评分。

至于具体的实施方法，建议不要在商品描述内容页面中进行好评返现的宣传。采用在包裹里投放印刷品的方式，明显更胜一筹。因为在选购商品的时候，好评返现可能会引起购买者的疑虑，质疑其信誉度的真实性，从而丢失潜在客户。

在包裹里面投放一些小赠品，也可以提升店铺评分。你可以根据商品的利润情况投放价值不等的赠品。如果在店铺中没有宣传有赠品相送，买家收到赠品之后反而可能会觉得是意外的惊喜，进而提升对你的店铺的正面印象。

可以投放的赠品有三围尺、耳朵勺、手机挂件、手机贴膜、半码鞋垫、超细纤维毛巾、纯棉小方巾、鼠标垫、无纺布手提袋、袜子、开瓶器、牙签、钥匙扣、迷你订书机等等。选择日常生活中必备的一些小赠品可能会更受欢迎。此外，对于电器卖家，其提升动态好评的方法还可以是增加半年、一年的保修期。这显然可以大幅增强买家对商品品质的信任感，买家也会非常愿意以五分好评来兑换延保时间。

（五）文字评论、买家图片秀的重要性

在努力提升动态评分值的同时，还不要忘记尽量让买家给予有文字的评论。文字评论体现的是买家、卖家之间的一种互动，不仅能提高商品的活力，还能提升潜在客户对商品品质与卖家服务的信任度。

大部分卖家都只重视文字评论，却忽略了买家图片秀的作用。其实让买家给予文字评论还算相对容易，让其晒图片秀才真正有难度。也正是因为有难度，所以只要你做到了，就很容易脱颖而出。图片秀比文字评价更有价值，更容易说服潜在买家。在一次测试 SEO 优化的过程中，相关人员发现，图片秀越多的商品，越容易出现在搜索结果页的前面。当然这可能有待证明。

（六）中、差评的应对措施

虽然淘宝在搜索权重和参加活动上已淡化了好评率的影响，但是好评率还是会直接影响潜在客户的购买意向。卖家解决中、差评的不良影响，应采取"事前有效预防，事中积极处理，事后稳妥解释"的基本原则。

前文重点提到的"好评返现"，其实就是一种预防措施。当买家看到包裹里面有返现的宣传单，第一反应往往是只要品质不差，能返点儿就返点儿，虽然返的金额并不多。在"中差评可能受到卖家滋扰"和"给好评就返现"之间，一般买家更愿意选择后者。

卖家的事中处理方法。虽然没有任何客服愿意做这件苦差事，但没有办法，若在旺旺上无人应答，还得再主动拨打买家电话。首先，表示道歉；其次，就买家的不满意之处进行解释；最后，再根据商品的利润点，给予能力范围之内的赔偿。

很少有买家给予中、差评之后，得到卖家前两点解释就能主动修改评价。大部分买家会在收到卖家的赔偿承诺后同意修改评价。但是也有部分买家不愿意修改评价之后才收到赔偿，还有少部分买家会直接挂断电话而拒绝听任何解释。

如果已经无法和买家沟通，那么卖家对买家的评价的解释就非常重要了。针对买家所说的不满意之处进行解释，对不讲理的买家可以进行一定程度的反击，但是这种反击要把握分寸，不能让潜在客户反感，认为卖家态度恶劣、推诿责任。

（七）勇于承担责任和服务有度

你需要正视买家所提出的不满意之处，如果的确是你的责任，对买家进行部分赔偿就是你必须做的，不可以吝啬和推卸责任！如果卖家是非责任方，而只要买家给予中评、差评，你就一概主动提出赔偿、退款，这样只会纵容或助长买家的贪婪，并潜在地损害其他卖家的利益。

哪些卖家客服的售后行为会让买家倍感不舒服甚至激怒买家呢？这里举几个例子：

售前热情，售后装死的客服，令买家反感的指数为★★★。

出现问题，推诿责任，不正面回答买家的质疑，顾左右而言他、一直无回应的客服，令人反感的指数为★★★★。

出现问题，只要求买家拍照以进行取证而不言其他，取证之后又不提出解决方案的客服，令买家反感的指数为★★★★★。

让买家无止境地等待的客服，令买家反感的指数为★★★★。

以需要买家承担运费为条件，变相拒绝退货的客服，令买家反感的指数为★★★★。

电器保修期间，以各种理由不予保修的客服，令买家反感的指数为★★★★。

随着买家的购物经验愈加成熟，对淘宝的规则也越来越熟悉，那些企图绕过淘宝规则（如包邮商品退货，提出由买家承担单边费用；买家因卖家延迟发货而申请退款时，卖家要求买家将退款理由"未按约定时间发货"修改为"无理由退款"等）的卖家反而会被买家看不起，甚至被投诉。

服务有度，这是卖家保持自己的尊严需遵从的基本原则。对于那些挑剔质量的客户，要尽量包容；对于那些退款退货的客户，应尽量满足；但是对于要求退全款却不退货的无理而又无赖之徒，以及那些索取无度的买家，应果断给予反击，直接回复差评陈述事实，以打击和警示这类不良言行。当然，这样的不良买家还是非常少的。

（八）正确面对买家的投诉行为

买家投诉，类似于甲、乙两方因私下调解无效而提出诉讼，最终由法院判决。所以，很多卖家非常惧怕买家投诉，尤其是天猫卖家，如果裁定为卖家责任，不但需要履行卖家义务，还会被扣分，增加交易纠纷率，从而影响店铺权重。

站在淘宝（含天猫）的角度来看，他们当然是想尽可能由买卖双方自行解决纠纷。因为做出判决的难度高，法院审判还可以赔付不菲的诉讼费，而小二做判决却只会两头得罪人还得不到好处。所以小二介入纠纷的时间很长，在做出判决时往往避重就轻充当和事佬。

一方面，买家投诉必须有确凿的证据，比如拍摄的图片能非常清晰地显示商品的缺陷（衣服尺码不符的，需要用尺量出尺寸并拍照，以证明确实与商品描述中的有差异且不在行业标准允许范围之内）。没有图片作为证据的投诉，被驳回的可能性很大。在商品签收之后才提出破损的，责任方在买家。

另一方面，作为卖家应该持有的原则是：

秉持积极而恭敬的态度。对明知自己会败诉的，应该尽可能地满足买家的要求，尽量请求买家撤销投诉。

切不可听任买家投诉，否则不仅损失财产，也损害店铺信誉度，对明知买家会败诉的（无理、无据的要求）不惧怕。

可以对交易过程做出适当解释，反驳买家的观点，提交沟通记录等对应的截图即可。涉及品牌卖家被指出售假冒伪劣产品的，淘宝小二会要求卖家上传正规的进货凭证，比如品牌授权销售书、正规发票等。

以和为贵，做一个大度、大气的网店店主。比如虽为买家责任，但买家确实受到损失的，卖家也可以给予一定补偿。有时候，买家在签收之后才发现商品破损，原则上这是买家的责任。但是由于目前快递业的不规范，买家的验货权没有保障，这时候由卖家承担责任（或部分责任），无疑能凸显一位卖家的服务能力与责任心。

不能利用淘宝（天猫）的管理漏洞，行不良之事。利用淘宝管理制度的漏洞来逃避责任的卖家，最终将失去买家的信任。在此举一个实例，以供大家参考。

在官方促销活动期间，H买家在某品牌天猫专营店B店购买了一款羽绒服，商品价格为200元，运费为15元。由于官方促销期间允许卖家在一周内完成发货，B店在第7天完成了邮政发货，又因为邮政的蜗牛速度导致H买家在付款后的第20天才收到货物。H买家真心感觉自己等得花儿都谢了，而且关键是，这份迟来的温暖并不温暖——H买家穿上这件羽绒服之后，发现尺码小了！在H买家自认倒霉之时，其朋友发现了一个让人大跌眼镜的问题：这件"品牌"羽绒服的尺码领标被剪去了，再看吊牌上的尺码M，竟是用不干胶粘贴上去的。H买家的朋友以怀疑的态度撕开了这个不干胶，居然发现原来吊牌上面印刷的尺码是S。H买家感到很寒心，"这样的卖家实在太过分"，于是便去找B店客服理论。B店客服半小时才说一句话，最后的回复是：需要H买家自付来回运费退换货物。H买家实在气不过，"这个冬天都快要过完了才收到这衣服，结果还被卖家愚弄了，最后还要自己承担损失"。于是拨打天猫客服热线，结果电话费用掉几十块，打了N多次电话，每打一次换一位天猫客服，就得重复一次自己的遭遇，最后得到的回复却是：在无条件退款中，买家需承担来回运费进行退货。

天猫客服判断的依据是，买家提出的理由，即卖家以不干胶覆盖吊牌尺码，不能作为依据（即生产企业有权纠正不正确的辅料显示）；买家需要证实商品实物的尺码与商品描述中的尺码不相符，才能判定由卖家承担来回运费。即使有足够的证据显示商品和实物不相符，确认是卖家的责任，H买家也无法以"缺货"为由，提出索赔30%货款的要求，而仅可以由卖家承担来回运费退回货物，并关闭交易、关闭评价权限。天猫客服判断的依据是，买家无法提出足够证据证明卖家在发货之时缺货，而唯一能证实卖家缺货的是卖家亲口承认缺货，并以旺旺截图为证。面对这样的结果，我们也只能同情H买家冬天都要过完了还没有在淘宝买到过冬的衣服，感叹买家的弱势地位与维权的困难。但无论如何，卖家的任何奸商行为，实际都是在自毁品牌形象,最终只会自食其果。

第二节 淘宝站内推广

一、信用卡付款和魔豆工程

(一)信用卡付款方式日益重要

可以说,信用卡的主要功能就是透支。当你拥有一张或者几张可以透支几万、十几万元额度的信用卡之后,你会觉得在淘宝上刷卡还是挺过瘾的。所以,建议你开通信用卡支付功能。

对于开通信用卡付款的店铺,在买家通过刷信用卡成交之后,系统会按照一定比例(1%)收取其手续费,并在完成交易之后自动扣除。

刷信用卡攒积分能兑换飞机里程等,也成为买家使用信用卡付款的一个重要原因,所以在价格同等、产品相同的情况下,买家会选择支持信用卡付款的卖家进行付款。因为对于没有开通信用卡付款的店铺,买家刷信用卡是需要收取手续费的。新手或者小卖家最容易忽略开通信用卡支付,这一点务必要记住!

(二)销售一笔订单献出一份爱心

随着精神文明与物质文明的发展,越来越多的人愿意在满足自己的基本物质生活之后,选择为困难人群奉献一点爱心。在淘宝开店,设置爱心商品就是卖家自愿加入的一种捐赠手段。

目前对于设置了"爱心宝贝"的商品,淘宝系统会印有专属图标,买家下单后还会有信息推送等,从而提升买家对于卖家公益行为的感知度与认可度。

爱心工程捐款方式有两种,一是按照成交额百分比捐赠,二是按照指定的金额捐赠。奉献爱心不分多少,哪怕一分两分都可以聚少成多,帮助那些需要帮助的人。

二、淘金币

(一)淘金币的发展历史

淘金币起始于使用虚拟金币全额或部分兑换卖家所售商品。因为淘金币是免费领取的,但却可以充当一分钱,兑换到自己想要的商品,因此迅速成为买家最喜爱的频道之一。一开始,淘宝会人工审核活动商品,这些商品往往具有较高的兑换价值。后来发展为系统自动审核上线商品。卖家可以根据审核的标准,利用信誉度炒作等手段成功上线展示。当淘宝小二得意于淘金币流量的逐步放大时,很多商品却因虚抬价格而失去了兑换的价值。比如,你可以自己搜索找到一款价值仅 50 元的衣服，又何必在淘金币中使用 2500 个金币去兑换价值 75 元的同款商品呢？所以，部分买家更在意淘金币频道里能全额兑换的免费商品。

随后，淘金币与淘宝会员整合为一个频道，并推出全网 VIP 分等价格模式。所谓的 VIP，实际代表买家在淘宝购物的金额累计分等，一共有六个等级。由卖家自助设定的全网 VIP 的价格体系分为 VI ~ V3、V4 ~ V5、V6 三个等级，每个阶梯等级的折扣差距不低于 0.2 折。因为 HP 价格是全网性质，而非个体店铺的 VIP（老客户）价格，所以，其实质含有价格歧视成分。比如，一位买家在该店没有任何交易记录，只因为他在其他店铺买的东西比较多，算得上是一个土豪，他购买的价格竟然就比我购买的要低，即使我在该店铺已购买了多次商品，这显然违反了单个店铺定价的原则。

在众多打折销售工具"百花齐放"的情况下，VIP 分等显然不被卖家买账，却更容易让买家犹豫！比如，你是 V3 会员，看到卖家执行的 VIP 价格发现自己被划分到了最低一层，购买一件商品的价格会明显高于 V6 会员，那么，你还会有购买这件商品的欲望吗？

实行 VIP 价格分等，很显然是淘宝的败笔。如果盲目地加以推广，自然会让转换率降低。淘金币已取消了全额兑换项目，取而代之的是淘金币抵扣部分货款的推广；与此同时，淘金币又和 VIP 会员频道剥离开来，从此分道扬镳。

最新的淘金币玩法的主打营销模式是"30 天内最低价 + 淘金币抵扣"，即折上折，采取"卖家自行运作 + 淘金币平台"的双重营销方式。

（二）淘金币玩法介绍

淘金币后台管理系统位置为 seller.taojinbi.taobao.com 淘金币玩法主要有以下几种：

1. 赚淘金币

卖家设置全店商品抵扣比例（1% ~ 99%）支持淘金币抵钱，买家购物时可用淘金币抵扣商品金额，70% 的买家金币会打入卖家的淘金币账户。除了全店商品统一开通抵扣之外，还可以针对单品设置不同比例的抵扣。

2. 花淘金币

通过商品抵扣淘金币赚取的淘金币可以通过几种方式派送给买家：购物送、签到送、分享店铺送、分享宝贝送、收藏店铺送、关注微淘送等。从目前情况来看，这些小把戏都不足以吸引买家免费为你推广。

3. 参加活动

即上淘金币流量平台活动。淘金币流量平台指的是 taojinbi.taobao.com 上所展示的商品。因为买家付款之后，阿里旺旺会弹出小窗让买家领取交易所得淘金币，获得淘金币之后可以免费兑换商品，所以淘金币平台一直是最强悍、最高大上的流量平台。其报名条件比其他平台要苛刻，除了在销量、评价上要求更高以外，还增加了淘金币总额限制。首次报名时，淘金币少于规定数量的情况下，依旧可以通过审核，但是淘金币会变为负数；第二次报名时，淘金币数量必须为正数。这里说的淘金币数量，指的是卖家通过开通抵扣功能获得的淘金币，并非作为买家免费领取到的淘金币。淘金币招商的对象是原本流量就很不错、销售情况很好的卖家，从这个意义上来讲，其也可以被视为变相补贴富人的工具。

针对淘金币目前的招商情况，卖家如果想要入驻淘金币平台进行展示，需要做以下几方面的工作：

开通淘金币账户，积极推进淘金币抵扣。

使用店铺内最具人气的商品报名参加活动。

因为淘金币平台不希望自己所展示的商品上线之后成交量寥寥无几，而让其平台备受争议，所以要想通过审核，必须活跃自身成交。

报名价格为30天内最低，并需尽量提高淘金币抵扣比例。

一般情况下，参加报名一定要超过10%的抵扣比例。为了顺利通过审核，应尽量提高到15%及以上。

每个商品类别有不同的报名条件，具体可在淘金币报名后台查询。

如果是刚刚符合条件，比如后台要求单月成交量不少于10笔，评价不少于5个，而你刚好在基本线上，那审核通过的概率则基本为零，除非你拿出超高淘金币抵扣比例来。

三、阿里妈妈

前面提到的天天特价、淘宝清仓、淘金币都是官方免费的推广模式，由于"僧多粥少"，参加活动的成功率并不会很高；而在店内采用折扣或抵扣的方式，又难以达到引流的作用。所以，你只能采取一些其他的付费推广模式进行引流。按照佣金提成方式推广的阿里妈妈，无疑是最有效的模式之一。

（一）付费广告有哪些模式

先来了解一下网络推广收费的基本模式CPC、CPA、CPM、CPV、CPP、CPS有什么不同。

1. CPC

按照点击广告次数收费，即点一次计费一次，先由广告主将资金存入广告平台，再选择点击一次愿意支付的费用，承销广告的网站在广告平台获取代码投放于自己的网站中，当访客访问网站时，便展示广告主的广告，访客点击一次则扣费一次。这是目前网络推广最常用、最主流的方式之一。关键词竞价是广告平台获取最大化利益的有效手段。谁支付的钱多，就让谁排列在最前面。

中国最大的互联网公司之百度，在其核心产品百度搜索中所呈现的结果显示方式，就是最典型的关键词竞价排名。因为广告主竞争激烈，导致关键词的单价水涨船高，一些很有价值的关键词的单次点击费用就高达几十元。而在淘宝中，直通车就是一种CPC点击广告，同样采用的是竞价模式。近年来，越来越多的企业入驻天猫，导致关键词的价格一路飙升。天猫还比较弱小的时候，淘宝常用的关键词价格也就几角钱一次；短短几年之后，就发展到这些关键词即使给出 20 元的单次点击费用也可能排不到第一页的地步了。

2. CPA

每注册一个用户，计费一次。淘宝就曾经采用过这样的模式进行推广宣传，即推荐一人注册淘宝并完成交易，就奖励推广者十几元。目前众多的交友网站采取的就是 CPA 广告模式推广，至于独立的淘宝卖家，因为技术手段限制，是无法运用这种推广模式的。之所以向你介绍这种模式，主要目的是提醒你：连偌大的淘宝都需要为增加买家而付出血本，作为一名小小的销售者，你又有什么理由不使尽浑身解数来做推广呢？

3. CPM

即一千次访问的价格，最常见的就是弹窗广告。当用户访问某个网站时，系统会自动跳出广告主的网站。弹窗广告是一种很让人厌恶的广告，很多浏览器也能够成功拦截这些弹窗广告。但是，淘宝在创建初期被易趣排挤到连广告都无法投放时，就是采取联合中小网站投放弹窗广告的方式才站稳脚跟的。CPM 虽带有流氓性质，但是却能以低价获取巨额流量。

4. CPV

富媒体展示广告，按照千次展示计费。所谓的富媒体，就是你在很多网站上看到的在网页右下角浮现的一个小窗口，当小窗口展示出来或者是视频播放完毕时就计费。CPM 和 CPV 的区别就在于前者需要打开一个新窗口，而后者是直接嵌入原窗口，自然也就无须再打开一个新窗口。

5. CPP 和 CPS

两者的相同之处是，都是成功销售产品之后才计费；不同之处是，前者按照消费的笔数来计取佣金，后者则按照消费的金额来计取佣金。对于销售产品的网店来说，CPS 按成交计费模式无疑是最佳的一种推广模式。凡客诚品这样的独立网店平台，就是靠 CPS 发展起来的，其优势显而易见，不成交不付费，卖出去了产品，拿到了现款才按照自己设定的佣金比例兑付广告费。

6. 包月广告

按照投放广告的时长来收费。阿里妈妈创建之初正是想让"广告成为商品"，再进行自由买卖。但由于按时长收费的"包月、包周广告"对广告主的广告展示效果不佳，阿里妈妈便逐步放弃了包月广告交易平台，而专注于 CPS 平台。包月广告的投放往往不需要第三方广告平台的参与，基本都是广告主和网站主私下联系达成协议。而部分网站还采用在淘宝开店的形式，发布网站广告位包月商品供买家购买。其缺陷是，不对点击效果负责，即投放一个月，即使没有一次点击也需要支付协议的广告费。包月广告分为硬投和软投。硬投，是指网站主在网页的某个位置增设广告位，由广告主自行提供广告内容（文字和图片），广告和网站内容有比较明显的分割界限。软投，则是指网站主把广告主的广告完全地嵌入到自己的网站内容之中，访客不容易区分到底是网站内容还是广告内容。显然，软投广告的效果远远优于硬投广告的效果。

7. 内容广告

由广告主撰写推广内容，交付网站之后，再由网站以资讯内容刊登。比如，你卖的是厨房调味品，那么你可以找些知名的学习制作菜肴的网站，合作投放内容广告。或者，你可以根据大厨的经验，写一篇如何做剁椒鱼头的文章，并在文章里加入广告，从而引导家庭主妇们进入你的网店购买调味品。

（二）阿里妈妈CPS推广提成模式概述

阿里妈妈是阿里巴巴旗下的一个广告营销平台，它是衔接淘宝卖家与推广者之间的桥梁。首先，卖家申请入驻阿里妈妈，并自行设定佣金比例。然后，推广者在平台的后台获取广告代码之后进行宣传，如果有人通过推广者的链接进行了购买并最终完成交易，阿里妈妈将扣除卖家的部分货款，发放给推广者。

阿里妈妈最大的优势就是"不成交不付费"，这让卖家的广告费全部用在了刀刃上；而且卖家愿意支付的佣金比例除了平台的最低要求1.5%之外，基本上是自行控制的，这让不同卖家能灵活地根据自己商品的利润情况制定佣金比例。

阿里妈妈的四大基本因子如下：

1. 淘宝卖家

即广告主，佣金支付者。他们会选择让自己的产品加入CPS环节，并愿意就成交的订单进行佣金支付。一旦选择加入平台，则意味着其淘宝店出售的所有商品都加入推广，不可以选择某些商品不进行推广，就连放置于"其他类别"的"补运费""赠品"等也不例外。

2. 阿里妈妈平台

即中间体，佣金分成者。阿里妈妈提供技术手段将淘宝卖家的商品转换为广告代码，并实施效果监控，最后向支付宝发出代扣佣金指令。中间体主要通过收取10%的佣金比例作为技术服务费来维持生存。

3. 淘宝客

即广告推广者，佣金主要获得者。淘宝客可以按照推广人群分为两类，一是网站主，二是导购者。前者需拥有自己的网站，后者则可以利用微博、QQ、博客等进行推广，不需要自己独立的网站。推广者在阿里妈妈获得广告代码再进行传播，当有人通过其传播的代码成功购买商品时，即可获得淘宝卖家支付的佣金。阿里妈妈收取的技术服务费，是从淘宝客的佣金中扣除的，淘宝所产生的佣金收入还会被阿里妈妈扣税。

4. 淘宝买家

即购物者，为商品进行付费。买家所支付的货款在交易成功之后，支付宝会根据货款减去运费后的总金额，按照佣金比例自动扣下对应的佣金后支付给卖家。而佣金都积累在淘宝客的账户中，在下个月的 20 日左右扣除技术服务费和税金后发放给淘宝客户。

值得指出的是，阿里妈妈四大因子中的淘宝客与淘宝买家可以为同一个人。这就意味着，淘宝买家也可以通过阿里妈妈转换淘宝商品链接而获取佣金。

（三）淘宝卖家加入阿里妈妈的重要性

淘宝内部流量竞争显然已经白热化，加上众多卖家有组织性地炒作信誉度以提升商品人气、抢夺淘宝流量，在淘宝内部可能已经没有更好的免费提升流量的方法了。除非你参加淘宝活动获得流量的二次分配，或者已经打造出人气宝贝稳定了排名，否则无论你听多少关于关键词优化的讲座，无论你如何优化商品的上下架时间，都只能获取淘宝分给你的基本流量。

因此，选择淘宝站外推广就变得不可或缺！上面介绍的各种网络推广模式，最适合淘宝卖家的无疑就是阿里妈妈的 CPS 推广模式。

现在你打开众多大型网站，都可以发现网站中投放有淘宝的广告，而这些广告基本都来自阿里妈妈平台。阿里妈妈的广告已经渗透到各行各业、大大小小的网站之中！腾讯网有自己的电子商务平台拍拍网，但就连在它的首页你都可以看到阿里妈妈的淘宝广告。这意味着什么呢？意味着阿里妈妈推广的强大，意味着你的商品有可能出现在腾讯网的首页，更重要的是，在腾讯网没有带给你销量之前，你一分钱的广告费都无须支付！

（四）加入阿里妈妈广告推广的步骤

要想加入阿里妈妈推广行列，需先进入淘宝卖家后台，进入"营销中心→我要推广"，选择"淘宝联盟自助推广"，签署支付宝代扣协议后开通阿里妈妈淘宝卖家推广账号。

阿里妈妈推广佣金模式分为两种：一是全店佣金比例，二是单品佣金比例。其表现形式分为通用计划、如意投计划、淘宝客群计划和自定义淘宝客计划四类。

在通用计划中，系统会自动筛选你的店铺中的商品类别，你可以按照类别修改佣金比例。你还可以新增主推商品，为自选商品也设置不同的佣金比例。

（五）推广者是如何进行商品推广的

淘宝客推广分为单品或店铺推广、活动推广、淘宝客群推广、组件推广、频道推广、微导购推广等几种模式。在所有的推广模式下，淘宝客都能将淘宝商品转换为自己的专属代码。

推广者并没有自己的网店，也不出售自己的商品，他们通过各种各样的推广方式进行宣传，都能达到成交的最终目的。正所谓"在商言商"，看到这里，身为一位卖家，你难道不觉得自己应该付出比淘宝客更多的时间、寻找更多的方法来推广自己的网店吗？

你可以在百度中搜索一些关于淘宝客推广的方法，其实某些方法也可以运用到你自己的网店推广中来。如果哪天你觉得你的网店开不下去了，学会淘宝客的推广方法也可能会给你带去丰厚的佣金。

（六）佣金比例的设置

有的网店在淘宝站内的流量没有多少，但其卖家通过设置高佣金来吸引淘宝客为他们的网店做推广，而阿里妈妈所带来的流量可能远超淘宝搜索流量。所以，当你觉得对网店流量提升无能为力时，你也可以尝试提高淘宝客佣金比例的做法，尝试一种崭新的推广模式，可能会给你带来意想不到的效果。

你可以去了解一下同行业中的"龙头"所设置的佣金比例是多少，来作为你的佣金比例设置的参考。例如，在通用计划分成比例中，某品牌女装为12.83%，某品牌化妆品为3.77%，某品牌女鞋为4.8%，某品牌电视机为0.66%……相对来说，女装类别的佣金分成比例整体上比较高，没有达到8%估计都吸引不了淘宝客的眼球。

其实，只要自己可以赚到钱，拿出一部分分给淘宝客又何尝不可呢？你自己对于网店推广可能棋差一招，而且又可能是后来者居下，那么，你何不把利润分给懂推广的人呢？你一个人销售，一天卖一件只能赚20元，百万淘宝客帮你推广，每天成交20件，每件拿出10元的佣金分成，你每天就可以赚200元。更何况，淘宝客推广产生的销量是计入淘宝人气值的。

四、淘宝客

（一）如何吸引淘宝客进行推广

很多卖家加入阿里妈妈推广之后，便没有再关注过其推广、成交状况，而且在设置佣金比例时仅仅按照最低佣金比例进行，这样的推广只会收效甚微。那么，应该如何操作才能让更多的淘宝客来推广自己的网店和商品呢？

1. 提高佣金比例，让淘宝客获得更多的利益是最基本的法则

服饰类别竞争压力大，其佣金比例是比较高的，不要因为认为自己赚得可能比淘宝客还少而心有不甘！如果自己没本事做推广，别人拿得更多是很正常的事情。比如，网络广告联盟推广，广告联盟和网站主之间的分成可能都是四六开，甚至三七开。建议你根据不同商品类别设置不同的佣金比例，比如女装10%以上，男装6%以上，女鞋8%以上，男鞋6%以上，女包10%以上，床上用品6%以上，等等。

2. 根据店内不同商品设置不同的佣金比例

人气宝贝已经有了一定的销量，是否可以降低佣金比例？提高滞销商品的佣金比例，是否会增加销量？对于前者，降低佣金比例可能导致人气宝贝地位不保，排名降低。淘宝客在选择商品进行推广时，往往更乐意推广人气宝贝。因为买家的购物心理往往是"有很多人购买的商品肯定不会差到哪里去"，所以淘宝客通常会持"销量高、评分高、佣金高"的三高原则选择商品进行推广。另外，淘宝客推广属于站外推广，流量来源于淘宝之外，因此，从某种程度上来说，受益者不仅仅是卖家，还有淘宝自身。淘宝客带来的成交量越大，商品的搜索权重也会越高，而后者的做法并不会增加销量，因为其本身的滞销导致买家没有购买动力，转化率低下，淘宝和淘宝客都不愿意对这些滞销商品输入太多的流量。

3. 拉拢淘宝客也需要推广

即便自己设置了高佣金比例，淘宝客可能也无法发现，所以卖家需要在淘宝客交流论坛、帮派、QQ 群、旺旺群等进行一定的宣传。还可以建立自己的淘宝客 QQ 群，当佣金发生变化、上架高佣金商品时，都可以及时提醒淘宝客。

（二）重视代购群体

有一类淘宝客值得特别关注，那就是代购群体。

所谓的代购，就是帮助那些没有开通支付宝的买家代为付款的纯买家；或者是开通了淘宝店铺或线下实体店铺为你代销的卖家；或者是开通了全球速卖通店铺，将你的商品转卖出口到海外的卖家。

第一类群体往往有很强的线下推广能力，他们或是小区中的一员，或是工厂中的一员，为人热情奔放、愿意帮助别人，因而会获得不错的人缘评价。第二类群体主要利用淘宝店铺的自身流量分配取得一定的成交量。他们通过上架你的产品提高卖价，以赚取其中的差价；或者直接从你的店铺购买中意的商品放在自己的实体店铺中销售。第三类群体显然有着良好的外贸交易经验，他们在全球速卖通中挂上你的商品，当有国外买家购买时拍下你的商品集中入仓，再统一配送到国外。你要主动发现并培养她们，并尽量给予他们最大的利润支持。他们基本都会利用阿里妈妈平台再进入网店获得佣金，你可以给予他们单独的再次返点以维持良好的合作关系。

五、淘宝直通车

淘宝直通车，是一种供卖家自愿选择付费推广的关键词竞价工具。关键词搜索竞价的实质，是利用推广者之间的相互"残杀"而"坐收渔翁之利"，用增价拍卖的方式让出价高者排列在前面，从而改变搜索结果的公正性，是互联网公司最主要的盈利模式之一！

淘宝直通车由"招财进宝"工具演变而来。因其赤裸裸地改变搜索结果，导致众多淘宝卖家的强烈反对，甚至愈演愈烈，发展到卖家罢市及与淘宝正面抗争的地步。直通车与"招财进宝"的主要区别是竞价结果的展示位置不同。前者只是在淘宝的某些部位增设了广告位置，而后者却是直接改变搜索结果，挤占了原来的位置。直通车的出现，意味着淘宝也开始引入类似于百度搜索的关键词竞价模式。而正因为没有挤占原来的搜索排序，所以卖家也不能再说什么了，只能接受增设的广告位，从而被迫开始"考驾照、学开车。"

（一）淘宝直通车到底是吸血的魔鬼，还是创收的魔杖

淘宝增设的最重要的直通车展示位置，是位于关键词搜索结果页的右侧和底部的"掌柜

热卖"。从右侧开始计算,第一个为最高竞价状元,底部广告位从左开始计算,最后一位为首页的末位出价者。

另外,淘宝首页的"热卖单品"也是直通车所展示的商品,通过参与招商竞价来获得入选资格。

卖家"开车"的主要战场在搜索结果页,热门关键词一次点击出价数十元的杀戮战争最终只能"养肥"阿里巴巴,而盲目地"开车"只会直接导致卖家"被吸干"。

明知道自己商品的利润单薄,为什么还要放肆地"加油"?直通车到底是载你去无底深渊,还是载你驶入黄金铸造的殿堂?不可否认,直通车确实可以带给卖家丰厚的利润,否则也不会有那么多的卖家参与竞价,而且单价涨幅愈演愈烈。但直通车毕竟是一辆能耗很高的车,因此,不是小康家庭及以上的还是不要购车为好,一句话,没钱你就玩不起!

在此,给新手卖家一个忠告:在你没有正式成为淘宝专职卖家的一员之前,不要去碰直通车。你加油往前冲,最终只能是"车毁人亡"。不管你观看多少直通车教学的视频,这些对于新手而言都只是纸上谈兵;无论你加油上千还是上万,直通车带给你的都绝不会是成交的愉悦,而只会是各种各样的旺旺广告消息轰炸与账户资金的日益减少。

直通车点击的转换同样基于商品原本就有的较高成交量。如果商品本身成交少,不足以带动访客购买,那么这些付费点击也都将流失。直通车的点击和自然搜索的点击转换率会有明显的差异,自然排名的搜索点击由于更具有针对性,因此其点击转化率会高很多。

竞价搜索,尤其是高价竞价,往往还会受到同行竞争者的点击以及寻求广告目标者的点击。很明显,这两种点击都是恶意点击、无效点击,但你却也要为此埋单。千万不要小看这些无效点击,小卖家参与直通车,其广告费用的50%以上可能都会被这些无效点击化为乌有!

通过直通车赚回"油费"并实现盈利,其实就相当于一个"烧钱"的过程。如果企图依靠直通车硬生生地把一个商品打造为人气宝贝,那就无异于饮鸩止渴。

使用直通车来推广,要切记以下两点:

1. 只能依靠直通车辅助提升流量

尽量依靠长尾关键词竞价,来获得便宜的流量,不要和别人硬碰硬,哄抬目标关键词单价。"目标关键词",在这里可以解释为大类别关键词,"长尾关键词"则可以解释为子类别关键词。例如,你需要购买一件"白色、圆领、吸汗、透气、男式、T恤"。简单地说,你的购买目标是"T恤",那么T恤就是目标关键词,而前面的限制条件则是附属属性,通过组合这些属性,进行关键词的叠加,就形成了长尾关键词。这些属性关键词进行多种组合,就会生成很多很多的长尾关键词。

目标关键词的竞价价格一般非常高,因为它的广泛性,会导致其搜索量最高;但同时它的针对性却最低。因此,直通车竞价的法则是:避开高价竞争、避开广泛竞价,尽量依托于长尾关键词锁定特定人群,从而提高转化率。每天需要购买T恤的可能有1000万人次;需要购买男T恤的可能是500万人次;需要购买圆领男T恤的可能是100万人次;需要购买圆领短袖男T恤的可能是80万人次;而需要购买加大肥胖的圆领短袖男T恤的可能只有1万人次。很明显,你的关键词投放在会产生1万人次搜索量的关键词里,所需支付的广告费用最低,而获得的转换率却极有可能最高。(以上数据并不作为实际需求参考。)

2. 不可因为展示率低下而盲目抬高竞价

绝对要相信,你在淘宝中不是最会烧钱"加油"的。盲目地和对手互抬关键词价格,只能造成两败俱伤、三方俱损、四方破财的结果。那些说得比唱得还好听的直通车讲堂,都可以总结为一句话,那就是"你的钱快到淘宝的碗里去"。你把钱都烧光了,淘宝千万卖家没有一个人会为你掉眼泪,没有一个人会同情你,淘宝也不会感谢你的愚蠢行为。总之,只有大家都理智地对待直通车,才可以让彼此真正受益。

(二)淘宝直通车关键词的查询和用法

直通车关键词的查询,需要在"新建宝贝推广"下进行"选择宝贝""添加创意"两个步骤的操作之后才可以看到。

1. 宝贝匹配的关键词

即根据你选择的商品标题拆分出来的长尾关键词推荐。其列表展示了关键词拆分重新匹配、与商品的匹配程度、展示指数、关键词的平均竞价值、竞价指数、点击率和点击转化率。系统自动匹配拆分实际上是一种傻瓜式的长尾关键词组合,是为懒人提供的便捷服务。直通车主要提供了三种关键词匹配的模式,分别是精准匹配、中心词匹配和广泛匹配。其中,精准匹配,是只有当买家搜索指定关键词时才展示;中心词匹配,是当买家搜索包含指定关键词时才有机会展示;广泛匹配,是当买家搜索指定关键词的相关关键词时才有机会展示。表面上看,选择广泛关键词匹配可以省去很麻烦的关键词设置,因为既然搜索相关关键词都可以展示,又何必费那么多的心思去配置关键词呢?这个想法是错误的。其实,三种模式并没有太大的差异,为什么呢?因为卖家参与竞价的关键词太多,而你又无从知道到底如何设置单次点击费用就可以让自己的商品排名在第一页或者第二页,如果按照行业均价进行设置,实际点击率是会非常少的。所以,与其以高价争夺广泛词,还不如匹配更精准的关键词,以低价获取精准流量,虽少,但却很准!一个商品可以设置最多200个关键词,你怎么可能都顾得上,更何况你还需要为每个关键词制定比较合理的价格。

2. 相关词查询

实际上是一种关键词查询工具。其作用是,当你输入任何一个关键词时,自动匹配出相关的长尾关键词。

这里的关键词匹配,也可以为你在拟定商品标题时提供一定的依据。在设置30个汉字的商品标题时,你可以参考一下相关词匹配的结果,并抽取长尾关键词里面适合的属性添加到你的商品标题之中。比如,实时搜索"T恤",出现的相关关键词有:包邮、正品、大、专柜、特价、优质、促销、白色、儿童、卡通、定制、韩版、个性、黑色、长、定做、图案、百搭、新款、休闲、可爱、创意、潮、代购、绿色、学生、男女、商务、时尚、9.9、简单、花、黑、蓝色、原创、皇冠、品牌、霸气、彩色、钻、出口、红、精品、生活、龙、设计、印、爱心、粉、绿、高端、小、趣味、经典、萌、清仓、家居、低调、独家、立体感、大耳朵图图、进口、新品、多色、家庭、爆款、伦纳德、限量、单、手工、瘦、实拍、厚、便宜、舒适、超市、团购、宽、ballinciaga、心、北京大学、香、秒杀、应季等等，这里列举的还仅仅是很少的一部分。当你为凑不齐30个汉字的关键词抓狂，而导致店内关键词基本都差不多时，你有没有想过，别人竟然为一件商品准备了几百个关键词！而正是这些关键词为获得更多的搜索流量做出了巨大贡献。在直通车里，同样也是这些关键词组合成的长尾关键词为他们不断积累点点滴滴的流量。当你为寻找关键词抓耳挠腮时，可以使用直通车提供的这个小工具来获得更多的资源。这一点很重要，不知你是否已经彻底明白？简单一句话就是，商品标题中要用哪些关键词，可以参考直通车提供的相关关键词查询工具的海量查询结果。

（三）直通车广告投放限制

直通车提供了四大自助限制工具给卖家使用，分别是日消费金额限制、投放平台限制、投放时间限制，以及投放地域限制。

投放平台分为内投和外投。外投，是指在淘宝之外的网站投放广告而带来流量。相对于淘宝内网来说，外投引入的流量转换率会稍低。当然，关键词的单价也会一并降低。

通过设置投放时间，你可以决定在哪些时间段内上线你的商品投入展示。如果在流量高峰期展示，其关键词的单价肯定也会很高，所以你可以尝试选择避开高峰时段而选择流量低谷期。有人认为，在深夜投放广告可能没有意义，因为客服都不在线；但是，你可以先使商品描述变得足够精准，实现让买家自助购物，这样即使旺旺不在线也可以成交。

通过设置投放地域，你可以让你的包邮产品不要在新疆、西藏、青海等偏远地区投放广告。三四十元的商品快递到这些偏远地区，其运费可能都要十几元钱，所以你可以选择在这些地区禁投。北京、上海、广东、四川等地区的转换率都很高，你可以尽量选择在这些地区投放广告。更重要的是，哪些地区偏好购买你的产品，你就往哪里投放。这从发货地址统计以及量子横道统计就可以分析出来。前面提到千牛软件时也介绍过购买地区统计分析的方法。

第三节　淘宝站外推广

站外推广，是将店铺广告投放到淘宝之外的网站，从而达到引流的目的。把淘宝店铺当成一个独立的网站运作推广，与自己建立一个独立域名的网站推广略有不同。其最大区别是，百度搜索优化排名的不同。

淘宝突然宣布屏蔽部分搜索引擎，以杜绝不良商家通过技术和商业手段获得搜索引擎的页面排名，从而最大限度地避免消费者上当受骗。其实，淘宝之所以会做出这个决定，估计更多是因为全球最大的中文搜索引擎百度即将推出自己的电子商务平台——"百度有啊"。一旦推出，百度在搜索流量分配方面必然会对淘宝进行限制。与其在"百度有啊"上线之后，出现由百度搜索带来的流量大幅度滑坡，还不如自己事前屏蔽其搜索以亮出自己的底气。至此，卖家优化百度搜索关键词进行站外推广的时代一去不复返。独立网站推广的核心是百度搜索关键词的 SEO，而淘宝店铺的站外推广在百度搜索这一大块已经无效。

淘宝公开屏蔽百度搜索之后，并没有引发淘宝卖家的不满抗议，这是为什么呢？因为对于绝大多数淘宝卖家来说，百度关键词 SE0 是什么他们都不知道。由此也看出淘宝卖家对于站外推广的认知是多么浅薄，又是多么不重视。他们基本都是依靠淘宝内部流量来实现交易，即使百度搜索曾经给他们带去过流量，带去过成交，他们也不一定知道是百度的功劳。

站外推广完全区别于站内推广，它也是淘宝卖家争夺流量的第二战场。

一、网络推广方法简单介绍

百度一下网络推广方法，你就可以查询到诸如"网络免费推广一百招"之类的资料，这些资料确实总结了很多推广模式。然而，你仔细分析一下，就会发现自己可以利用的其实非常少。例如，其告诉你的 QQ 群推广方法—假设你有 50 个 QQ 号码，每个号码加入 50 个 QQ 群，每个群有 50 个人点击你的网址，那么一天下来你的网站浏览量的 IP 就可以达到 12.5 万。但是，这现实吗？先不说你操作 50 个 QQ 号码，就是成功地操作一个 QQ 号码都可以达到 2500 个 IP。这样理想化的数字只能让你望洋兴叹！不切实际地夸夸其谈，往往都只是一个人在"意淫"。QQ 群的基本功能是群聊沟通，腾讯公司开发出来的聊天工具并不是给你天天发广告的，群主和管理员也不会允许你发广告。对于乱发广告的人，他们一般都会见一个踢一个。而当一个号码被多个群踢出来之后，就会成为不良记录会员。被腾讯标记了不良记录会员标签的，再申请加入 QQ 群，群主都会收到特别提醒，其申请入群的成功率就会大打折扣。

那么，难道网上所传的网络推广方法都没有利用价值吗？这样认为也是错误的。其实，网上推广方法也莫过于那些门道罢了。在这里，我只是谈一谈自己的一些粗浅认识，或许能对你有所启发。

二、建设自己独立的网站平台

淘宝屏蔽了百度"蜘蛛"的爬行，在百度搜索中去做关键词优化已然无用。那么，部分商家可以利用自建网站，在百度上做 SEO 优化获得流量后，再通过自建网站来导流到淘宝店铺。

这样说，可能会让你感觉很茫然，开网店怎么说着就变成做网站了？你可以换一种思维来理解：独立网站总会拥有自身的一些流量，你一方面可以和他们进行深度合作，在全站重要位置植入你的淘宝店广告；一方面可以购买广告位置进行投放。如果这些网站可以为你带来盈利，你甚至还可以收购它们，这不就相当于自建网站平台了吗？

建立独立网站的三个基本因素是：

1. 顶级域名

.com、.cn 是最常用的顶级域名。阿里巴巴宣布,将支付 5.4 亿元现金分两期获得中国万网在中国营运的股权,自此中国万网归入阿里巴巴旗下。你可以选择在万网注册域名和选择空间服务,这样更加稳定。只是,你需要支付比在一般平台更多的费用。

2. 网站源码

源程序是网站的运行代码,通过服务器运行后返回呈现网页。目前比较流行的源码类型有 ASP、PHP,属于动态源码。通过动态源码可生成静态网页 HTML,以获得搜索引擎的青睐。源码集成了众多程员多年的智慧结晶,并不断地被修补漏洞、完善功能,不断通过升级来稳定程序的运行。目前比较流行的源码有:Z-blog、KesionCMS、Discuz、PHPWind、帝国 CMS、织梦内容管理系统、新云系统等。

3. 虚拟主机空间

简单地说,就是存储网站用的空间。根据选择的源码不同,需要开通不同的空间。比如源码为 PHP 编码,就必须选择支持 PHP 的空间,并匹配对应的数据库。

建设网站的基本步骤是:

注册域名→选择源码→购买虚拟主机空间→绑定域名和空间→下载安装 FTP 工具(如流星雨猫眼)→上传源码至虚拟空间→根据源码配置程序→登录网站后台完善网站资料→网站编辑和发布新内容。

建设个人网站平台最大的风险来自程序被入侵,从而造成网站被破坏。所以,备份网站内容、选择持续升级的源码尤为重要。

目前,我国对个人网站的监管日趋严格,备案是网站建设的前提条件。

网站建设起来之后,需要通过合理地搭配广告来引流到淘宝店铺,并学习 SEO 知识对网站进行关键词优化。一般情况下,只要持续更新网站内容,适当优化并发布一些原创性的文章(或伪原创文章),都可以获得不同程度的流量输入。当然,这是一门大学问,如果你的网站优化做得足够好了,甚至都不必开淘宝网店了,因为在网站中投放别人的广告就可以收入不菲了!

三、在百度旗下产品中进行推广

百度知道在百度搜索中所占的权重非常高。你在百度中搜索任何问题,都会发现排名第一的往往都是百度知道的链接。百度知道是一个知识问答平台,主要是网友之间的互动。由于太多的人在百度知道上做广告挂链接,所以百度知道在权限上的限制也变得越来越严格。

百度知道账号是分等级的,拥有一个高等级账号就相当于有了一张可以适当发布广告的通行证,而这张通行证是来之不易的,可能需要一年或者更多年时间的历练,在百度知道上坚持提问和回答,争取获得较高的采纳率。

在获得百度系统信任之前,是不可以发布广告信息的,否则可能前功尽弃,被百度"关进小黑屋"。即使你的账号等级很高，也已经是百度信任用户，只要连续发几条广告信息，也可能就会被百度无情地"关进小黑屋"。另外，被"关进小黑屋"的账户多次发布过同一个网站链接，百度可能会连同这个网址也一起"关进小黑屋"。同一个IP地址（包括多台电脑局域共享）下，如果已有多个登录账号被加入了黑名单，那么以后所注册的新用户也非常容易被直接"关进小黑屋"。

如果不懂这些道理，就很容易把百度账号给玩死掉，账号死了之后，再注册新的账号也将是一个极不被信任的账号。

当账号等级修炼到被百度信任之后，你可能发现发布一个链接可以被百度接受了。但千万记住请不要连续发布，否则你的账号就会永久性地不能再发链接了。

所以，你发布的每个链接都要考虑关键词优化，要珍惜每一次机会。当满足以下条件时，百度知道将给你的网站带去不可估量的价值！

1. 发布内容真实、原创、有价值

比如，你的淘宝店铺是卖汽车脚垫的，如果你回答的内容是依照自己的行业经验来介绍汽车脚垫的选购等方面的知识，则符合以上标准。当然，百度知道系统毕竟只是一个智能的机选系统，其实也很容易被欺骗。

2. 内容关键词用法得当

比如，提问时你需要考虑搜索者会使用什么关键词，然后在提问补充内容里加入更多的关键词内容。

以汽车脚垫为例，使用长尾关键词查询工具分析一下，百度知道的链接排在第一位。点击打开链接。

现在，我们来仔细分析一下该知道链接，可以发现：

提问者采用了"汽车脚垫"这个关键词的长尾定律进行标题拟定与提问，

存在明显的SEO优化痕迹。其账号等级为零级，可以判定为马甲账号。

回答者百度账号为六级，采纳率为55%，明显高于正常账号，可以判定为SEO练级账号。

回答中加入了两条链接，并非淘宝链接。因为加入淘宝链接百分百会被删除。点击链接之后会自动跳转到淘宝店铺，为域名转向链接。如果网址已经被百度屏蔽，跳转将是有效的手段。你可以尝试使用"域名压缩"工具转换淘宝店铺网址。

加入了杂乱内容以扰乱百度搜索系统。这些内容其实和汽车脚垫毫无关系，但是正是这些无关的内容对百度搜索抓取进行了干扰，而让百度误认为其"内容很精彩，很原创"。那么，为什么这位推广者不直接写入关于汽车脚垫材质的相关知识呢？原因很简单，如果回答中已经有了解答，那么，网址的点击率将会大幅度下降。

点赞证明该链接给力。通过不同IP不同账号进行点赞，可以让这条问题在百度搜索中获得更多的权重。

用户搜索"汽车脚垫什么材质好"具有非常明显的针对性，而且购买的可能性较大，而基于对百度知道的信任，点击链接的概率会很高，这就是典型的百度知道推广案例。最终，2个月的时间，该知道链接就被访问了 2500 多次，1 个月为淘宝店铺带去的客户点击量就可能超过 600 次。

现在再根据推广者留下的链接进行查找，百度该网址可以查询到百度搜索收录了 3 页。其标题分别为：

汽车脚垫什么材质好 _ 百度知道

汽车脚垫什么牌子好，汽车脚垫什么材质和款式品牌的更好些 _ 百度知道

汽车坐垫价格，大概是多少 _ 百度知道

汽车坐垫品牌汽车坐垫什么牌子好呢 _ 百度知道

汽车坐垫品牌排名情况怎么样？谁能推荐一下？_ 百度知道

汽车坐垫什么牌子好，夏季汽车坐垫哪种材质的好？_ 百度知道

汽车坐垫排行榜 10 强，哪 10？_ 百度知道

汽车脚垫十大品牌？_ 百度知道

2018 汽车脚垫十大品牌排行榜（求推荐）_ 百度知道

汽车脚垫什么材质的好，款式和什么牌子好呢 _ 百度知道

汽车脚垫哪种材质好呢？_ 百度知道

汽车脚垫什么材质好？什么样的汽车脚垫好？_ 百度知道

汽车脚垫什么牌子好，汽车脚垫哪个牌子好 _ 百度知道

哪种汽车脚垫最好。_ 百度知道

汽车脚垫品牌哪个好？什么牌子的汽车脚垫质量好？_ 百度知道

汽车脚垫什么牌子的好？_ 百度知道

汽车坐垫什么牌子好，冰丝坐垫好吗？_ 百度知道

汽车脚垫品牌哪种好哪个牌子好？_ 百度知道

汽车脚垫什么牌子好？什么牌子的全包围汽车脚垫比较好？_ 百度知道

汽车脚垫哪种材质好呢？_ 百度知道

汽车脚垫什么材质好？什么样的汽车脚垫好？_ 百度知道

我想知道汽车坐垫排行榜 10 强是哪些啊我想买汽车坐垫……_ 百度知道

汽车坐垫排行榜 10 强，哪 10 呢 - 中国学网 - 中国 IT 综合门户网站

汽车脚垫品牌 _ 百度知道

汽车坐垫排行榜 10 强，哪 10？- 爱上问答网百度知道贴吧文库

为什么把这些标题全部都列举出来呢？无非是要告诉你两点：

第一，当成功进行了一条百度知道推广之后，接下来你应该再如何推广？答案就是，你需要像一个神经病一样，围绕"汽车脚垫"这个关键词不停地发问，而且，最关键的一点是每个问题还必须不一样。有些进入状态的人，问着问着就可能把"汽车坐垫"问成了"脚垫"，对，就是需要这样的"神经病状态"！你问得越多，推广的题材就会越多，才符合不同访客

输入的内容匹配。

第二，来自其他网站的采集也会为你免费收录。你在百度知道这样的大平台推广成功后，自然会获得流量，而"天下网站一大抄"，其他网站也会使用采集器采集百度知道的网页内容，这样就把你的推广内容复制到它们的网站中去了。

对于百度知道的神奇力量，只有当你亲自尝试并成功推广之后才会明白。我曾经利用百度知道问答系统优化了一个关键词，让百度搜索这个关键词后，该百度知道链接排名在第一位。通过这条百度知道链接，给自己的网站带去了每天超过2000IP的访客。这还仅仅是一条问答链接所带来的流量哦！

正因为百度知道能给网站主带去强大的流量，并为网站主创造丰厚的财富，所以，和淘宝卖家炒作信誉度一样，百度知道用户也会采切忌用同一个IP地址在百度知道进行自问自答取作弊形式来"自问自答"（但同一个IP地址的自问自答无疑是最愚蠢的行为，必定会被删除提问与回答的链接）、"账号练级"（比如以付费形式提高采纳率，以实现账号升级）来提升百度对账号的认同感。这些行为都明显违反了百度知道的规则，一经发现都将被封号。以前，在淘宝里就有很多卖家发布炒作百度知道账号等级的商品，后经百度公司查证，进行了多次整顿。

百度旗下的贴吧、空间、文库，也都是非常重要的推广渠道。

贴吧也是不可以随意发链接的，这同样考验账号的信任度。很多情况下，因为一楼的位置较显眼，集中度较高，经常通不过百度贴吧系统对内容的审核，所以发帖人往往都把一楼空出来留给"度娘"，而把内容发在二楼。度娘是允许在贴吧发广告的，但是需要注意广告规则：

每个账号每天发布广告帖不能超过5条，历史发布广告帖的总量不能超过100条。

每天所有吧内相似内容的广告帖，不能超过30条，更换账号发布相似内容超过30条也不可以。

不能在不相关的贴吧发广告，在相关吧内所发广告帖数不能超过10条。

不能用刷帖软件发帖，否则会受到处罚。

每个贴吧都可能存在民间管理员吧主。吧主有删帖的权限，所以和吧主搞好关系，往往会得到特殊的优待。举一个例子，使用QQ聊天的时候往往会用到一些表情，而其创作人或者团队设计出来各种各样的QQ表情后大受推崇而逐渐发展成为一个品牌。这个品牌表情自然会有对应的表情吧，并拥有众多的粉丝。你可以总结收集全面而系统的表情放置在某个网页、某个存储空间里供粉丝打包下载，然后在这个网页或者这个下载的文件包中植入广告（比如淘宝店铺的快捷网页、产品标题、价格、图片等）。类似这样的努力就很容易得到吧主的认同，吧主不仅不会删除你的帖子，甚至还会给你的帖子加分。如果网址发不出去，你甚至还可以请教吧主，他还可能根据他的经验告诉你如何修改才能被系统接受。这就是网友神奇的力量！

百度空间其实就是博客产品，博客是属于"你的地盘你做主"的产品，发广告自然是可以的。随着微博的崛起，博客产品逐渐被抛弃。但作为引流推广的渠道，只要百度不放弃空间产品，就可利用其归属于百度旗下的品牌特征，把博客当成一个文章系统平台，以获取百度会员的SNS关系流量及百度搜索流量。还可以把个人空间作为一个中转站，即先在文章中植入广告，然后获取文章的链接，在百度的其他产品中推广，起到桥梁的作用。比如你没有独立的网站，就可以在自己的百度空间里写文章，挂上你的淘宝店铺网址，然后在百度知道中加入百度空间的网址，或在百度贴吧中加入百度空间的网址。因为同是百度旗下产品，所以被封禁的概率会有所降低。

百度空间中的图片也是一个值得利用的产品。上传图片打上网址标记、广告语、二维码，并做图片 SEO 优化，让百度图片搜索引擎抓取。图片 SEO 优化最基本的原则是给图片取一个名字，比如你的图片原来的名称是 Image001.jpg，你上传到相册之后应该将其名称修改为图片相关的关键词，如"汽车脚垫新福克斯途观速腾 K3 捷达凯越迈腾朗逸科鲁兹全包围脚垫"等。百度搜索中的图片搜索，将是提供流量接入的关键点。

百度文库是一个文档分享平台，符合标准的文档可以被文库收录，并向访客提供良好的流量展示。目前，百度文库主要注重于教育、PPT、专业文献、应用文书等四大领域。你可以根据这些主要发展方向制作文档上传至文库，植入软文广告、图片广告更容易通过审核。

百度对于推广者的态度是很明显的：如果你来百度只是单纯为做广告，删无赦；如果你愿意花费更多的时间体验百度的产品，给你一个机会；如果你愿意常年陪伴它，它就会给你一块通行令牌，只要你不过火，它都不会收回特权。

由此可以看出，高等级账户就相当于通行令牌；可不巧的是，这些拥有令牌的主人却往往不是从事推广工作的。那你有没有办法联系到这些用户，并设法让他们帮你做推广呢？

四、腾讯旗下产品推广

利用 QQ 做推广也是一门很大的学问。腾讯产品中的 QQ、QQ 空间、微博、微信、社区等都是推广者常常会利用到的。

此前提到的利用 QQ 群做推广，不切实际地凭空想象 10 万 IP，离你可能会很遥远，但你也不能放弃 QQ 推广，你要思考的是如何让群主不踢人，如何让大家点击广告。"牛皮癣广告"是很令人憎恶的，每天发相同的广告，你认为会有效果吗？

你可以先从好友的思想工作做起，利用个性签名或微博来宣传自己的网店。当然，如果你只是简单地发链接，恐怕时间一久，你的好友都会对你心生反感！你要做的，是发一些自己的工作动态、生活记录、产品小知识、热门资讯，以及有价值、有争议的话题，再附加上你的广告。鼓励你的好友多转发，好友的好友再转发，这样就能达到推广的目的。

QQ 群推广模式，不仅是简单地把你的淘宝店铺网址发上去，最重要的还是要吸引别人的眼球，让人们愿意去点击，而且还不能让群主恼怒。

你可以在一台电脑上登录几个 QQ 账号，同时申请加入一个 QQ 人数特别多（如 2000 人 QQ 群）的群中，再利用马甲账号轮流发言来讨论你发布的话题。

比如A、B、C都是你一个人，A发布话题"怎样选择汽车脚垫"；B发布共鸣，抱怨自己买的汽车脚垫如何如何不好，而且还很贵；C则发布解答，说自己就是卖汽车脚垫的，介绍自己家里的脚垫如何好，并顺理成章地奉上淘宝店铺地址。这时候，D和E可能就参与进来了，群里便变得热闹起来，群主也会非常高兴。这样你就不仅不是一个讨厌的广告推广者，还成了群内热心帮助别人的会员。

也许你会说这不可行，这样会非常累。那就是仁者见仁、智者见智了。正所谓"师傅领进门，修行靠个人"，我也只能列举一些简单的方法来给你一些启发。

再比如，一些网站往往都有自己的群，你加入这些群之后，贸然地发广告链接，如果不是他们网站的链接，群主可能马上就会把你踢出来。但是，如果你先注册他们的网站会员，并在网站上发广告，或者发内加广告的资讯帖，然后再将帖子的链接发到QQ群内，由于是他们自己的网站里的帖子网址，就基本不会被踢了。

至于被QQ群主踢出来的问题，你是否考虑过自己建立强大的QQ群，自己做群主呢？

另外，QQ群里有群相册，你也可以上传一些带水印之类的图片；QQ群里的共享文件，以及QQ群空间里的群论坛等都可以供你推广。即使不幸被踢出，你也至少在群里留下了广告。

对于那些人气高，且具有购买力的群体，你可以重点实施推广。做推广，不可以一成不变地在QQ群内发广告、发资讯帖。加入一个2000人的QQ群，你就拥有了2000个推广对象。如果在群内发送消息引发众怒，你可以尝试发起QQ群临时对话，直接面向这2000人做单个推广。加入10个QQ群（这对于任何人来说，是再简单不过了！）就有20000人的推广对象。所以你不要担心没有推广的地方，QQ群可以提供无穷无尽的人脉供你发挥推广才华。你想想，用QQ来向别人进行推广，总比你在线下对陌生人进行口头推广要方便得多吧？

QQ空间也是博客产品，和百度空间不同的是，QQ空间更注重关系网络。在百度空间里发文章，是给世界看的，会被网络收集；在QQ空间里发文章，则主要是给好友看的，会被别人转发。空间不能仅仅靠单纯地发文章来进行推广，那样的效果可能并不会很好，因为你的博客不是知名博客，流量终究有限。你其实可以通过SNS关系来寻找朋友的朋友的朋友……以在他们的空间里留言的方式做宣传。只是你的留言需要写得比较精彩，纯广告多半收效甚微。

五、论坛推广

多年前，我曾写过一个帖子——《笑谈"抢沙发"在推广中的运用》，几度被淘宝社区"经验畅谈居"版块置顶推荐，被淘宝大学列为推荐精华帖。这个帖子的内容主要是批评淘宝卖家盲目地在论坛里做无效推广，往往"发帖虽多却没有一个是精华，顶帖虽多却全是灌水"。有效的推广能够引起读者的关注和共鸣，使其愿意了解更多关于发帖人的信息，甚至包括他的网店，同时还讨论了帖子中二楼沙发的作用，"抢沙发，就是抢第二楼"。你可以通过争夺重要帖子（包括官方公告、活动通知、精华帖、置顶帖等，这些帖子的点击量多的时候甚至有几十万次）的二楼沙发，来获取更多的展示机会。有很多人仅仅在沙发层占位，发布灌水信息，以致被读者匆匆滤过，这其实也就相当于放弃了这些帖子的流量。真正厉害的"抢沙发"高手，会根据文章内容发布独具一格的评论，并悄然附带广告信息。

论坛里面做广告的方式，主要有如下几种：

1. 论坛签名

很多论坛是开放论坛超级链接签名的。通过在会员的后台设置签名代码：[url=http: // 网址] 广告语 [/url]，即可在帖子的下方展示出超级链接。如果签名可以设置超级链接广告，你就不要经常在正文中加入广告，否则会很容易被删除或者被管理员加入黑名单。

2. 关键词加超级链接

如果在帖子中直接显示网址，会让论坛管理者（版主）很敏感地认为是广告，从而予以删除，而在关键词上加超级链接则更具有隐蔽性。

3. 留下 QQ 号码等联系方式

有联系方式就可以让买家找到你。

4. 在允许发布广告的版块发广告

这里尤其需要指出在本地论坛做广告推广的重要性。因为是本地论坛，所以你对家乡的了解，并适当体现出本地特色，你的帖子就不容易被删除。另外，本地论坛一般都为本地商家专门开辟了广告版块，在里面发广告不仅不会被删除，还会有很多的论坛铁杆粉丝去阅读。很多本地会员基于照顾老乡的情感，都会愿意为老乡的网店贡献一点力量。当然，他们更多的想法是：老乡，求折扣！

需要注意的是，本地论坛不仅仅是你目前工作所在地的论坛，还可以包括初中、高中、大学、曾经工作过或待过的地方。只要对一个地方有一定的了解，你都可以被称为半个老乡。这些地方也都可以称之为本地论坛！

另外，在论坛中开帖之后，可以注册马甲账号进行轮番顶帖，使之重新返回到第一页，对于回帖的网友要及时回复，从而增加人气甚至引发热烈讨论，使帖子获得更多的浏览量。

六、CPC 广告联盟平台

广告联盟其实就是联系广告主、网站主之间的桥梁。广告主把广告费投放到广告联盟，联盟则招募发布广告的媒体或网站主，进行广告投放，并按照比例分成。

优秀的广告联盟平台有：百度联盟、搜狗联盟、Google AdSense 等。百度联盟、搜狗联盟为国内联盟，而 Google AdSense 则是跨国平台，它们的共同点就是基本都是 CPC 点击广告平台，即按照点击量收费。你可以注册成为联盟的广告主，进行广告投放。成功投放后，你的广告将会出现在大大小小的网站中。Google AdSense 因为谷歌做出退出中国内地市场的决策之后，渐露颓势。

当然，CPC 广告也存在缺点。由于 CPC 广告是收费性质的广告，竞价的单价越高，点击率就越高，消耗的费用也就越高。网站主的作弊行为，如自己点击自己网站中的广告、让朋友点击广告、网站主相互之间点击广告以及联盟工作人员伙同网站主进行恶意点击等，都会浪费广告主的广告费。另外，淘宝站外广告的转化率低于站内，有流量不一定有成交量，也是重金投放 CPC 广告的风险之一。

七、热门事件推广

网络事件营销（网络炒作），就是有策划、有目的、有手段地制造热门事件，利用网络渠道迅速吸引网民眼球，以达到舆论宣传效果，堪称营销学上的最高境界。淘宝卖家利用热门事件进行营销，要做到敢想、敢做，而且必须保证可行、可控。策划是炒作的灵魂，一个好的想法往往更容易有好的结果，而策划必须具备可行性，不切实际只能是空谈妄想。行动是炒作的基石。炒作并非一个人就可以做到的，通常还需要很多人的配合。需要注意的是，炒作负面事件必须足够慎重，因为其可能导致舆论压力，甚至一发不可收拾，最终损害自己的利益。

比如，在本地论坛（归属当地日报社）QQ 交流群内发起一些公益性的活动，就可以算作热门事件炒作。在群内、论坛内同步直播活动现场情况，可能引发一些概率事件发生，比如公益活动的增援扩大，或者吸引日报社、电视台进行报道。在介绍组织者或者赞助商家时，可能会因此类活动的正能量的传播，引发网友接力并不断放大影响。

前文中曾提到的美女裹浴巾去食堂打饭菜、人体行为艺术等，同样也属于热门事件营销。

当然，这些都只是冰山一角。在充满智慧的头脑中，会有更多的奇思妙想，而这些创意很可能会让你一夜成名，甚至成为最优秀的淘宝店主，以及为你的人生带来更多可能性。

热门事件营销是最值得关注的推广手段，也是最有效的推广手段。你可以发挥最大的想象来策划一起热门事件，也许你觉得这并非你能力范围内可以做到的，但是，如果你从来都不思考、不想象，那么你可能真的就会永远都做不到。

八、购物网站营销

很多购物网站都会利用阿里妈妈联盟投放淘宝商品广告，引导访客购物，从而获得 CPS 提成。而且，这些网站中还不乏"大鳄"身影，例如：

1. 美丽说 www.meilishuo.com

淘宝切断了美丽说通向淘宝的外部链接，并封杀其淘宝客账号。然而美丽说居然没有倒下去，而演变为给淘宝卖家做广告，进而与腾讯联合开发出独立的电商平台。

2. 蘑菇街 www.mogujie.com

和美丽说一样，马云在内部讲话中提到"不扶持上游导购网站继续做大"之后面临转型。目前，蘑菇街还是支持淘宝的导购。

3. 九块邮 www.jiukuaiyou.com

以 9.9 元和 19.9 元包邮为主要销售方式的导购网站，Alexa 周排名在 2 万以内。其独特的营销模式为众多网站效仿，却一直保持领先地位。九块邮要求报名的商品数量必须大于 200 件。

4. 逛 www.guang.com

逛直通车提供 P4P 竞价方案给淘宝卖家采购流量，并不实施 CPS 提成扣费。

5. 寻购网 www.xungou.com

领先的比较购物返利网站。

6. 翻东西 www.fandongxi.com

目前涵盖的网络商城包括：凡客（VANCL）、M18 麦网、走秀网、卓越网、银泰网、时尚起义、美丽汇、淘宝商城、QQ 商城、第九大道、京东、乐淘（letao）、OKbuy、淘鞋等近百家优质网络商城。

另外还有很多大型的导购网站，都可以尝试以 CPS 方式合作，比如 HP 购优汇、折 800、卷皮、会员购等。很多网站会在阿里旺旺中发送一些出售推广位的广告，但其自身流量都是很少的，而且基本都是垃圾流量。所以，不要相信几十元、几百元的广告位能带给你多少成交，只有 CPS 提成才是正道！

在阿里妈妈联盟让网站主享受到巨额分成之后，众多的导购网站便开始"风起云涌"。然而联盟曾一度限制导购网站的发展，在技术上做出了一定的调整，导致依附在淘宝上"吸血"的网站前景堪忧。由于马云的表态，致使阿里妈妈所做的不是如何继续优化代码，使之变得更加容易，而是增加了推广者的准入门槛，提高了获得代码的难度，从而大大限制了推广者的发展。现在，阿里妈妈的技术人员可能进退维谷，只能保持目前这样尴尬的推广模式，闲着没事就把网站的风格改来改去。

九、麦麦优站

麦麦优站，其实是淘宝提供给个人的一个淘宝购物者展示平台。卖家可以在这个平台免费建立多级域名网站，自己撰写资讯，提供导购内容，进而进行 SNS 社区营销。其与中国雅虎上线的"站长天下"在构思上有些雷同，但在技术层面上却远远不如雅虎。有少数管理员可以发挥优站的功能，获取固定的流量，进而和淘宝卖家分享流量收益。麦麦优站被嵌入到了卖家中心，你可以从后台进入以了解更多的详情。而"拾货"这个关键词开始出现在淘宝首页，这在某种程度上增加了优站的权重。

十、博客平台

论坛是属于公众的平台，而博客是属于私人的平台。众多大型网站都提供了免费的博客服务，你可以利用博客作为自己的宣传阵地，但是，没有知名度的博客，其流量往往微乎其微。所以，如果注册一个博客，就为了简单地发一下广告，其收效基本会为零。而如果你精心打造出一个品牌博客，其收效则不可同日而语，甚至会大大超出你的想象。目前比较流行的博客主要有：新浪博客、网易博客、搜狐博客、和讯博客、博客中国、博客大巴、天涯博客、博客网、中华网博客等。

十一、视频网站推广

你可以在优酷、土豆、腾讯、搜狐、酷6等视频网站上传一些视频，并适当在视频中或者视频介绍中植入广告。也可以制作BT种子，再加入广告，供别人下载。

如果拥有拍摄、制作团队，可以制作一些原创微视频并植入广告，这样会更容易炒作起来。投放到优酷这样的开放平台，最容易获取播放量与粉丝关注。

例如，当《江南style》火遍全球时，你可以录制搞笑视频上传。而现在你可以翻唱筷子兄弟的《小苹果》，这应该不需要多大的技术水准吧。如果自己唱不了，也可以让你的朋友来唱。你需要做的就是加入广告，以便宣传自己的店铺。

十二、其他线上推广模式

推广模式千变万化，比如图片营销（利用图片加水印等方式进行推广）、任务营销（悬赏既定的任务让威客帮你推广）、赶集营销（在赶集网这样的信息发布平台上发布信息）、招聘营销（在招聘网站发布招聘广告）等，都可以成为走向成功的模式。但是，要想成功，也需要一定的契机。

曾经有以骂人不带脏字出名的淘宝店主胡公子，让买家不惜千金购物只求一骂。在这纷纷扰扰的世界里，有谁能知道自己哪天会不会就一夜成名了呢？

不管是哪一种站外推广模式，说一千道一万，终归是为了寻求流量输入点。想，则推广道路千万条；动则二十四小时还嫌少。淘宝卖家生活在虚拟的网络之中，不必支付昂贵的店铺租金，却注定要走一条非常沉重而艰辛的道路，需要付出不同于常人的努力。

没有生意的时候，在淘宝内部挖潜力之后，还要在淘宝站外想办法。不要让自己歇着，不要让自己陷入迷途。

可能你尝试了前面介绍的所有方法也没有取得很好的效果，但突然有某个小的推广起了作用就从此改变了你的店铺成交低迷的状况。

将推广视为一种乐趣、一种学习，会让你往前更进一步！

第四节　店铺爆款打造

一、提高宝贝搜索排名

淘宝站内 SEO 玩的就是搜索排序，至于排序的规则与公式到底是什么，恐怕无人知晓。但是，淘宝经营涉及的因素基本上也算相对固定，总结起来可以大致分为五类，分别如下：

1. 基础因素

（1）优先原则

天猫优先，集市靠后。虽然天猫已经独立，但还是无法摆脱和淘宝"同居、吸奶"的稚气，而淘宝对于天猫这个"高富帅"，也的确是给予了最大程度的流量支持。

（2）违规、降权行为原则

对于原则性质上的违规行为，给予降权、屏蔽、列入活动黑名单等惩罚。

2. 店铺运营因素

（1）主营类目优先原则

实物交易率优先；主营类目优先。

（2）动态评分原则

动态评分由红变绿，将会拉低全店权重。

（3）商品转化率

即流量和购买之间的转化率。

（4）客单价

每位客户成交金额的高低。

（5）二次购买率

即回头客比例。

（6）访客因素

主要包括日均、月均访客展示与点击率，访客跳失率，访客停留时间，以及访客浏览页面数量（体现访问深度）等。

支付宝成交率即拍下与付款之间的比率。零买家信誉度即新手买家是否可以成功付款，是一个重要的影响因素。

3. 品牌因素

品牌搜索次数

品牌成交次数

品牌收藏数

客户对品牌的忠诚度,对应二次购买的老客户的比重。

4. 商品因素

关键词设置 SEO 能力。

是否堆砌、滥用关键词。

橱窗推荐靠前原则。

曾一度被冷落的橱窗推荐原则,又被重新给予权重。不仅如此,淘宝还制定了新的橱窗数量规则以及权重比例。

属性精准度。

商品属性填写得越细致、越准确,其搜索排名越靠前。

下架时间靠前原则。

新品优先展示原则。

30 天成交量与成交笔数。

收藏量。

商品图片质量。

5. 服务因素

(1)旺旺第一响应时间

增加千牛在线时间,及时应答买家提问。

(2)发货速度

及时发货。发货时间在后台物流系统都会有跟踪记录。

(3)纠纷退款率

后台退款有几种原因可供选择,无理由退款会把责任划分到买家的主观因素上。但是,实际是卖家责任却企图让买家以无理由退款为由的,就可能引起买家抱怨而加剧纠纷。

(4)小二介入纠纷的交易数量

发生纠纷应尽量做到买卖双方私下调解,让小二介入只会证明卖家服务能力低下。

(5)退款速度

退款速度是卖家最容易忽视的一个因素。然而,这一因素成为服务能力的一种最具体的表现,其影响的权重也是最大的。相比之下,淘宝已经降低了"退款纠纷率"所占的权重,而将"退款速度"和"小二介入"两个指标作为重点考核对象。当发生需要退货的情况时,买家最希望的通常是卖家能及时地把钱退给自己。那些爽快退款的卖家,往往能使买家的购物体验更完美,从而增加权重,至少不会再次降低;而那些即使收到了买家的退货还一直拖着不确认的卖家,则会让买家大为反感,从而大大降低权重。

综合以上因素分析可以看出,最关键的一点还是商品的销量,在所有影响因素中基本上占主导地位。销量的游戏规则可能会有所调整,以前更注重单品人气,以后会逐渐转向注重店铺人气。也就是说,以前只要打造出一款爆款,就可以实现排名靠前,而以后则需要提升全店商品的整体销量。

二、培养人气宝贝

1. 为什么要培养店铺内的人气宝贝

在淘宝的搜索结果页中，默认为"综合排序"。综合排序最关键的几点影响因素为：人气加权、天猫加权、下架时间加权。当然，规则是不断变化的，比如淘宝推崇时尚动态新品加权，就会让新品有更多的权重。

人气加权，即卖得越多，排得越靠前，这点在所有影响因素中占有很大比重；而对于天猫加权的比重，你只要随便搜一搜便可大致了解。

只有在综合排序中，才能发现按下架时间轮流展示C店商品的规则。如在前面的示例中，同样的关键词，隔数分钟再次搜索时，稳居前三的天猫卖家的女鞋可能不会消失，而第四名的C店卖家的女鞋肯定看不到了。这样既按照人气又按照下架时间的排序来展示搜索结果，就能让C店卖家都有被展示的机会。

其实，人气宝贝不一定非得要千人付款、万人付款，只要连续N天每天都有成交就可以称之为人气宝贝，就可能会被淘宝优先展示。在这类人气宝贝中又会按下架时间进行二次排序。

如果一件商品连续30天没有成交，那么该商品就会变成僵尸商品。在没有被修改商品标题等关键属性的情况下，可能就永远不会被淘宝展示出来了。所以，只有成交才会激发商品的活力，才会让商品有更多的展示机会。

有些卖家会在一些朋友的帮助下友情炒作信誉度，问题是他们往往在自己的店铺里随便挑几件商品，把链接发给对方。今天让A君拍A商品，明天让B君拍B商品，后天又让C君拍C商品，这样的炒作模式显然不符合打造人气宝贝的规则。很显然，只有集中火力指向同一件商品以促成交易，才能培育出店铺内的人气宝贝。比如，让A君拍A、B、C商品，B君拍A、B、D商品，C君拍A、D、E商品，这样一来，A商品就有可能成为人气宝贝，同时还辐射了周边其他几个次人气宝贝，从而带动店内整体销售。

培育人气宝贝，需要在商品本身、关键词优化、上下架时间、商品描述、交互式内部广告，以及各种推广模式等方面都精准到位，才可以实现蜕变。

2. 宝贝本身的优势

宝贝本身的优势是培育人气宝贝的前提条件。在淘宝上购物，买家享有评价权，可以对商品进行无依据的评论。为什么说是无依据评论？因为买家可以依靠主观意识做判断，可以任意妄为地对你的商品指手画脚，即使是错误的、荒谬的，你也拿他们没有办法。而这些评论都有可能成为下一位购买者的参考依据。

因此，如果你销售的商品本身没有任何优势，或者存在质量问题，多数买家就会对该商品做出负面评价，从而导致你精心培育的商品在动态评分的不断下降过程中"失血"、丢失人气值，甚至引发大量退换货纠纷。商品本身的基本优势主要在于：

（1）功能的完整性

比如销售电风扇，其基本功能在于可以吹风。如果你卖的电风扇品质过于低下，风小、噪音大、耗能高，那么，这样的产品肯定最终得不到买家认可，因此也就无发展前景可言。

（2）价格上的优势

很多商品在实体店里本来就可以买得到，而在淘宝上出售，如果加上运费之后，你的商品在价格上没有任何优势，那也是很难销售的。所以，部分商家针对淘宝的特性，特意将网点上的商品和线下商品的型号分开，以避免买家发现同款，但也只有少数卖家或品牌可以做到。

3. 关键词优化

关键词的优化决定搜索结果页是否出现该宝贝。假如我需要买茶叶，在淘宝搜索"茶叶"之后，搜索结果页只可能展示含有"茶叶"关键词的商品，而不会展示不包含基本关键词"茶叶"的商品，这个简单的道理，相信大家都明白。

我曾帮一位茶叶卖家分析过她的商品的关键词设置。起初，在淘宝搜索"烟茶"这个关键词时，她的商品排列在结果页的第一页的第一行；后来，她对关键词进行了调整，将"烟茶"改为"烟熏茶"。因为她其他方面的服务工作做得很不错，尤其在如何留住回头客上很有一套，所以越来越多的回头客支撑了她的成交量，这样便很容易地让"烟熏茶"这个关键词排列到了第一页的第一行中。当我看到这个结果时，我知道她不是很理解什么叫作关键词优化。我通过淘宝直通车的关键词流量对比分析给她看：

"烟茶"的展示次数明显高于"烟熏茶"，而"烟熏茶"的展示次数则已经差不多在搜与不搜之间了。这也就意味着，即使搜索"烟熏茶"这个关键词带来的流量全部给她一个卖家，而且成交转化率为100%，整体而言，其所带来的生意也是寥寥无几。"烟茶"这个关键词则不同，几乎每天都保持有几十个搜索量，而她的商品出现在第一页第一行，且被点击的概率也都是相当高的。

看完这些之后，我对她说："你卖的商品究竟是什么呢？是茶叶！"而她竟然连最基本的属性关键词"茶叶"都没有写入商品标题，这就犯了关键词优化的一个最严重的错误。

接着，把关键词"茶叶"添加进来再进行对比，发现其日展示量甚至超过百万次。在关键词的30个字中，绝不可以没有搜索量最大的关键词。按照每天1,000,000次展示来分析，每天10个小时的黄金搜索时长，每小时有100,000次展示，每分钟约1,600次展示。淘宝虽然对于人气宝贝和天猫卖家优先展示，但是动态展示时，你的商品也可能出现在"茶叶"关键词搜索结果页的第一页或者第二页。但是，如果你的商品标题中根本就没有"茶叶"这个关键词，便永远也无法在那么多次的搜索中被展示。

4. 交互式内部广告

交互式内部广告是带动其他宝贝销售的重要方法。淘宝早就已经充分意识到了内部广告的重要性。如今，在展示某一件商品时，淘宝提供了众多的广告位来展示该店的其他商品，有按照人气展示的，有按照收藏展示的，也有按照关联性展示的。然而，这毕竟是淘宝针对所有店铺做的统一广告位构建,并不能精准地定位到具体某个店铺的实际需求。

所以,很多卖家选择利用工具或者在商品描述中构建自己独特的内部广告。这一点,对于店内人气宝贝的培育尤为关键。

"搭配套餐"是卖家最惯用的工具,它展示在商品详情页面的上方,作为一种促销手段,让买家在同时购买多件商品时能得到折扣。而促使同一个买家在店内一次性购买多件商品,是提高"客单价"的有效手段。

比如购买竹制茶盘,搭配销售茶壶,两件同时买可节省91元。这样的交互式广告显然对于消费者会有明显的利益驱动。

搭配套餐的运用,在销售服装时显得尤为重要。它不仅能向买家展示多个商品及优惠节省的力度,还能指导买家怎样进行穿衣搭配。从专业的角度看待时尚,认为穿什么样的衣服应该搭配什么样的裤子、脚上穿什么样的鞋子、手里提什么样的包包,都可以通过搭配套餐展示出来。多数服装类卖家展示模特时,卖上衣的不可能只穿上衣,而不穿裤子、裙子和鞋等,所以模特往往都是经过精心打扮了的。很多追求时尚或者苦于穿衣搭配的买家会相信,这样一套衣服在自己身上也可以穿出效果。因此,她买了你的上衣,就会渴望找到与模特同款的裤子或裙子。与其让买家苦苦寻找,不如你主动来个顺水推舟,提供同款链接并附上一个搭配打折的促销,这才符合营销的基本思路。

通过人气宝贝"上衣"的搭配营销,辐射带动"裤子"的销售,无疑能为店铺注入更多的新鲜血液。

除了需要收费的一些服务项目以外,你还可以选择动手在商品详情页内制作免费的交互式店内广告。在详情页面的顶部添加少量的关联性广告,可以获得更多的PV浏览量。

既然提到PV,就在此介绍一下相关的几个概念,包括IP、UV、PV等。

IP,指独立IP,即二十四小时内相同IP地址访问计算一次。

UV,指独立访客,即不同的电脑客户端访问计算一次。简单来说,在局域网中,通常会有很多电脑联网使用,不同的电脑访问的都称之为独立访客。

PV:页面浏览量,即一个客户端刷新一次访问计算一次,正如前面所说的,一个用户浏览了你店铺内的衣服页面,又从搭配套餐中点击浏览了你店铺内的裤子页面,这样就增加了PV量。

在店铺内投入匹配的广告,可以让独立IP或者独立访客反复点击你的店铺商品,从而增加PV量。增加PV量就意味着让一个买家看到你店内更多的商品,从而可能一次性购买多件商品。

5. 店铺营销工具

利用店铺营销工具,可提升宝贝人气。在淘宝搜索关键词时,排列在前面的商品几乎都有一个共性,那就是原价高、打折力度大,通过打折来强化消费者的购买欲望,是商家普遍运用的一种手段。

除了一些收费打折工具之外，淘宝还强化了店内营销工具的集成，其中针对提升单品人气的打折工具主要有天天特价、店铺清仓、商品优惠券和购物车营销。天天特价和店铺清仓都是淘宝官方的品牌促销活动，其他两项则主要在卖家店内使用，由卖家自行设置，仅仅能强化搜索结果页，而官方的活动却会带来巨大的额外流量。

目前，一皇冠及以上卖家设置八个及以上商品参加天天特价的，其商品将可能被淘宝搜索"值得买"抓取为单品引流。

对于参加店铺清仓的商品也是一样，目前淘宝官方正考虑在搜索页面为其提供额外的流量展示。

购物车营销则是一种定向营销模式，它主要针对加入购物车里的商品进行打折，让犹豫不决的买家看到降价通知，从而强化其购买欲。

6. 人气宝贝与人气店铺

人气宝贝这一概念已伴随淘宝走过了N多个年头，它是淘宝成交大幅攀升的一个重要原因。因为这一搜索规则实现了优胜劣汰，能让表现出色的商品脱颖而出，进而让众多买家盲目地跟风抢购。

然而，也正是因为这一搜索规则，让很多卖家更加坚信信誉度炒作是必要的。因为你不炒作，别人会炒；别人一炒，可能就排到前面去了。

在这样的矛盾中，淘宝屡屡重拳出击"信誉度炒作"。甚至还因淘宝官方整治信誉度炒作，而爆发了1.1万多个小卖家聚集QT群抗议和围攻大卖家的事件。小卖家围攻韩都衣舍、优衣库等品牌商；5000人通过搜索优衣库攻击其店铺；7000人自由购物包括聚划算。其攻击方式主要为购物后退货，以及疯狂点击直通车。

实际上，马云推行招财进宝收费风波起至今，已经发生了数次淘宝卖家集结抗议和围攻淘宝的恶性事件，更是发生了震惊全国的阿里内部腐败案。从中可以看出，在光环笼罩下的淘宝，其实隐藏了太多的利益纠纷。

也许是为了解决"人气"的正邪之争，淘宝适时推出了另外一个关键词—"人气店铺"。

人气店铺区别于人气宝贝，其人气不仅表现为某件商品的人气，更表现为整个店铺内所有商品的人气。以前，卖家只需通过炒作信誉度来提升某单品的人气，可能还相对比较容易办到；而现在，卖家必须让整个店铺内的商品成交量都活跃起来，其难度显然比以前大很多。

但是，说到底，人气宝贝和人气店铺其实并不矛盾。卖家完全可以采用毫不犹豫地下架低成交商品的模式来提升店铺的整体活跃值。这样做，对卖家只会有利无害。

作为卖家的你，是不是已经明白了其中的道理呢？

第八章 京东仓储物流与配送

第一节 京东仓储物流

一、京东仓储物流发展

如果说配送员是战士、配送站是战壕,那么京东的仓储物流体系就是战争的后勤保障体系。京东配送快的根基,来自京东自建的强大仓储物流体系,京东别具一格地在电商界开始构建自己的物流体系,目前已拥有全国电商行业中最大也是分布最广的仓储设施。最有竞争力的电商物流履约平台,在不断给客户提供快捷服务的同时,自身也在不断进化。

(一)京东仓储物流的大时代

2007年至2011年,北京、上海、广州、成都、武汉、东北物流中心相继建成;2014年,西北物流中心成立。

2012年,FDC(前置订单履约中心)于济南成立,京沪干线开通,北京TC(转运中心)建立,实现"一地备货、全国铺货"。

2013年,大家电运营部的配送青龙系统、TC系统、供应商装卸系统在全国上线。

2014年,大家电业务安装一站式服务平台系统上线,实现厂家订单安装全流程监控;京东仓储物流全面对外开放服务;京东第一个自建的现代化物流中心——上海"亚洲一号"一期正式投入运营。

(二)京东仓储物流的规模简介

京东在全国范围内拥有7大物流中心,在39座城市建立了118个大型仓库,总面积大约230万平方米。

目前,京东库房根据管理的商品件型不同,分为小件仓、中件仓与大件仓类型,其中中小件仓根据商品品类细分,又进一步分为3C仓、食品母婴仓、家电仓、服装百货仓、图书仓、大家电仓,等等。

京东仓储对于中小件型商品的库存管理,目前在全国分为两级网络建设,一级RDC仓(区域订单履行中心）为所在区域的主仓，分布在北京、上海、广州、成都、武汉、沈阳和西安7个城市，主要负责华北、华东、华南、华中、西南、东北和西北七个区域的物流需求。

根据京东对商品分类的管理，商品会细分为由畅销品到滞销品的6个类别。在一级RDC仓中，实行全品类备货。为了提升二三线及以外城市顾客物流服务的体验，快速响应消费者需求，京东仓储推进渠道下沉的战略，在二三线城市建立了库房，我们称之为二级FDC仓，并部署畅销及需求量大的商品。通过由RDC仓向FDC仓的快速补货，完成商品在全国范围内的调拨，能够高效、快速地响应消费者的购物需求。

京东自营大家电已向全国29个省会城市、264个地级市、988个县级市，约1900个区县提供大家电配送服务，并支持货到付款、POS机刷卡和售后上门服务。以不断加密配送范围、扩充服务范围、提升服务质量的方式满足消费者对购买大件商品的物流需求。

在完成物流中心建设的同时，京东在各区域根据商品特性，将库房划分为6个品类仓进行收发存退等仓储物流相关作业。

这意味着京东打造的仓储物流体系完全具备电商领域特性，可满足各类商品的存储、生产需要，通过完善的仓储体系建设，可以快速地向全国各地库房调拨各类商品，配合京东高效的配送体系可以迅速向全国任何一个地区投放货物。

这套如此庞大的仓储物流体系，京东也同时对POP平台商家开放，通过提供完整的仓储物流服务，可将商家的商品快速、准确、高效地送达消费者手中。

1. 关于协同仓

除了常规运营模式的仓储体系建设，为与商家更好地合作解决商品的物流交付问题，京东仓储物流目前已与多家商家完成了协同仓的建设并投入使用，这是一种由京东订单信息流拉动协同仓的生产物流、库存协同管理的新型电子商务合作模式，能合理整合第三方、商家等社会仓储资源，降低库存持有水平，提高库存资金周转和现货率，合作模式多样选择，通过社会资源的优势互补，提供专项物流解决方案，以达成供应链效果的整体提升，商家能从中受益颇丰。

2. 关于EPT仓

为促进跨境业务推进，满足商品在流通领域的需求，京东仓储物流建设了专门的进出口商品仓，我们称之为EPT仓，将需要报关出口及完成清关的进口商品，在仓内完成存储、生产等业务，大大提升了商品的丰富度，为跨境电商业务提供基础保障。

3. 关于"亚洲一号"

京东自建的自动化立体仓——"亚洲一号"，是亚洲范围内B2C行业建筑规模和自动化程度最高的现代化物流中心之一。

"亚洲一号"上海物流中心目前已经正式投入运营，占地面积约120亩，定位为中件型商品仓库，总建筑面积约为10万平方米。作为在智能物流系统中的仓储中心典范，"亚洲一号"上海中件库高24米，被分成了3个区域，可进行多层作业，在存取、输送、分拣等以往需要大量人力作业的环节上，都采用了国际领先的全自动化物流设备，大大提升了运营效率。

除"亚洲一号"上海物流中心正式运营外，京东在广州和沈阳的"亚洲一号"物流中心也在建设中，并于 2015 年投入使用。

4. 关于运输车队

京东干线车队有着"京东和谐号"的美誉，其为京东及商家提供一地备货、全国铺货的运输服务，通过干线及支线配送衔接下游客户，搭成无缝式连接供应运输通道，从而让京东的客户体会到安全、准确、快速及便捷的物流服务，发挥京东供应链大动脉的重要作用。

（三）京东仓储物流的业务简介

京东仓储物流业务目前分为自营和开放平台物流业务。自营物流服务是指为所属权归京东公司的商品提供的内部仓储物流服务。开放平台物流业务是指为物权归商家的所有商品提供的仓储物流服务。电子商务领域的仓储物流操作与传统的仓储物流操作是有一定区别的，接下来我们会给大家介绍。

京东的仓内业务流程分为 5 个步骤：入库、存储、生产、其他出入库和退仓。

入库：商家同京东签订了商品入仓的合作协议后，商家入库就需要按照京东的入库标准进行各项准备工作。商家在将商品送至京东仓库前，首先需要登录商家后台系统下达采购入库单，再登录京东的仓储预约系统，进行送货时间段的预约。成功预约后，商家需要严格按照预约时段将商品送至所对应的京东库房。到货后按照入库操作流程操作，最终完成与京东仓储的商品交接。京东仓储在收到商品后，完成商品上架操作，确保商品库存处于可销售状态。

存储：京东仓储会通过批次管理存放商品，为保障商品存储及后期订单库存的使用，会定期安排库房的盘点业务，保证库存实时与平台前端联动，准确地为每一张订单服务。

生产：以往"生产"更多用在工厂和车间，京东将消费者订单在仓库中从拣货一直到打包环节统称为生产，接下来我们一起秘密潜入京东库房的生产环节。

当京东仓库系统接收一张消费者订单后，库房员工会对商品进行拣货下架、复核扫描、打印购物清单、打印运单和打包称重操作，并最终完成与配送的包裹交接。为确保商品存储及拣选的准确与快速，京东仓储库房在系统支持下，通过标准化操作，严格把控库房内的整个生产环节，并通过理货与盘点等工作，确保发生错误的概率最小。

其他出入库：对于顾客因订单拒收及取消而返回的商品，以及顾客签收商品后仍拒收的商品等，京东仓储库房提供二次入库服务，确保这些商品返回所属的品类仓后及时入库和上架，提供全面的商品逆向管理支持。

对于物流行业来说，商品逆向环节的处理比较复杂，既要通过流程管理规避所有商品的损失风险，保障商品的正常流通，还要考虑商品的特性等，确保它们快速运营，减少商家和京东平台的损失。

退仓：当库内商品有退库需求时，京东仓储需要对库内商品进行清退操作商家按入库流程在系统中完成退仓预约，并提交退货单，即可安排人员到库房提取需要退仓的商品。完成退货后，对于放弃提货的商品，京东仓储还可以提供大库报废的业务服务，灵活满足商家需要，降低运营成本。

除了这种单仓内的业务操作，京东仓储的业务范围还包括单仓之间的商品调拨业务、干线运输业务、TC转运中心业务等。多元化的仓储物流服务，加强了商家仓与京东仓之间及京东多仓间的高效联动，真正实现将商品在全国的自营电商平台流转。

（四）京东仓储物流发展方向及关键词

经过多年的积累，京东仓储物流目前已进入3.0时代，这是一个全新的时代，这个时代的关键词是生态化、全面开放、组织变革。

仓储物流3.0时代：全面开放、生态化、组织变革、生态化是指以自营物流服务为标杆，建立生态圈，整合社会资源，为商家提供一体化的综合服务。生态圈需要通过标准化的管理制度、强大的信息系统和明朗的商业规则进行有效管理。

全面开放是指为商家提供线上线下、多平台、多渠道、全供应链、全产品的订单履约服务。组织变革是指通过优化架构，灵活及合理搭配资源，使人员主观能动性最大化。

京东仓储物流的蓝图需要与供应链的合作伙伴及广大商家共同打造。

二、京东仓储物流的核心竞争力

（一）京东仓储物流的差异化竞争

作为网络购物的重要环节，商品的实体交付问题，成为电商企业首先要面对的问题。京东是国内首家自建物流体系的电商平台公司，通过多年的建设，拥有庞大的物流体系网络、几万名业务熟练的员工，同时积累了丰富的B2C物流运作经验，提供标准化的服务标准，确保商品准确、快捷地到达消费者手中。

随着公司的发展，目前京东的仓储物流体系可以为商家提供物流支持，解决商家在多销售平台、多渠道销售商品的物流问题，并同步解决了商家对于官网、批发、门店等各种B2B、B2C业务的物流解决方案，对商家提供一站式、多平台、多渠道的供应链解决方案，真正实现仓储物流的全面开放。

京东仓储物流服务的优势如下。

1. 全国布局

京东仓储物流在全国7大区域布局，商品就近验收入库，京东仓储物流有能力提供足够体量的库房面积，满足商家销售需求，同时可以制定多种合作方案.配合商家自身销售策略的制定。

2. 实力体现

具有丰富经验及业务熟练的仓储物流专业队伍，适用于电商行业的物流基地，专业的支持系统，保障了消费者订单在京东仓储得以准确、快速的均衡生产，有效解决电商在促销中面临的订单量突增等问题，为商家解决在订单波峰波谷下带来的人员不足及订单积压、出现错误操作等一系列问题。

3. 标准化服务及管理

高效的库内作业标准、严格的KPI考核指标，行业内最高标准的服务质量，标准的物流园区建设，保障了商品的安全、防潮、防湿等多种品质要求，提升了客户体验。

4. 服务意识

京东仓储物流全职人员均为京东的自有员工，对公司核心价值观"客户为先"的意识根深蒂固，始终将客户的利益放在首位。在业务快速增长及迭代的挑战中，京东仓储物流人打造了一套完善的仓储物流管理体系，足以为商家提供全方位的仓储物流解决方案。

5. 特色服务

支持入库商品使用仓配一体的服务，支持订单在库房内生产时实施波次生产，配合京东配送，为消费者订单提供"211限时达""次日达""急速达"等高时效服务。

6. 销售支持、业务保障

京东仓储物流依托运营系统与销售平台系统的无缝对接，为商家提供库存实时联动的极致服务，实现销售前端的展示、下单的商品库存与京东库房实物库存的一致性，有效保障了消费者订单的需求率，确保消费订单及时交付，有效协助商家规避了商品超卖的风险。

（二）京东仓储物流的三大法宝

（1）稳定的运营保障

（2）强大的信息系统支持

（3）符合行业特性的供应链解决方案

其中强大的信息系统支持是指京东给每一位使用京东仓储物流服务的商家提供可视化及透明化的优质服务。商家可以通过京东仓储物流平台系统（ECLP-沧海系统）的商家端账号登录平台系统，查阅所属店铺的基础信息管理、服务管理、数据分析、项目管理、结算管理等多个模块。

ECLP系统部分模块功能介绍如下。

（1）商家管理

商家管理店铺的工具，ECLP中京东仓储物流实现了商家层组织架构的设置，可以灵活满足商家在不同层级的管理维度。

（2）商品管理

不同类别下的商品管理，为商家提供了多维度、细致的货主区分。

（3）库存管理

将商家事业部库存灵活配置，可以配合商家灵活支配商品库存。

（4）业务管理

为商家的采购入库、销售出库、退仓出库、退货入库、TC转运等业务进行单据管理。

（5）承运商管理

为商家提供京东青龙配送及其他第三方配送管理。

（6）项目客服管理

支持项目客服人员执行工单处理咨询、事件记录、结果跟踪、原因分析等功能。

（7）报表管理

提供实时有效及分析报表监控，给运营管理与商家提供数据支持。

（8）结算计费管理

对提供的商家物流服务进行费用核算、发票、结算等管理。

（三）选择合适的仓储物流解决方案

海量的商品如何在全国范围运输及实现交付，京东仓储物流在此提供两种供应链解决方案。

第一种：一地库存全国发货的解决方案。

（1）模式说明

商家以经营商品的产地或销地为基础，商品就近入单仓，实施单仓生产订单，包裹发送全国的模式。

（2）受众群体

适用于SKU宽度较宽（品类众多）深度较浅（每个品类库存量少）的商家，以及区域化商品或规模较小商家。

（3）适用品类

商品品类多样及个性化特征明显的品类。

（4）模式资源

单仓、本地配送、全国快递。

第二种：总分仓、平行分仓库存全国发货的解决方案。

（1）模式说明

商家以经营商品的产地或销地为基础，将商品库存同时部署在北京、上海、广州、成都、武汉、沈阳、西安等地的多个仓库，然后以消费者订单下达就近地区的单仓生产订单，完成包裹发货的模式，此种解决方案目前分总分仓、平行分仓两种方式。

（2）总分仓模式

商家库存虽然部署在多仓，但以其中一地仓库作为主仓，将充足库存放置主仓，其他几地库房作为分仓管理，当分仓商品库存不足时，由主仓快速响应给分仓体系进行补货，或者由主仓直接完成订单发货。

（3）平行分仓模式

商家库存在多仓均衡部署，以消费者订单下达的就近地区库房完成订单生产。当库存不足时，商家分别向全国多仓补货，保障各仓的独立运营。

（4）受众群体

SKU深度较深（每个品类库存量大）的商家。

（5）适用品类

有品牌趋向性的标准产品，商家爆款商品及大众消费产品，或规模较大、全国服务的商品。

（6）模式资源

多仓（存储加工仓、流通加工仓）、本地配送、干线、全国配送。

此种解决方案适用于畅销商品、爆款或具有通用性商品，可以快速将商品库存在全国各仓就近销售，提高消费者的购物体验，提高包裹配送时效，降低最后一公里的包裹运输费用提醒商家需要关注商品的销售情况，对商品设定安全库存，处理好各区域仓库库存分布。当前市场上能提供此仓储物流服务的物流服务商较少，京东仓储物流经过多年打造，在提供这类仓储物流服务上优势明显，依托前端平台的发展，提供电商平台型的物流服务给商家，充分满足商家在此运营上的物流需求。

三、京东仓储物流产品及服务

（一）京东仓储物流的标准服务产品

首先跟大家介绍京东平台商家入驻开店的几种模式，商家入驻涉及的全部运营环节。

目前京东的仓储物流平台只针对以上两种模式的店铺开展招商。京东仓储物流提出了两个标准服务产品，FBP产品和京云仓产品，具体的产品使用与商家开店模式匹配进行。

京东仓储配送也不断为商家提供更多的增值服务产品，全面提升品质。

1. TC转运

为方便商品入仓，商家可选择将商品发送到所在地TC转运中心，由京东完成货物向全国指定目的地的调拨、TC暂存、到货预约、与库房完成入库交接等服务。协助商家快速完成商品一地备货，全国铺货。

2. 贴码服务

为解决商家商品自身条码在入仓库时无法使用的问题，京东提供打印、粘贴可识别编码的服务。为入库后的准确、快速生产夯实基础。

3. 宣传品夹带包装

在订单生产环节，为满足商家订单附随宣传品、包装或赠品的需求，京东提供相应的全流程操作服务。满足商家的推广宣传需求。

4. 礼品包装

为满足商家及终端消费者的个性化需求,可对商品执行礼品包装,京东提供订单商品的礼品包材及包装服务。

(三) 仓储物流全程的订单可视化

京东的仓储物流订单,可实现全流程可视化。

四、面向商家的高效服务

京东仓储物流提供多种合作模式供商家选择,在此重点介绍常用的仓储服务输出和仓配一体服务输出两种模式。

1. 仓储服务输出

为了方便商家灵活使用配送资源,京东仓储物流可支持商家使用京东库房完成仓储环节的操作,与商家选择对应的配送服务商完成系统的无缝对接,并完成现场交接流程的梳理,保障商家服务。

2. 仓配一体服务输出

京东的仓配一体物流服务,可有效减少交接和流通环节,提高时效,降低费用。目前,京东仓储物流可提供服务的商品分类。

京东仓储物流的商品件型分类如下。

单一销售商品外包装最长边小于等于60cm,且重量小于15kg 的商品,放置在中小件仓管理。

单一销售商品外包装最长边大于60cm,或重量大于15kg 的商品,放置在大件仓管理。

五、合作场景

(一) 合作流程一点通

任何跟京东仓储物流服务相关的需求及咨询,可按照以下步骤对接。

第一步:欢迎洽谈保持沟通

任何跟京东仓储物流服务相关的需求、咨询及问题反馈,都可以通过我们发布的联系方式对接。

第二步:了解需求量身定制

由于每个商家的实际情况不同,经营的品类也不同,还可能在实际运营中存在差异化的需求,需要与我们充分沟通,通过合作内容、方式与报价等的确认进一步达成合作意向。

双方根据商家的实际销售策略和运营方案,制定缜密的合作计划,确定需要实际入仓的商品情况，京东仓储物流提供详细的产品合作计划，与商家充分沟通合作细节。

第三步：达成意向签订合同

如果最终双方意向明确，达成合作，那么仓储物流人员会尽快提供合同模板与商家进行合同签署、审批的处理流程，尽快完成文件的办理，确认合作关系，开展业务合作。

第四步：运营指导商品入仓

京东仓储物流会安排人员详细、耐心地为商家讲解日常运营中涉及的物流操作、系统使用及商品的管理，同时还为合作的商家提供专业的指导文献及操作视频指引，保障沟通畅通，将繁杂的物流流程可视化。

第五步：定期回访服务商家

在合作期内，京东仓储物流人员将通过定期回访，了解商户的商品安排计划与合作中的异常问题。通过提供的仓储物流服务，提升商家的消费者购物体验，从而提升商家店铺的运营能力、客户体验与品牌竞争力，降低整体的运营成本。

（二）多平台多店铺模式商家仓配解决方案

京东同样也为多平台商家准备了相应的仓配解决方案。

常见问题说明：

（1）问：需要通过京东的 TC 使用入库服务或者上门提货服务吗？

答：当前使用京仓、京云仓产品商家的商品，会通过独立的开放平台仓入库，入库预约等商家体验较好，商家还可以使用 TC 转运的增值服务协助办理入库事宜

（2）问：什么是贴码？

答：在商品入库时，若 UPC 码不与在库商品重复，则可以直接使用商品自带的 UPC 码入库；如果京东仓储反馈在库已有重复的 UPC 码，商家需要粘贴由京东编码的条码，并完成商品的帖码，方可办理入库手续。

（3）问：如果商品是按套装售卖，但单品却是单独包装的，如何入库？

答：按套装售卖的商品，建议在送货之前自行完成按套包装，以免在京东仓储入库环节增加收货、存储、打包等环节的仓储费用，影响入库时效。

（4）问：高值商品的退货，是否可以进行保价？

答：保价操作是物流承运商方面的一项业务服务由于是高值商品，京东仓储建议商家不采取承运商提取退货的方式，而是上门自提，用于解决配送损及丢失的问题。

（5）问：客户退货会到哪个仓？

答：目前退货遵循"从哪个仓发货退回哪个仓"原则，消费者在签收前发生的退货（拒收）直接退回京东发出仓库；消费者在签收后发生的退货，由商家售后退回商家仓库。

第二节 京东配送

江湖盛传，京东的快递员，是很多客户唯一可以让其进屋的快递员。

"618 大促"期间我去配送站支援，跟配送师傅吴哥边爬楼边聊。吴哥说，京东的配送员都是正式员工待遇，五险一金一样也不差，收入也好，所以工作就稳定，慢慢都成了片区里的"老熟人"，外加服务正规，所以很多客户对我们很信任，会直接开门让我们进屋送货。说着，吴哥敲开六楼一位客户的门，里面大哥一开门就嚷嚷，你们这也太快了，上午刚送一次，我中午又下个单，这才几个小时，你们京东这么做生意不赔本吗？吴哥笑着说，放心赔不了，这是您的货，发票在里面，您收好。

在电动车上跟吴哥一人点了一支兰州烟，吴哥吐了口烟说，这活虽然辛苦，但也有奔头，而且每次看到客户的笑脸，就有种成就感。晚上走的时候拍了张照片发在朋友圈里，很快有人回复：昨天晚上 11 点了京东还在我家小区门口派货，也是蛮拼的。

配送员直接把京东优异的服务送到客户身边，而承载这一切的，是配送员背后的超级体系。

一、京东配送简介

京东目前已成为全国最大的 B2C 快递专业服务商。在全国范围内布局 7 个大区，分别位于在华北、华东、华南、华中、西南、东北和西北。自营配送站达 2000 余个，近 1000 条自营配送线路，拥有超 30 000 人的配送队伍，可以想象这是一个多么庞大而复杂的超级体系。

京东配送采用自建网络为主，第三方网络为辅的模式服务全国。配送站已覆盖全国 1855 个区县，在 130 个区县提供当天送达的"211 限时达"服务，并在全国另外 815 区县提供次日送达的配送服务，这就是"京东速度"。

二、京东配送操作业务介绍

（一）订单配送流程简介

订单配送是一套精密和复杂的流程体系，在客户下单后，货物经历各种旅行，最后送到客户手中。

这里我们简要了解分拣作业并主要讲解运营保障作业的流程。

分拣作业（主要职责）：分拣中心是连接仓储、运输、配送站（含第三方）之间的枢纽桥梁，作为物流的中转集散地，分拣中心的运转速度和质量决定着整个京东订单运转的速度和质量，其背后蕴藏着复杂的流程。

（二）运营保障作业

我们不过多讲解分拣及运输的技术细节，只重点关注配送流程中的质量控制环节是怎么实现。

1. 运营质量控制

（1）完善的数据监控体系

京东配送订单目前有多张监测报表每天对接货单量，对数据进行监控。

（2）严谨的 KPI 考核体系

针对京配订单制定严谨的 KPI 考核项，从时效类、异常类、操作类几个维度指标，端到端，环节与环节全面考核，并且指标分解到集团运营条线和区域，在不断调整改进中给运营质量改善提供支撑。

（3）运营质量改善领导责任制

对于运营质量，配送团队运营条线负责人和区域配送负责人为第一责任人，下设专门的质量控制负责人负责具体实施，每周循环跟进改善运营问题。

（4）异常监控

大区内日常异常监控时时上报，且由专人解决。遇"618 大促"和"11.11 大促"等作业高峰期，采用轮班制时时对异常对接；跨区域异常平台由专人负责上报及核实处理，力求以最高的效率解决异常问题。

（5）异常判责

完善的内部判责流程，让内部异常处理和定责效率很高，对整个京配订单异常处理速度有提

（6）奖惩措施

集团配送制定奖惩错误，对于丢、破、差等异常，做到单单有责任人，区域配送质量控制主导对责任人实施奖惩处罚。

（7）质控系统

目前，通过一期质控系统对运营中的异常进行监控，未来预计与路由系统和异常扫描点融合，对异常监控和定责的效率会倍增。

（8）巡检

设有巡检项目库，区域定期在一线巡检，保障安全作业。

2. 服务质量监控

商家专项服务和理赔

针对外单商家，各区配置专项客服为商家提供异常单查询处理及理赔等工作。可以提供 QQ 电子邮件和电话咨询。

三、京东配送核心竞争力

（一）覆盖全国的自建物流体系

京东配送采用自建网络为主，第三方网络为辅的模式服务全国。自营范围已覆盖全国585个城市、1864个区县，全部实现送货上门、货到付款和POS机刷卡服务。

目前共建有13个一级分拣中心、27个二级分拣中心，全国超22 000名配送员，近4300名司机、2800辆自营车辆，近1000条自营线路。

（二）稳定完善的信息系统

京东用于配送应用的信息系统"青龙系统"稳定性高，时效性更强，业务操作更规范，功能更强大。青龙系统未来将承载10亿日均订单量，支持50万商家同时下单，50万配送员同时操作，3毫秒左右系统响应时间，2000亿日均数据储存容量。

青龙系统除支持京东内部高效操作外，可实现与商家的实时无缝对接，可全面支持系统对接、订单发货、商家订单实时取消/拦截、订单全程跟踪展示、异常订单处理、账单/结算单查询等商家业务操作。

四、京东配送产品及服务

京东在配送产品开发方面不断推出各种"变态"级服务，挑战配送极限，以下是京东配送产品的各种高难度动作。

1. 211限时达

关键词：上午下单，下午送达

当日上午11：00前提交的现货订单（部分城市为上午10点前，涉及城市有天津、深圳、重庆、杭州、东莞、福建漳州），当日送达；当日23：00前提交的现货订单，次日15：00前送达。

2. 极速达

关键词：3小时送达

"极速达"配送服务是一项个性化付费增值服务，选择"极速达"配送服务，需通过"在线支付"方式全额成功付款或"货到付款"方式成功提交订单后，勾选"极速达"服务，我们会在服务时间内，提供3小时内将商品送至您所留地址的服务。

3. 定时达

关键词：何时送货，你来选择

在定时达区域，你可以享受7天内三个时间段的预约配送（09：00-15：00，15：00-19：

00，19：00-22：00，晚间时段为支持夜间配区域），大部分电商品可以享受10天内预约配送。

4. 标准快递

关键词：高品质门到门快递

京东快递提供高品质门到门快递服务，采用标准定价、标准操作流程。

（1）安全的运输服务

自营的运输网络：提供标准、高质、安全的服务。

先进的信息监控系统：手持终端设备和GPS技术全程监控快件运送过程，保证快件准时、安全送达。

（2）快捷的时效服务

保障各环节以标准路由发运，标准的操作流程，以实现快件更快、更高效的流转。

（3）高效的便捷服务

方便快捷的网上查询服务：客户可以随时登录京东快递网站享受查询服务。

灵活的支付结算方式：寄方支付、现金结算、月度结算。

5. 生鲜冷链

关键词：优先配载，定制化温控配送

生鲜冷链是面向批量寄递生鲜快件的月结客户推出的一种专属快递服务。通过对各环节的优先配载、优先派送和定制化的温控设备和器材保障生鲜类快件的配送时效和商品品质。

（1）承诺时效

约定配送范围，约定配送时效。

开通绿色通道，优先配载，优先派送。

（2）主动跟进

从收件、中转、派送各环节全程跟进管理，确保妥投率。

京东平台运营攻略

6. 特配

关键词：高值特殊配送

京东为你寄递的高价值物品（单票声明价值大于2万元小于30万元）提供特殊览控、专车派送和专业理赔的快递服务。

安全有保障，专人专车派送，全程跟踪监控。

凭有效证件签收，安全准确送达。

售后服务完善，快速完成赔付。

提供代收货款、签单返还、签收短信通知等增值服务。

五、京东配送服务

为了方便商家及客户，京东配送也不断提升服务项，完善配送全流程高标准服务。

1. 货到付款

代收货款：可以按照寄件方客户（卖方）与收件方客户（买方）达成交易协议的要求，为寄件方客户提供快捷的货物（商品）专递，并代寄件方客户向收件方客户收取货款，同时提供按照约定时间将货款返还给寄件方的服务。

2. 自提

自提是京东为方便顾客收货，为顾客提供的一种固定地点提货的模式，顾客在提交订单时，选择"上门自提"选项，选择离自己最近的提货地点，订单到达自提点后，系统会以短信形式告知顾客，目前京东有自提点、自提柜、自提车三种自提方式。

3. 保价

保价：若针对寄递的物品声明其价值，并支付相应的费用，当物品在运输过程中发生丢损时，会按照物品的声明价值赔偿相应损失。

4. 签单返还

签单返还：应寄件客户要求，在成功派送快件后，将寄件客户提供的需收件客户签名的收条、收货单、证明文件等单据返还寄件客户的服务。

5. 短信通知

短信通知：收件客户成功签收快件后，将签收信息短信推送至寄件客户的服务。此服务支持中国移动、联通、电信手机用户。

6. 超范围转寄

超范围转寄：如你的寄送地址超出京东配送范围，京东提供代为转寄的服务。

7. 协商再投

协商再投：京东将拒收订单信息通知发件人，由发件人指定再次试投或退回，商家须在规定时间内反馈。

8. 留站暂存

留站暂存：针对修改派送时间的订单，京东将订单免费暂存站点5天，按收方客户指定时间再次配送。

9. 夜间配

夜间配服务是为客户提供更快速、更便利服务的一项增值服务，如果你需要晚间送货上门服务，请下单时在日历中选择"19：00-22：00"时段，属"夜间配"服务范围内的商品，我们会尽可能安排配送员在你选定当日晚间19：00-22：00送货上门。

六、京东配送业务合作介绍

（一）京东配送合作范围及政策

京东配送是由京东商城孵化诞生，并伴随着京东自营业务的爆发式增长而发展成为国内首屈一指的自建自营物流体系。京东自营业务是京东配送不断壮大的重要基石，京东配送是京东自营业务持续发展的重要支撑。所谓能力越大，责任越大，京东POP开放平台的建立，将京东优异资源分享，惠及千万商家。与之相伴的，我们的配送系统也对外开放，向第三方商家和社会输出优质的物流服务，共同努力提升客户体验，推动物流行业的跨越式发展。

京东配送的宗旨就是开放与合作。我们家大门常打开，欢迎商家常来，分享京东配送的喜悦。目前，京东配送不仅承接了京东自营、POP平台的业务，并且也为非京东平台商家、非电商客户提供末端配送服务。

京东配送定位于企业客户，提供标准的门到门服务，暂不受理个人寄件需求。京东快递的配送网络覆盖全国；同时支持在线支付和货到付款订单的配送业务。我们可以承接的货品包罗万象，小到耳机配件，大到家居家装。当前，我们对承运货物的限制有如下3点。

（1）不承接国家法律法规明令禁止快递运输的货品

（2）单件商品重量不超过30kg，尺寸不超过100cm×70cm×70cm

（3）单个包裹的保价金额不超过2万元人民币

（二）京东合作流程说明

商家（客户）与京东配送开展合作，具体实施步骤分为以下五步。客户向配送销售经理（以下简称"BD销售"）咨询京东配送的产品和服务，索取并了解报价，与BD销售达成合作意向。客户填写《商家信息采集表》，提供基本信息，申请电子签约；BD销售根据情况，申请对应的电子合同，并协助客户签署合同，提交法务审核。商家技术人员联系JOS平台，完成商家ERP或ISV软件与京东系统的对接。BD销售提供热敏纸等物资，客户需购买热敏打印机，完成打印设置和调试。合同审核通过，盖章后返还给客户一份，商家可以正式使用京东配送服务。

简而言之，合作流程可概述为：了解京配服务→申请电子签约→完成系统对接→打印测试4准备发货。

正是有了这样的超级系统，京东配送员才能够不断挑战客户惊喜的极限，用最快捷的配送服务，让生活更加简单快乐。

第九章　网店的资金账目管理

第一节　投资预算

一、开网店前投资预算很重要

经过市场调查和市场需求预测之后，网店店主对于网店的店铺规模、经营商品类型、市场需求现状及未来发展趋势等方面都已经有了大致的了解。接下来就应该进行投资数额的预算，以便顺利进行筹资和资金安排。

投资预算的工作是一定要具体落实的，因为它对于创建网店过程中的资金不足或资金闲置有着十分重要的意义。投资预算通常要有根有据，且要显示在业务表上。通过预算，可以让网店店主知道多长时间能够收回自己的投资，以及这笔投资大概能赚取多大的利润。

一般来说，开一家网店的投资预算包括以下几个部分：

（一）预算初期费用

初期费用包括用于会计核算、法律事务以及前期市场开发的费用，还有一些电话费、交通费之类的管理费用。

（二）预算负现金流量

通常很少有哪家新开的网店能够在一开始就达到营业损益平衡。一般要经过6到8个月才可能有利润。在此期间，网店就会遇到负现金流量，这就需要用投资来达到收支平衡。

（三）预算劳动力成本

无论是网店店主本人经营，还是雇用他人负责经营，都需要付出一定的报酬，这就是劳动力成本。

（四）意外损失基金

在为新店计划资金来源时，难免会有意想不到的开支。为了应付这些意外的费用开支，新开的网店需要有可以动用的准备金。

（五）预算运营费用

运营费用包括营销费用、广告费用、培训员工费用等，还应该考虑不可预见的准备金。

一般来讲，需要准备比上述资金预算更为宽裕的资金，才能在发生意外时从容不迫地应付。从资金筹备来说，如果你的资金有限，你就必须对网店的规模、档次、进货的数额及从筹建到正常运作的时间等进行严格控制，尽量避免浪费资金和时间。

二、对经营成本进行详细分析

了解需要预算的项目之后，就要对开店的经营成本进行具体细致的分析预算，它包括商品采购费、工资福利费、修缮费及其他费用等。

（一）商品采购费

它包括生产经营过程中通过多种渠道采购商品的费用，它在网店创建初期的经营成本中占有很大的比重。估算中，可以事先列出需购商品的清单，将每种商品的单价乘以预算时间段内的采购量，从而得出需投资的金额。其中，还应包括大致估算出的运输费用。

（二）工资福利费

如果网店由店主一人运营，就可以不用算了。如果店主雇人经营网店，那就要好好算一算。工资包括采购、财务、管理协调人员和客服人员等所有相关人员的工资、奖金、津贴和补贴，按店铺人数乘以各类人员年工资标准得到估算数。员工福利费可按工资总额乘以一定的比例进行估算，主要用于医药费或医疗保险、员工困难补助以及其他福利性开支。

（三）修缮费

它包括店铺所属范围内一切财务所发生的修缮费用。一般按照同等规模店铺同类费用的支出数目进行估算，也可以根据个人经验进行大致的判断。

（四）其他费用

此类费用一般包括管理费用和销售费用中的办公费、差旅费、运输费、保险费、员工教育经费、咨询费、业务招待费、坏账损失、广告费、销售服务费用等。

由以上各项费用累计计算出的费用总和，即可估算出计划期限内的经营成本。这里的计划期限一般可设定为一年。如果以采购费用为主进行估算，则可再短一些，如半年、一个季度等。

预算网店的管理费用

网店的管理费用，指的是网店店主为了组织和管理网店的各项经营活动而产生的各种费用。管理费用属于期间费用，在发生的当期就计入当期的损益。要想让自己的网店赚钱，那么开店之前就必须对管理费用进行一番估算。

三、管理费用主要包括以下几个方面的内容

（一）网店硬件设施设备费用

1. 仓储运输费

仓库或经营过程运输费用。

2. 办公费用

网店的办公设备以及办公用品费用、快递、电话等。

（二）人员管理及运营费用

1. 员工薪资

根据地区收入不同状况来定，再穷不能穷店铺（装修要像样），再苦不能苦员工。

2. 员工福利及提成

根据店铺收益情况及地区收入状况以及激励制度来定。

3. 促销费用

店铺为了吸引顾客，刺激消费而举办一系列优惠活动所花费的费用。一般按营业百分点来核算。

（三）投资方面费用

1. 加盟金

有些品牌会收取金额不等的加盟金。

2. 首批货款

根据店铺面积提供的首批铺场货款，要了解店铺与商品结构的关系，即能保证品牌商品风格完整性，保证满足销售同时，降低库存风险。

3. 不可预见的费用

包括市场考察费用、促销礼品等，可以做个记录，每年做个汇总，大致摊入每月或者核算出占年营业额的比例。

在网店的实际经营过程中，还会产生许多你无法预计的支出。网店的支出是必需的，但支出多少是需要控制的，店主一定要用好每一分钱。

四、预算网店每月支出的费用

为配合网店运营的合理化及资金的合理运用,网店经营者对店铺每个月的支出费用也有必要做出合理的估算,做到心中有数。并且,在不影响店铺正常营业的情况下,要尽量节约这部分开支。

店铺每月的支出费用一般包括以下方面:

(一)人员管理费用

管理费用是指为组织和管理生产经营活动而发生的各项费用。

管理费用属于期间费用,在发生的当期就计入当期的损益。对店铺来说,一般包括薪金、津贴、加班费、资金、退职准备金、福利金等。

这部分费用可根据当地的收入水平及店铺的人员的数量情况来估算。

(二)维持费用

为了维持网店的正常运营,所消耗的费用。如进货款、事务费、杂项费等。

(三)变动费用

从网店的角度考虑,变动费用多指网店为了刺激消费者的购买需求而举办一系列的促销活动所花费的费用。一般包括广告宣传费、包装费、盘损等,这部分费用根据店铺的经营情况,促销活动的大小估算。

第二节 网店筹备资金

一、做周全的筹资计划

网店的创业资本比实体店少很多。但如果你想一出手就把网店做大,做出规模,资金是不能少的。这笔资本越充分越好,以免在创办早期因各种不可预测的缘故造成资金不够,被迫中途而废。资本越充分越好的原因在于,可以使网店店主开店时游刃有余地应付各项突如其来的支出。这就需要网店店主制订一个周全的资金筹集计划,为日后店铺一步步发展壮大做好准备。

一个周全的网店投资计划应该包含以下几个方面的内容:

（一）计算回收期

投资回收期就是使累计的经济效益等于最初的投资费用所需的时间，可分为静态投资期和动态投资期。投资回收期的计算方法是将初始投资成本除以因投资产生的预计年均节省数或由此增加的年收入。

（二）计算现值和终值

现值就是开始的资金，终值就是最终的资金。

（三）计算筹资成本

筹资的含义：网店筹资，是指网店根据其生产经营、对外投资以及调整资本结构等需要，通过一定的渠道，采取适当的方式，获取所需资金的一种行为。

筹资成本的含义：网店筹资成本是指网店因获取和使用资金而付出的代价或费用，它包括筹资费用和资金使用费用两部分。

计算公式：网店筹资总成本 = 网店筹资费用 + 资金使用费用

（四）筹资渠道

筹资渠道主要有：国家财政资金、专业银行信贷资金、非银行金融机构资金、其他企业单位资金、企业留存收益、民间资金、境外资金。

（五）筹资方式

筹资方式主要有：吸收直接投资、发行股票、利用留存收益、向银行借款、利用商业信用、发行公司债券和融资租赁。

（六）筹资数量

筹资数量预测依据

法律依据、规模依据、其他因数。

筹资数量预测方法

因素分析法、销售百分比法、线性回归分析法。

（七）筹资可行性分析

筹资合理性：合理确定资金需要量，努力提高筹资效果。

筹资及时性：适时取得所筹资金，保证资金投放需要。

筹资节约性：认真选择筹资来源，力求降低筹资成本。

筹资比例性：合理安排资本结构，保持适当偿债能力。

筹资合法性：遵守国家有关法规，维护各方合法权益

筹资效益性：周密研究投资方向，大力提高筹资效果。

筹资风险性：网店的筹资风险是指网店财务风险，即由于借入资金进行负债经营所产生的风险。其影响因素有：经营风险的存在；借入资金利息率水平；负债与资本比率。

总之，做生意要精打细算，这是再明了不过的事，而制订详尽的筹资计划对于网店店主而言，不仅可以节省许多不必要的开支，还可以减少开店之初遇到的各种损失。若店主在制订筹资计划时能将以上各方面的内容都考虑在内，则是一个很好的开端。

二、筹资的五个要求

筹集资金是一项重要而复杂的工作。网店筹资要研究影响筹资的各种要素，讲究综合经济效益，并按照一定的要求进行。

（一）筹资必须有效、及时

筹资的目的是为了保证开店伊始所必需的资金。无论通过什么渠道、采取什么方式来筹集资金，网店店主都应预先确定合理的资金需求量，并制订筹资计划，使资金的筹集量与需求量达到平衡。这样，既能避免因为资金筹集不足而影响创建工作的正常进行，又可以防止资金筹集过多而降低资金的利用率。同时，网店店主筹资应根据资金的投放时间来合理安排，使资金的筹集和使用在时间上互相衔接，避免超前筹资造成使用前的闲置和浪费，或滞后筹资而坐失良机。

（二）提高筹资效益

筹资是为了满足网店创建以及经营初期资金运作的需要。店主只有明确了这一点、安排了资金的用途以后，才能根据需要选择适当筹资渠道、筹资方式以及筹资数量，避免盲目筹资。

（三）选择筹资方式，降低资金成本

资金成本是资金使用者支付给资金所有者的报酬及有关的筹措费用，是对店铺筹资效益的一种预先扣除。不同渠道和方式的筹资其难易程度和资金成本是不一样的。网店店主在筹资时要综合考虑各种筹资渠道和方式，研究各种资金来源的构成情况，选择最优的筹资方式，以降低资金成本，使资金的使用效率最大化。

（四）适度负债经营

网店的资本结构一般由自有资本和借入资本构成。自有资本是指网店依法筹集并长期拥有、自由调配使用的资金，包括资本金、资本公积金、盈余公积金和留存利润等；借入资本是指店主依法筹集并依约使用、按期偿还的资金，通常指短期负债和长期负债。自有资本的多少反映了网店的资金实力。但大多数店主不会以自有资本作为唯一的资金来源，而是通过

借债来筹集部分资金,即举债经营。举债经营在投资利润率高于借入资金的利息率的情况下,可以使网店的自有资本获得杠杆利益,负债比例越大,网店可获得的利益也越大,但同时,财务风险也越大。因此,店主在筹集资金时,要科学合理地确定借入资本与自有资本的比例,优化自身的资本结构,适度地负债经营。这样既利用了负债经营的财务杠杆作用提高自有资本的收益率,又降低了自身的财务风险,偿债能力也得到了保障。

(五)规划筹资方案,认真执行筹资合同

在筹资过程中,首先必须进行筹资成本和投资效益可行性的研究,拟定筹资方案。对筹资时间应选择有利的时机,既要与用资时间相衔接,又要看资金市场的供应能力。在具体操作时,筹资者与出资者应按照法定手续认真签订合同、协议或制定章程,明确各方的责任和权利。此后,必须按照筹资章程、筹资方案和合同规定执行,合理支付投资者报酬,按期偿还借款。这也是维护自身信誉的必要保障。

三、筹资应遵循的原则

在网店店主筹集启动资金时,必须遵循一定的财务管理原则和规律。就目前而言,所筹资金的来源及其途径多种多样,筹资方式也机动灵活,从而为保障筹资的低成本、低风险提供了良好的条件。但是,由于市场竞争的激烈和筹资环境以及筹资条件的差异性,又给筹资带来了诸多困难。因此,网店在筹资时必须坚持一定的原则。

(一)准确预测需用资金数量及其形态原则

网店资金有短期资金与长期资金、流动资金与固定资金、自有资金与借入资金,以及其他更多的形态。不同形态的资金往往满足不同的创建和经营需要,筹资需要和财务目标决定着筹资数量。相关人员应周密地分析创建初期的各个环节,采取科学、合理的方法准确预测资金需要数量,确定相应的资金形态。这是筹资的首要原则。

(二)追求最佳成本收益比原则

店主不论从何种渠道以何种方式筹集资金,都要付出一定的代价,也就是要支付与其相关的各种筹集费用,如支付股息、利息等使用费用。即使动用自有资金,也是以损失存入银行的利息为代价的。资金成本是指为筹集和使用资金所支付的各种费用之和,也是网店创建初期的最低收益率。只有收益率大于资金成本,筹资活动才能具体实施。资金成本与收益的比较,在若干筹资渠道和各种筹资方式条件下,应以综合平均资金成本为依据。简言之,店主筹集资金必须要准确地计算、分析资金成本。这是提高筹资效率的基础。

(三)风险最小化原则

筹资过程中的风险是网店筹资不可避免的一个财务问题。实际上,创建和经营过程中的

任何一项财务活动都客观地面临着一个风险与收益的权衡问题。资金可以从多种渠道利用多种方式来筹集，不同来源的资金，其使用时间的长短、附加条款的限制和资金成本的大小都不相同。这就要求店主在筹集资金时，不仅需要从数量上满足创建和经营的需要，还要考虑到各种筹资方式所带来的财务风险的大小和资金成本的高低，做出权衡，从而选择最佳筹资方式。

（四）争取最有利条件原则

筹集资金要做到时间及时、地域合理、渠道多样、方式适当。这是由于同等数额的资金，在不同时期和环境下，其时间价值和风险价值大不相同。所以，店主要把握筹资时机，以较少费用筹集到足额资金。因此，必须研究筹资渠道及其地域，战术灵活，及时调剂，相互补充，把筹资与创建、开拓市场相结合，实现最佳经济效益。具体地说，筹资要采用尽可能多的筹资方式，尽可能低的资金成本，尽可能长的偿还期限，尽可能小的风险。

四、筹资的基本渠道

确定筹资渠道是筹资的前提。筹资渠道是指取得资金的途径，即从哪里取得资金。从资金的供求关系来说，则是指供给者是谁。店铺筹资渠道受制于它所存在的客观环境，并与店铺的所有权形式和组织形式密切相关。

筹资渠道体现着筹资者可利用资金的来源和流量，是店铺筹资的客观条件，为筹资提供了各种可能性。正确认识筹资渠道的种类及每种渠道的特点，有利于创建者充分开拓和正确利用筹资渠道。目前，店铺创建筹资渠道主要有以下五种：

（一）政府资金

政府相关部门为了保证经济有效增长这一目标的实现，通过税收形式集中一部分国民收入，按照国民经济和社会发展计划的要求，进行再分配，其中一部分用于对企业的投资，以扶持企业的发展。目前，大部分国家财政投资方式主要是以直接拨款、投资作为企业资本金，此外，还可以较长的期限和较低的利息，借给企业周转使用。当然，在店铺创建过程中，即使所创建的店铺规模再大，获得这类资金都是有难度的。

（二）银行信贷资金

银行对企业的各种贷款，是我国目前各企业最为重要的资金来源。我国银行分为商业性银行和政策性银行两种。商业性银行是以盈利为目的的从事信贷资金投放的金融机构，它主要是为企业提供各种商业贷款。政策性银行是为特定商业实体提供政策性贷款。

（三）非银行金融机构资金

非银行金融机构主要指信托投资公司、保险公司、租赁公司、证券公司、企业集团所属的财务公司等。它们所提供的各种金融服务,既包括信贷资金投放,也包括物资的融通,还包括为委托人提供其他相关的金融服务。

(四)社会闲散资金

社会闲散资金是指城乡居民手中拥有的现金。企业员工和城乡居民节余的货币,可以对店铺进行投资,形成民间资金渠道。随着股份制经济的发展完善,这一筹资渠道所发挥的作用不可小视。

(五)其他店铺资金

其他店铺资金是指除了自身以外的其他法人单位可以融通的资金。在经营过程中,往往会形成部分暂时闲置的资金,可在店铺之间相互调剂使用。其他店铺投入资金方式包括联营、入股、债券及各种商业信用,既有长期稳定的联合,又有短期临时的融通。其他店铺投入资金往往同自己的生产经营活动有密切联系,它有利于促进各实体之间的经济联系,有利于开拓更为便捷、及时的筹资渠道。

五、联营筹资

网店店主如果自身的实力不足,或者为了分散风险,可以联合具有雄厚资金实力,并具备相关经验的个人或企业来联营,即双方按照一定的比例,各自投入相应的资金,共同完成店铺的组建和经营。这在当前的店铺筹资中,是很普遍的一种方式。

(一)联营筹资的优势

几个实体或投资个人的联营是指在自愿的基础上,由两个或两个以上具有法人地位的实体,就同一产业的有关经营过程和经营环节而组成利益分配、风险共担的经济联合体。联合经营是多种经营要素的结合,在于发挥群体优势,它具有多种形式。与筹资直接有关的联营,主要是指店铺创建初期吸收其他各方投资,组成联营形式,以所创建的商业实体为主体店铺,进行统一核算;在此基础上,吸收若干经营者和单位共同投资,组成联营形式,以新组建的店铺为主体进行统一核算。从这一意义上说,联营筹资具有吸收直接投资的性质。当然,在联营过程中,也可以通过发行股票筹资,建立股份有限公司。联合经营,就受资方来说,意味着利用他人的资金进行创建和经营活动,是一种筹资行为;但是,就出资方投出资金用以谋求收益来看,则是一种投资行为。联营出资单位所投入的资金,为该单位可以自行支配的多余资金,如暂时闲置不用或准备用于投资的实收资本、公积金、未分配利润等。投资方可以用现金投资,也可以用实物和无形资产投资,方式是十分灵活的。

筹资性联营通常是紧密型联营和股权性联营。紧密型联营,就是联营各方以资产为纽带共同出资组建成具有法人资格的经济实体(而不是联营各方按合同约定各自独立经营),共同完成某项经营活动，按合同规定分享收入，分担费用。股权性联营，是指联营各方共同出资取得股权，并按各自的出资比例（即股权份额）来分配收益，而不是由投资者按其资产特点投入店铺，定期按协议规定的分配比例分得收益。国内联营筹资具有如下优点：灵活、迅速，可使"融资"与"融物"相结合，能较快地形成生产能力，从而发挥各方优势，扩大经营范围；简便、易行，筹资数量可多可少，联营伙伴数量不限；联营筹资的资金为主权资金，可提高主体单位的信誉，避免财务风险，还可分散投资方独立承担投资损失的责任。

但是，联营筹资有可能使主体单位丧失部分经营控制权。国内联合经营是商业实体横向联合的一种组织形式，也是筹集资金的一种重要方式。

中外合资经营企业也是一种股权性联合经营企业，它可以从国外引入先进技术和管理经验，同时也是吸收外商投资的一种重要方式。我国自20世纪90年代起，陆续创办了相当数量的中外合资经营企业，这些都可在店铺创建过程中予以借鉴。

（二）联营筹资的动因

联营筹资的动因可大致归纳为以下三点：

1. 联营筹资能做到优势互补

因各种差别的存在，出资各方在经营过程中形成了自己的特色和优势。有的出资方可能在经营过程中注重商品的开发和创新，形成了相关的优势，善于经营广大消费者易于接受的名牌产品；但可能因地点及资金方面的限制，不能扩大经营规模，限制了商品销量，满足不了市场需要而丧失获利机会。有的出资方可能位于较为落后的地位，经营素质相对较差，商品质量上不去，可能销路不畅，形成了人力、财力的浪费。这两类实体通过联营可以做到优势互补，双方都可取得比较好的效益。

2. 通过联营可分散投资风险

在市场经济体制下，竞争激烈，网店能否在激烈的竞争中保持不败，占据主动，一靠整体实力，二靠经营战略，三靠捕捉市场机会的能力。在市场经济体系中，每一行业所面临的财务、经营风险是不同的。有的投资者固定资产构成比例高，经营风险大；有的则固定资产构成比例低，经营风险相对较小。在进行投资时可将不同风险、不同收益的各实体进行合理组合，分散风险，以提高经营的安全性。

3. 联营可加强协作关系，创造出规模经济效益

在现代社会化大经营条件下，商品差别越来越小，专业化水平越来越高，许多商品的经营都是多方参与的结果。但如果联营合作关系不稳固，不仅影响各方的经营，更为关键的是影响作为商品经营整体的规模效益。实行资金联合，形成一个紧密型或半紧密型的经济联合体，不仅可加强相互联系的紧密程度，还可在协作体内产生经济利益制约机制，更可形成一个以商品经营为龙头、资金联合为纽带的集团型经济体，在集团内部形成高度专业化的分工协作经营体系，迅速扩大规模，提高销售能力。

（三）联营筹资的出资形式

一般情况下，投资者可用现金、固定资产、实物性流动资产、无形资产等形式向筹资方投资。

1. 现金投资形式

进行联营投资时，可用现金出资，即可用库存现金、银行存款等进行出资。因不受物价变动和货币购买力的影响，所以出资多少可按实际支付金额计算。投资方如果是以外币出资，则应按国家规定的汇率或联营合同汇率折合为人民币计算出资额。

2. 固定资产投资形式

用固定资产出资，具体包括房屋、建筑物、固定设施及运输工具等，出资时必须委托评估机构进行评估。不过对新建或购置的固定资产进行对外投资评估时，一般可不用重置成本法，即可采用账面净值法或市场价格类比法。账面净值法，是指被评估固定资产的原值减累计折旧后进行计价。市场价格类比法，是指参照市场近期发生类似的固定资产的交易价格，经分析后确定出资的固定资产价值的一种评估方法。联营主体有权选择其中的一种评估方法。如某一股东以新建的铺面进行投资，如提出的原价偏高，联营主体可不采用账面净值法，而采用市场价格类比法。

3. 实物性流动资产投资形式

投资方用实物性流动资产形式出资，一般包括商品和低值易耗品等。对这些资产的评估，这里不做论述，但对流动资产的评估方法，必须灵活运用。例如，流动资产价格变动较大时，可采用重置成本法；流动资产购买时间短、价格变动不大时，可采用历史成本法，即账面净值法，但要考虑损耗因素。对购置或销售的时间较长、价格变动幅度较大的流动资产，可用现行市价法，也称公允市价法；投资方用破产清算分得的流动资产进行出资时，则应采用清算价格法，不是当废旧物资变价评估，就是以折扣的形式进行评估。

4. 无形资产投资形式

投资方除可用上述各项实物及现金资产投资外，也可用无形资产进行投资。无形资产按其存在的形式分为确定性无形资产和不确定性无形资产两种。确定性无形资产是指单独存在、可买卖或转让的无形资产，如专利权、商标权、土地使用权和专有技术等。对外投资的无形资产一般专指这类无形资产。不确定性无形资产是指不能脱离投资主体单独存在的无形资产，如商誉等。这类无形资产是不能用作投资的。

专利权、商标权及专有技术等知识产权，在使用期内能给筹资方带来额外的收益。在对这类无形资产进行估价时常用收益法。所谓收益法，就是将无形资产在确定的未来期限内取得的收益按一定贴现率进行贴现。用收益法估价时，要准确地预测资产的未来收益、收益期限和收益率。当然，在具体作价时，也不能生搬硬套，因为无形资产和有形资产不同，它在不同店铺、不同时间、不同环境也会发挥各不相同的作用。

(四)联营筹资应注意的事项

在联营筹资的过程中,寻找合作方时需注意以下几点:

1. 志同道合

合伙人合作的最大基础就是志同道合、目标一致。"志"指的是目标和动机,从广义上讲包括了创建者建立店铺的动机、目标及创建者确定的店铺目标、规划等诸多复杂的内容,可以是赚钱、扬名、实现理想等;"道"就是实现"志"的方法、手段,即经营理念和经营策略。著名企业家李兆基选人的首要标准就是志同道合,要求部下必须适应他的领导作风,对他的管理办法能贯彻执行。选择合作方式,这一点往往更为重要,没有这一基础,合作是不可能开展的。

2. 优势互补

合作成功是多方面因素综合作用的结果,每一个因素都必须得到重视。一个优秀的经济联合体,不仅能够为合作方的能力发挥创造良好的条件,还会产生一种新的力量,使各自的能力得到最大限度的发挥。最成功的合作事业是由才能和背景各不相同的人合作创造出来的。

3. 明确利润分配

有些合伙人之间喜欢采取对半的分配法,这是最糟糕的方法,因为总得有人拥有决策的权力才行。一旦网店开始盈利,冲突必定随之产生,两位合伙人意见必然相左,尤其是涉及金钱时,其中的矛盾可能会变得不可调和。解决这种矛盾的方法就是让两位合伙人各自拥有49%的权力(例如股票),再将剩下2%的权力分给第三者,让他在必要时参与其事,或做中间仲裁人。当然,这是一种简单的合伙形式,如果网店规模过大,采用这种分配方式就会力不从心。另一个常用的做法就是在一开始就先设立拥有最高决策权的董事会。有关的局外人往往能在问题发生前就及时地采取措施,将矛盾解决在萌芽状态。

4. 明确合作原则

合伙共创大业,再好的朋友也要涉及利益的分享。因此,及早确认合作的原则是十分必要的。在与他人合作经营之前,确定和了解下列原则是合作成功的先决条件:

(1)应充分了解合作方是否具有必备的条件

如能否达成经营共识,能否同甘共苦,是否具有坚韧不拔的毅力。

(2)为了避免合伙过程中出现管理混乱和利润分成上的纠纷

在签订"合伙协议书"时应明确规定以下几个方面的条款:

第一,要明确出资各方的管理权限和范围。

第二,要确认各方的投资额以及所占股份的比例。

第三,明确联营的期限、利润分配、是否再吸纳新的合作伙伴,等等。

六、借款筹资

借款筹资是负债筹资的一种形式。在店铺创建乃至任何商业实体的创建或经营过程中,通过向银行借款来筹集资金是一条重要的筹资途径。在借款筹资之前,必须对市场进行详细的调查,并制订切实可行的计划方案。在向银行申请借款时,应将这些可行性资料一并报送给银行,加深银行对其项目实施可行性的了解。这样,借款筹资计划才有实现的可能。

(一)借款的信用条件

根据商业银行通行的惯例,在发放贷款时往往要附带考察借贷方的信用条件。它主要包括:

1. 信贷限额

信贷限额是银行对借款方规定的无担保贷款的最高额。信贷限额的有效期限通常为一年,但根据情况也可适当延长。一般来讲,借款方在批准的信贷限额内,可随时使用银行借款,但是,银行并不承担必须提供全部信贷限额的义务。如果借款方信誉恶化,即使银行曾同意过按信贷限额提供贷款,借款方也可能得不到借款。这是属于银行职权范围内的行为。

2. 周转信贷协定

周转信贷协定,是银行具有法律义务地承诺提供不超过某一最高限额的信贷协定。在协定的有效期内,只要借款方的借款总额未超过最高限额,银行必须满足借款方任何时候提出的借款要求。借款方享用周转信贷协定,通常要按贷款限额的未使用部分付给银行一笔承诺费。

3. 补偿性余额

补偿性余额是银行要求借款方在银行中保持按贷款限额或实际借用额一定百分比的最低存款余额。从银行的角度讲,补偿性余额可降低贷款风险,补偿遭受的贷款损失。对于借款方来讲,补偿性余额则提高了借款的实际利率,提高了资金成本。

4. 借款抵押

银行向财务风险较大的网店或对其信誉无把握的网店发放贷款,有时需要有抵押品担保,以减小自己蒙受损失的风险。短期借款的抵押品经常是借款网店的应收账款、存货、股票、债券等。银行接受抵押品后,将根据抵押品的面值决定贷款金额,一般为抵押品面值的30%~90%。这一比例的高低,取决于抵押品的变现能力和银行的风险偏好。抵押借款的成本通常高于非抵押借款。这是因为银行主要向信誉好的顾客提供非抵押贷款,而将抵押贷款看成是一种风险投资,故而收取较高的利率;同时,银行管理抵押贷款要比管理非抵押贷款困难,为此往往另外收取手续费。这一贷款方式对店网店而言也存在着一些不利之处,如对抵押品的使用和将来的再借款能力等,筹资方应该根据网店的具体情况来决定是否借款。

5. 偿还条件

贷款的偿还有到期一次偿还和在贷款期内定期(每月、季)等额偿还两种方式。一般来说,借款方不希望采用后一种偿还方式,因为这会提高借款的实际利率;而银行不希望采用前一种偿还方式,因为这会加重借款方的财务负担,增加其拒付风险,同时会降低实际贷款利率。

6. 其他承诺

银行有时还要求筹资者为取得贷款而做出其他承诺,如及时提供财务报表、保持适当的财务水平(如特定的流动比率)等。如借款人出现违约现象,银行可马上终止其该笔款项的使用权。

(二)常见的借贷方式

网店创建者通过向银行借款的方式筹集启动资金,是一种行之有效的筹资方式。在具体的筹资过程中,必须事前对银行发放贷款的方式有所了解。

抵押借款是借贷筹资的主要方式,它是指必须有担保品做担保的贷款。对偿还能力不佳、财务状况较差的店铺进行贷款时,银行都要求店铺有担保品做担保,至于要准备价值多少的担保品,取决于网店的信用情况和担保品的变现能力。信用情况较好,担保品变现能力较强的网店,担保价值可以小一些;反之,则需要提供价值较高的抵押品。假如网店到期不能履行还款义务,那么银行可出售网店担保品,以担保品的销售收入归还贷款。如果担保品的销售额少于借款额和应计利息,则不足部分变为一般的无抵押借款;如果超过借款额和应计利息,那么超过部分应退给网店。

在短期抵押借款中,用做担保品的资产通常有应收账款和存货两类。

1. 应收账款作为担保品的借款

银行愿意提供以应收账款作为抵押品的借款。因为银行认为应收账款具有很强的变现能力,是较为方便的抵押品。

在以应收账款做抵押时,银行要分析各种应收账款的记录,以便决定哪种应收账款可以作为抵押品,而且只能提供低于所挑选的应收账款面额的90%的借款,有时甚至可能提供低于面额的50%的借款。由于银行对购货方的信用程度并不了解,因此,往往保持应收账款的追索权,即借款店铺必须承担坏账损失,根据协定重新赎回收不到的应收账款,或以另一种可靠的应收账款代替到期未能收到的应收账款。

2. 以存货作为担保品的借款

筹资者也可以存货作为担保品向银行申请短期借款。但是,以存货做担保的借款利率往往要比以应收账款做担保的借款利率高,因为这种担保品同应收账款相比,对银行的吸引力要小一些。存货需要一段较长的时间才能转化为现金,而且能转化为现金的数目也难以把握。以存货作为担保品进行借款筹资时,如果借款人只是对担保品保持有形的占有,就必须准备接受银行对担保品的检查。借款人也可以将用做担保的存货分离出来,交由具有一定权威性的第三者保管,以第三者的收据作为借款担保品证明。

七、商业信用筹资

商业信用筹资对于颇具规模的网店而言,商业信用筹资在它的创建初期也是经常要用到的一种筹资方式。通过这一方式,可以极大地提高现有资金的使用效率。

(一)商业信用筹资的特征

商业信用是商品生产和商品流通的产物。它是指为买卖商品而延期付款或预收货款而形成的借贷关系,是网店之间相互提供的信用。利用延期付款的方式,可以购入所需的材料物资,或利用预先收入货款,延期交付商品的方法来获得短期资金来源。商业信用作为一种重要的短期筹资的途径,在西方发达国家已经受到普遍重视。美国在20世纪50年代以后,商业信用不论从绝对额或者是占销售的比重都有明显的提高。例如,美国企业应收账款占销售百分比20世纪60年代为34.4%,到20世纪70年代已达50%以上,到20世纪80年代又有了新的发展。在小型企业中比重更大,因为小型企业很难或无法从其他方面取得资金。随着我国市场经济的建立与发展,在有效的宏观控制下,商业信用正日益广泛推行,形式多种多样,将逐渐成为网店筹集短期资金的有效方式。但这种方式一般只适用于短期筹资,而且对于信用必须事先予以确认。

商业信用作为一种筹资方式具有如下重要特征:

1. 自发性

在现代经济社会中,以商品为主体的经济形式高度发展,商业信用实际上是以此为基础自发形成的。从西方先进工业国家的历史经验来看,商业信用几乎是所有工商企业都采用的短期筹资方式,成为整个企业界最大的短期资金来源。"欠账"方式,在整个社会商品的购销体系当中,几乎是无处不有,无处不在的。在一般情况下,买方大多无须在收到货物的当时就付现款,它们可以推迟一段时间再支付,在从收货到付款这个时间差内,买方可以通过有效的经营方式来获取利润,以支付货款。这实质上相当于卖方给买方提供了短期的资金来源。

2. 方便性

商业信用是一种极其方便的筹资方式。卖方在无须进行正式的协商,也无须买方开具正式文书的情况下,便可以向买方提供商业信用。同其他筹资方式相比,这一优势极其明显。因此,商业信用便成为中小型网店所大量运用的筹资方式。

3. 以信用为基础

商业信用是建立在网店财务信誉基础上的筹资方式。维持良好的财务信誉,对于资金的筹集,无疑是非常有利的。在财务信誉较好的情况下,网店有充分的偿付能力来偿还各种债务,这样,就可以比较容易地获得所需要的商业信用;相反,如果网店的财务信誉较差,那么对方提供商业信用的可能性便会大大降低。

（二）商业信用筹资的具体方式

1. 赊购商品

赊购商品是商业信用筹资的主要方式。赊购商品所形成的应付购货款，实际上构成了店铺的一项资金来源。买卖双方发生商品交易，买方收到商品后不立即支付现金，可延期到一定时期以后付款。那么，在这一时期内，购买方就无偿地取得了商品，从而节约了资金。如果销货方不提供商业信用，而是要求购买方立即付清货款，那么该店铺就必须从其他渠道筹措一笔资金以支付购买费用。

商业信用筹资在具体操作的过程中会受到两方面的限制。首先是时间上的限制，买方不能无理拖欠货款，否则要受到经济上的处罚。其次是经济上的代价。因此，买方运用赊购方式筹资时，要注意分析这种筹资方式对网店是否有利，经济上是否划算。在西方国家中，一般赊购商品的付款期限为一个月。为了促使买方提前付款，往往规定有一定的激励措施，如规定在10天内付款可享受2%的折扣。这样，如果买方提早时间期限付款，就必须付出2%的折扣的代价。

2. 预收货款

它是指销货方预先向购货方收取一部分货款或全部货款，而商品在一定时间后交付。对于销售紧缺商品，预收货款现象尤为普遍。由于是实行了分期付款的方式，对于购货方来说，也起到了筹集资金的作用。

赊购商品和预收货款都是基于购销双方的相互信任而存在的，但由于相互间缺乏具有法律效应的文件或证据明确双方的权利和义务，也没有相应的金融机构做担保，一旦产生违约纠纷，往往难以处理和解决。为了减少或避免这种情况，国家正在采取措施将商业信用以票据的形式加以规范。特别是对购销双方的财务状况、资金情况缺乏了解时，商业信用宜以商业汇票的方式筹措资金。

3. 应付票据

应付票据是指交易的双方根据购销合同进行延期付款的商品交易时，开具具有反映债权债务关系的票据。根据承兑人不同，分为商业承兑汇票和银行承兑汇票。购买方在暂时无法付清账款的情况下，对供货单位的应付账款可开出汇票延期支付或向银行申请承兑，签订承兑契约后开出汇票，汇票承兑期网店可根据资金情况和供货单位协商，如属分期付款，应一次签发若干不同期限的汇票，汇票承兑后，承兑人有到期无条件交付票款的责任。

商业承兑汇票对于购买单位来说，是一种短期筹资的方式。它是一种远期票据，是反映应付账款或应收账款的书面凭证，在财务上作为应付票据或应收票据处理。采用商业汇票可以起到约期结算防止拖欠的作用。由于汇票到期要通过银行转账结算，这种商业信用便纳入银行信用的轨道。

4. 票据贴现

票据贴现是商业信用发展的产物，实为一种银行信用。它是指销货单位收到汇票未到期而急于用款，将未到期的商业票据交付银行，以取得银行资金的借贷行为。银行在贴现商业票据时，所付金额低于票面金额，其差额为贴现息，贴现息与票面额的比率为贴现率。贴现实际上是银行放款的一种方式，银行通过贴现，把款项贷给销货单位，到期向购货单位收款。

采用票据贴现形式，对于购货单位来说，开出票据，实际上等于取得一个资金来源，而销货单位收到票据后需用时，可以及时得到资金。当然，是否需要贴现，应考虑贴现收回的资金参与经营所取得的收益能否补偿贴现利率，也应考虑资金成本和资金周转价值的关系问题。

（三）商业信用条件

在商业信用筹资中，商业信用条件是销货人对付款时间和现金折扣所作的具体规定。信用条件从总体上来看，主要有如下形式的具体表现：

1. 预付货款

预付货款是购货方在销货方发货之前按一定比例支付的货款。一般适用于两种情况，销货方已知购货方的信用欠佳；销货方的生产周期长，售价高。在这样的信用条件下，销货方可以得到暂时的资金来源，但购货方必须先预付一笔资金取得货物的购买权。这一方式通常适用于市场上供不应求的商品。

2. 无折扣延期付款

这种方式是指销货方允许购货方在交易发生后一定时期内按发票面额支付货款。在这种情况下，购销双方存在着商业信用，购货方可延期付款而取得资金。如"Net 45"是指在 45 天内按发票金额付款，信用期限为 45 天。这种条件下的信用期间一般为 30 ~ 60 天。

3. 有折扣延期付款

这种形式是指购货方若提前付款，销货方可给予一定的现金折扣。现金折扣一般为发票面额的 1% ~ 5% 之间。如果购货方不享受现金折扣，则可以在相对较长的时期内付清账款。西方企业在各种信用交易活动中广泛地应用现金折扣，这主要是为了加速账款的收现。

在这种情况下，购销双方存在商业信用。购货方若放弃现金折扣，则可在较长时间内占用供货方的资金。购货方若在折扣期内付款，则可获得短期的资金来源，并能得到现金折扣。

如果销货方提供现金折扣，购货方应尽量争取以获得此项折扣，因为丧失现金折扣的机会成本很高。可按以下公式计算：

（四）商业信用筹资的优缺点分析

决定是否采用某种商业信用筹资的方式来筹集网店创建的启动资金，首先必须充分了解该筹资方式的利弊，然后根据自身的实际情况来确定。如果综合考虑之后，认为该方式不能符合网店筹资的实际,则应果断放弃,另觅新途径。

商业信用筹资的优点:

1. 筹资方便

利用商业信用筹集资金非常方便,因为商业信用与商品买卖同时进行,属于一种自然性融资,无须筹划各种仪式、通过手续审批和办理等烦冗的程序。

2. 筹资成本低

如果没有现金折扣,或者店铺不使用现金折扣,以及使用不带息应付票据和采用预收货款,则店铺采用商业信用筹资没有实际成本。

3. 选择余地大

与其他筹资方式相比,商业信用筹资限制条件较少,选择余地较大,条件比较优越。

商业信用筹资的缺点:

(1)所筹资金不能长期使用

采用商业信用筹集资金,期限一般都很短,如果店铺要取得现金折扣,期限则更短。

(2)筹资数额较小

采用商业信用筹资一般只能筹集小额资金,而不能筹集大量的资金。

(3)有时成本较高

如果店铺放弃现金折扣,则必须付出非常高的资金成本。

八、典当融资

典当行作为国家特许从事放款业务的特殊融资机构,与作为主流融资渠道的银行贷款相比,其市场定位在于:针对中小企业和个人,解决短期需要,发挥辅助作用。正因为典当行能在短时间内为融资者提供更多的资金,目前正获得越来越多创业者的青睐。不少需要资金流动的小企业都有体会:银行的大门虽然敞开着,但"门槛"高高在上,令创业者望而却步。因此,对大部分有意创业的人来说,"找米下锅"是创业的头等大事。而典当融资作为一种新型的融资方式,更是一种特殊的融资方式,弥补了银行融资的不足。

典当融资是指中小企业或个人店铺在短期资金需求中利用典当行救急的特点,以质押或抵押的方式,从典当行获得资金的一种快速、便捷的融资方式。

(一)典当融资的特点:

1. 具有较高的灵活性

(1)当物的灵活性

典当行一般接受的抵押、质押的范围包括金银饰品、古玩珠宝、家用电器、机动车辆、生活资料、生产资料、商品房产、有价证券等,这就为网店创业者提供了广阔的当物范围。

（2）当期的灵活性

典当的期限最长可以半年，在典当期限内当户可以提前赎当，经双方同意可以续当。

（3）当费的灵活性

典当的息率和费率在法定最高范围内灵活制定，往往要根据淡旺季节、期限长短、资金供求状况、通货膨胀率的高低、当物风险大小及债权人与债务人的交流次数和关系来制定。

（4）手续的灵活性

对一些准确无误、货真价实的当物，典当的手续可以十分简便，当物当场付款。对一些需要鉴定、试验的当物，典当行则会争取最快的速度来为出当人解决问题。

2. 融资手续简便、快捷

通过银行申请贷款手续繁杂、周期长，而且银行更注重大顾客而不愿意接受小额贷款。作为非主流融资渠道的典当行，向中小企业或个人店铺提供的质押贷款手续简单快捷，除了房地产抵押需要办理产权登记以外，其他贷款可及时办理。这种经营方式也正是商业银行不愿做而且想做也做不到的。

3. 融资限制条件较少

典当融资方式对中小企业或个人店铺的限制较少，主要体现在以下两个方面。

（1）对顾客所提供的当物限制条件较少

中小企业或个人店铺只要有值钱的东西，一般就能从典当行获得质押贷款。我国正式实施的《典当行管理办法》对典当行收当财产的限制较少，不得收当的财产包括四个方面：

依法被查封、扣押或者已被采取其他保全措施的财产。

易燃、易爆、剧毒、放射性物品及其容器。

赃物和来源不明物品或者其他财物或者财产权利。

法律、法规及国家有关规定禁止买卖的自然资源或者其他财物。

中小企业所拥有的财产，只要不在上述范围之内，经与典当行协商，经后者同意，便可作为当物获得典当行提供的质押贷款。

（2）对店铺的信用要求和贷款用途的限制较少

通常，典当行对贷款用途的要求很少过问。典当向店铺提供质押贷款的风险较少。如果店铺不能按期赎当和交付利息及有关费用，典当行可以通过拍卖当物来避免损失。这与银行贷款情况截然不同。银行对中小企业贷款的运作成本太高，对中小企业贷款的信用条件和贷款用途的限制较为严格。

（二）典当融资的优势

典当是以实物为抵押，以实物所有权转移的形式取得临时性贷款的一种融资方式。与银行贷款相比，典当贷款成本高、贷款规模小，但典当也有银行贷款所无法相比的优势。

与银行对借款人的资信条件近乎苛刻的要求相比，典当行对顾客的信用要求几乎为零，典当行只注重典当物品是否货真价实。而且一般商业银行只做不动产抵押，而典当行则可以动产与不动产质押二者兼为。

到典当行典当物品的起点低，千元、百元的物品都可以当与银行相反，典当行更注重对个人顾客和中小企业服务。

与银行贷款手续繁杂、审批周期长相比，典当贷款手续十分简便，大多马上办理，即使是不动产抵押，也比银行要便捷许多。

顾客向银行借款时，贷款的用途不能超越银行指定的范围。而典当行则不问贷款的用途，钱使用起来十分自由。周而复始，大大提高了资金使用率。

（三）典当融资的风险

1. 融资难制约典当行的发展规模

依据《典当管理办法》规定，典当行只能按其注册资本最多1：1从商行银行贷款，因此典当行的静态融资规模局限于注册资本范围内。福建典当行业协会有关人士认为，典当企业自身融资难阻碍了典当企业的规模发展。目前解决这一问题的时机尚不够成熟，还有待于有关部门和商业银行的支持与协调。

2. 典当融资综合费用较高

虽然通过典当这种方式，可以很方便地获得资金，但典当的主要目的是救急。除贷款月利率外，典当贷款还需要缴纳较高的综合费用，包括保管费、保险费、典当交易的成本支出等，因此，它的融资成本要大大高于银行贷款，只适用于短期的借款需要。除此之外，典当融资需要融资者提供一定的可抵押品。因此，网店创业者在有融资需求前还是应当先想一想，需要的资金能否立即从银行获得。如果短期内确实无法从银行获得援助，依旧决定"借道"典当融资，也应细算一下典当融资的成本是否划算。否则，得不偿失。

3. 典当行业经营管理需规范

一方面，部分典当行股本结构不规范，甚至有的典当行在经营地址和营业范围等事项经主管部门批准变更后，尚未向公安、工商部门办理变更登记；同时，个别典当行股权结构未到位，少数典当行放松了对资产比例管理和风险控制，存在超比例放款问题。有的典当行还存在资金管理不严、不规范等问题；另一方面，少数典当行对行业指标、口径理解认识不到位，部分数据上报不完整，部分数据前后误差较大。

（四）典当融资的基本程序

融资典当的基本程序有审当、验当、收当、保管和赎当五个程序。

九、积累自有资金

自有资金是开网店筹资的最佳选择。店主可以动用自己的储蓄金，或者变现自己的动产和不动产来筹集到开网店所需的资金,这是开网店创业风险最低的方式。

第一,资金是店主自己所有,一进一退皆由自己决定,避免了患得患失。盈利也好,亏本也好,店主都能从其中学到不少的知识和经验,承受的压力相对要小一些。

第二,因为钱只有变成资本,才能体现出它的最大价值。资本只有在运动中才能增值,投放到生产、流通领域的资金才能盈利。

第三,个人独资所开设的网店不存在盈利分配或债务承担等问题,权利和责任比较清楚,可以避免经营过程中出现纠纷的情况。

有些网店属于小本经营,不需要太多资金,自有资金的积累是创业开店的最佳方式。当然,可以向他人借钱,但比重不宜过大,最好是五五对半的比例,以免承担太大的经营压力,反而不利于经营。

自有资金主要依靠储蓄,即一般意义上的存钱。存钱是以良好的习惯为基础的,要有持之以恒的意志。在积累自有资金时要注意几个主要问题,才能快速稳定地达到储蓄目标。

(一)存款目标宜大不宜小

日本心理学家多湖辉曾说过:"要想存一千者,应先以一万为目标。"只有制定了远大的目标,才能刺激你存储的积极性,就算收入不高,日积月累也能积少成多。

(二)杜绝有害性开支

对于那些对网店有害无益的开支,要坚决杜绝。

(三)不盲目购物

无目的地追赶时髦、凑热闹,盲目抢购目前经营不需要的商品,是储蓄的最大敌人。因此,花钱之前应该深思熟虑,精打细算。

十、高效稳健的筹资渠道

这是一个讲究效率的时代,网店创业者怎样才能在短时间内筹措到更多的资金呢?作为网店店主,应坚持以下几个原则,力求做到稳健、高效。

(一)筹资、融资数量要合理

商店筹集资金,必须有一个合理数量,不能宽打窄用,要精打细算,合理运算资金需要量。筹措不足,会影响网店生产经营活动的正常进行;筹措过多,会造成不必要的资金浪费,只有筹措适当才能促进网店的发展。

(二)筹资、融资期限要合理

网店融资用于引进新货,相应地会出现新的销售周期,这个周期的长短反过来制约着借款期限长短的选择。具体来讲，应结合投资期、盈利期和还款期来考虑所筹资金期限以及资金期限的搭配问题。

（三）筹资、融资方式的选择应合理

融资方式的选择也很重要，面对众多融资工具，商店一定要根据自身的具体情况和资金使用的要求，做出合理的选择。

要根据各种融资方式所能筹到资金的数量、期限等因素进行选择。不同的融资方式所筹的资金使用期限可能是不一样的，筹集资金数量的能力也是不一样的。因此，商店必须根据自身和社会上资金供求状况进行选择。

根据不同融资方式所需办理手续的繁简程度来进行选择。有些融资方式虽然具有数额大、期限长利率低的长处，但由于各种手续相当烦琐，与经营难以很好地衔接，可能会使网店丢失早期占领市场的机会，因此，网店在融资时还要考虑现实性和便捷性。

十一、降低筹措资金的成本

筹资成本是网店取得资金后，需要以利息、股息以及其他形式付出的一定的代价。利用不同资金来源的成本率在时间、空间、行业间的差别，选取较低成本资金来源，可以有效降低筹资成本。筹资成本的降低也依赖于筹资的三个准则：

（一）制定资金最低筹措目标

一方面保证了经营运行的启动资金；另一方面避免借款过多增加负担，避免无节制开销造成浪费。

（二）创建良好的筹措资金条件

筹资要有较好的吸引资金来源的条件。良好的筹措资金条件主要包括经营者的经营方向是否符合市场需求，是否符合当地外在环境条件，经营水平是否够高，是否具备偿还债务的能力等内容。

（三）权衡选择利率低的筹资方式

利息支出率的大小直接影响到经营者的利润，在一定的经营利润的前提下，支付利息越多，经营者的利润就越少。经营者要比较权衡各种筹资方式，选择利率低的借款。银行贷款的筹资则可以利用不同时间、空间选取最佳时机，以降低筹资成本。

十二、借钱、还钱技巧

在筹资的过程中，为了顺利筹措到所需要的资金，网店店主需要掌握好借钱、还钱的一

些技巧和注意事项。

（一）及时归还借钱

向亲朋好友借钱，碍于面子，一般不立借据，借方应牢记心里，一旦资金充裕就及时还钱。遇到意外无法按时归还要及时告知对方，表示歉意。久欠不还，只会引起别人的反感，甚至导致关系的破裂。

（二）还款票面要新整

即使所借的钱票面破旧，面值零碎，归还时也要讲究票面平整，宜整不宜零，以示尊重和谢意。有条件的情况下，借款要一次还清；分多次偿还的情况下要向对方慎重说明差余款项，写下书面借据，避免日后纠纷。

（三）要当面归还

无特殊情况下借方与被借方应直接交接款项，避免托人转手，这样既失礼也可能因账目不清造成损失。

（四）借钱不等于出卖网店权限

亲朋好友借钱给你的时候，总错误地认为他们对店铺的决策有控制权，从而引起纠纷。故而，在借钱之时，你要表明且坚定自己的立场，区分开独资和合伙的运作方式。

第三节　保证网店的财务安全

一、建立健全的财务系统

健全的财务系统，主要体现在以下几个部分：

（一）缩短资金周转期

要缩短资金的周转期，就需要管理好网店的日常资金开支，准确地预测各个阶段的资金应用。要有计划地筹措和使用资金，维护好网店的形象和信誉。

做好现金和银行存款的管理工作。店主应阶段性地了解现金剩余和不足的情况，做好资金预算。协调好信贷关系，保证商品流转资金的及时获取。控制合理库存，扩大销售，增加资金周转次数。保持收支平衡，研究筹措资金、延长支票和赊购支付物期限的对策。

（二）增强对库存的控制度

对库存管理的加强有利于网店进一步降低运行成本。网店的商品具有周转快、流量大、品种多、规格齐的特点，这就更需要网店加大对存货管理的力度。

（三）健全内部管理制度

内部制度主要分为两个方面：岗位责任和操作流程。岗位责任明确规定各个岗位的工作内容和职责范围，以及员工之间的衔接关系。操作流程则进一步规范管理，明确权限。

（四）设置分类账目报表

网店要根据自身的具体情况来设置分类账目报表，比如日志账目、分类账目、试算表、损益表、资产负债表、财务状况分析表、费用分析表、商品毛利分析表等。

二、适时对财务指标进行系统分析

网店应配备有专业的会计记账及财务核算。网店店主虽然不是专业的财会人员，但是店主的职责就是保证网店盈利，店主需要掌握分析财务指标的方法，通过分析财务指标，了解本店的盈利能力。财务分析的基础工具是网店的资产负债表和损益表，这两张报表概括了网店的财务状况对网店经营业绩的影响。作为店主很需要掌握这些财务工具的分析使用。

（一）资产负债表

资产分为流动资产和长期资产，负债分为流动负债和长期负债。资产负债表通过显示资产和负债的比例，可以反映出网店的经营效率。

（二）损益表

损益表反映出网店是否赚到利润。它由销售收益、成本、费用三部分组成。

（三）比率

1. 流动比率

流动比率 = 流动资产 ÷ 流动负债

流动比率表明网店是否有能力用流动资产偿还流动负债。例如，流动比率为 2：1 是被认为安全的，表明该网店可以用 2 元的流动资产偿还每 1 元的流动负债。如果流动比率小于 1，即流动资产小于流动负债，则意味着该门店的现金入不敷出。

2. 速动比率

速动比率 = 速动资产（现金 + 应收款）÷ 流动负债

当网店的流动资产被大量的存货所占用时，就需要用速动比率来检测网店的偿还流动负债的能力。速动比率用来说明网店可以马上转化成现金用来偿还流动负债的能力，一般认为 1 以上的速动比率是合适的比率。将大量的现金压在货物上是不明智的行为。

三、做好网店财务措施分析

了解了资产负债表、损益表两张基本的财务报表之后，还要通过各种财务指标计算公式，来具体了解网店的盈利水平、费用成本等具体的财务状况，以便根据情况做出对策。

（一）营业额达成率与毛利率

营业额达成率是指网店的实际营业额与目标营业额的比率。其计算公式如下：营业额达成率 = 实际营业额 ÷ 目标营业额 ×100%

营业额达成率的参考指标在 100%～110% 之间。

毛利率是指毛利额与营业额的比率。反映的是网店的基本获利能力。计算公式如下：毛利率 = 毛利额 ÷ 营业额 ×100%

毛利率的参考标准是 16% 以上。

（二）营业费用率

营业费用率指网店营业费用与营业额的比率。反映的是每一元营业额所包含的营业费用支出。计算公式如下：营业费用率 = 营业费用 ÷ 营业额 ×100%

该项指标越低，说明营业过程中的费用支出越小，网店的管理越高效，获利水平越高。营业费用率的参考指标是 16% 以下。

（三）净利额达成率与净利率

净利额达成率是指网店税前实际净利额与税前目标净利额的比率。它反映的是网店的实际获利程度。计算公式如下：净利额达成率 = 税前实际净利额 ÷ 税前目标净利额 ×100%

净利额达成率的参考标准是 100% 以上。

净利率是指网店税前实际净利与营业额的比率。它反映的是网店的实际获利能力。计算公式如下：净利率 = 税前实际净利 ÷ 营业额 ×100%

净利率的参考标准是 2% 以上。

（四）总资产报酬率

总资产报酬率是指税后净利润与总资产的比率。它反映的是总资产的获利能力。其计算公式为：总资产报酬率 = 税后净利润 ÷ 总资产 ×100%

总资产报酬率的参考标准是 20% 以上。

（五）营业额增长率与营业额利润增长率

营业额增长率是指门店的本期营业额同上期相比的变化情况。它反映的是网店的营业发展水平，计算公式如下：营业额增长率=（本期营业额-上期营业额）÷上期营业额×100%

一般来说，营业额增长率高于经济增长率，理想的参考标准是高于经济增长率2倍以上。例如，去年的经济增长率为8%，则营业增长率应该达到16%以上才算合格。

营业利润增长率是指门店本期营业利润与上期营业利润相比的变化情况。它反映的是网店获利能力的变化水平。计算公式如下：营业利润增长率=（本期营业利润-上期营业利润）÷上期营业利润×100%

营业利润增长率至少应大于零，最好高于营业额增长率，因为这表示网店本期的获利水平比上期好。

（六）盈亏平衡点

盈亏平衡点是指网店的营业额为多少时，其盈亏才能达到平衡。其计算公式如下：盈亏平衡点=固定费用÷（毛利率-变动费用率）×100%

毛利率越高，营业费用越低，则盈亏平衡点越低。一般情况下，盈亏平衡点越低，表示该网店盈利就越高。

（七）人均劳效

人均劳效是指网店的销售额与员工人数的比值，它反映的是网店的劳动效率。其计算公式如下：人均劳效=销售额÷员工人数

如果网店的人员越少，销售额越高，则人均劳效也越高，劳动效率就越高。

（八）总资产周转率

总资产周转率是指网店的年销售额与总资产的比值，它反映的是网店的总资产利用程度，其计算公式如下：总资产周转率=年销售额÷总资产×100%

该项指标越高，说明总资产的利用程度越好。一般情况下，总资产周转率的参考标准是2次/年以上。

四、制订资金运用计划

网店要有周密的资金运用计划。资金运用计划可以分成资金计划、收支计划、利益分配计划等几个部分，在制订收支资金计划时，要多方面考虑，并慎重地拟定计划。

（一）资金计划

资金计划，可以分为资金使用计划和资金调配计划。

1. 资金使用计划

资金使用计划分为开店前计划和开店后计划两部分。开店前计划费用有硬件设备及设备费、保证金、入股金及商品准备金等。开店后计划费用则可包括经营运转资金、商品采购费、贷款利息等各种费用等。

2. 资金调配计划

资金调配计划同样分开店前计划和开店后计划。开店前调配计划是配合开店前资金使用之需而准备，若能调配得当，对于投资成本的降低有很大作用。开店后调配计划是根据营业活动情形，扣除经营费用后的剩余额、折旧额以及各项应收、应付费用等做统一调配，以求灵活运用资金。

如何筹备与运用资金，是每位经营者应当深入了解的。

（二）收支计划

1. 营业额估算

第一个年度的营业额，需依照市场调查、卖场构成、商店实地条件、经营能力与同行加以比较后进行估算。次年度以后则根据收入所得与消费支出状况加以估算。

2. 收入估算

毛利额计算，一般依据毛利率及营业额进行估计，其他收入方面如利息收入、租赁收入等，则依可能发生情况予以列入。

3. 经费支出计算

按照经营之需，分为变动费用与固定费用。变动费用依营业额的高低比例确定，如包装费、广告费、营业税等。固定费用则包括人事费、邮电费、日常用品费及其他各项管理费等。

（三）利益分配计划

利益分配，除了缴纳各项税款外，可依营运的需要提取公积金，或是作为股东、员工的股利分配之用。

做好资金使用计划，是成功经营网店必修的功课，对于网店的经营和发展有着十分重要的作用。

五、现金流量表的预警作用

对现金流量表进行分析的意义在于了解网店本期及以前各类现金的流入、流出和结余情况，评价网店当前及未来的偿债能力和支付能力，科学预测网店未来的财务状况，从而为其科学决策提供充分的、有效的依据。

（一）网店现金的来源渠道

网店的现金来源主要有三个渠道：经营活动现金流入，投资活动现金流入和筹资活动现金流入。网店不可能长期依靠投资活动现金流入和筹资活动现金流入维持和发展，良好的经营活动现金流入才能增强网店的盈利能力，满足长短期负债的偿还需要，使网店保持良好的财务状况。此外，网店的发展也不能仅依赖外部筹资实现，厚实的内部积累才是网店发展的基础。一旦网店经营活动现金流入出现异常，其账面利润再高，财务状况依然令人怀疑。

（二）网店现金使用的主要方向

在网店正常的经营活动中，现金流出的各期变化幅度通常不会太大，如出现较大变动，则需要进一步寻找原因。投资活动现金流出一般是购买固定资产或对外投资引起的。筹资活动的现金流出主要为偿还到期债务和支付现金股利。债务的偿还意味着网店未来用于满足偿付的现金将减少，财务风险随之降低，但如果短期内，筹资活动现金流出占总现金流出比重太大，也可能引起资金周转困难。

（三）网店实现的会计利润与经营活动产生的现金净流量之间的对比

通过剔除了投资收益和筹资费用的会计利润与经营活动现金流量之间的对比可以揭示有关会计利润的信息质量的好坏。经营活动产生的现金净流量大于或等于该项利润，说明网店经营活动的现金回收率高，收益较好。

六、现金流的潜在危险

现金流量管理是现代店铺理财活动的一项重要职能，并且现金流量管理可以保证网店健康、稳定的发展。加强现金流量管理是网店生存的基本要求，可以保证网店健康、稳定地发展，有效地提高网店的竞争力。

现金流量管理中的现金，不是通常所理解的手持现金，而是指网店的库存现金和银行存款，还包括现金等价物。每个网店都有其各自的不同发展阶段，所以现金流量的特征也都不尽相同。根据网店在不同阶段经营情况的特征，店主应该采取相应措施，这样才能够保证网店的生存和正常的运营。

网店店主必须懂得现金流的重要性，现金循环有两种表现，一是短期现金循环，另一种是长期现金循环。无论哪一种，当产品价值实现而产生现金流入时，都要重新在新一轮循环中参与不同性质的非现金转化，因此，网店现金流往往是不平衡的。店主应该如何管好现金流，使支出和收入保持平衡呢？

（一）培养管理层的现金流量管理意识

店主必须具备足够的现金流量管理意识，从网店战略的高度来审视网店的现金流量管理活动。

（二）建立现金流入流出管理制度

使网店可以通过制定定期的管理报告、预算与预算控制报告来对现金管理进行及时的反馈，做出相应的调整。

（三）要对现金流进行强有力的实时控制

建立相应组织机构，加强现金流量的监督与管理。即从一个项目开始就进行策划、定位，然后从总量、分项进行控制。网店财务部门只是一个方面，还要有审核部门进行成本把关。

（四）建立以现金流量管理为核心的管理信息系统

将网店的物流、信息流、工作流、资金流等集成在一起，使得店主可以准确、及时地获得各种财务、管理信息。

七、编制相关财务报表

在网店的财务管理中，不可避免地要使用大量的报表来统计数据，并通过这些真实可靠的信息充分反映网店的销售状况，因此，需要科学地编制财务报表。财务报表亦称对外会计报表，是会计主体对外提供的反映会计主体财务状况和经营的会计报表，包括资产负债表、损益表、现金流量表或财务状况变动表、附表和附注。

财务报表主要是反映网店一定期间的经营成果和财务状况变动，这就要求报表在编制过程中遵循清晰明了、编报及时等基本原则：

（一）真实可靠

为了保证报表所提供的信息真实可靠、数据准确，在编制报表前店主必须核对账簿记录，使账物相符、账账相符、物物相符。

（二）清晰明了

报表信息是店主决策的依据，因此，每一条信息都应清晰明了，便于店主理解其含义，并正确使用。

（三）反映充分

编制的报表，应使店主充分了解网店的经营状况，从而做出正确的判断和决策。

（四）编报及时

时效性是信息的重要特征，只有讲究时效，信息才具备使用的价值。

第四节 网店员工薪酬及发放标准

一、薪金

网店创建初期，很多事情可以由店主一手处理，但是做大了之后，光靠店主一个人就忙不过来了，需要扩充人手。网店在任用员工后，就需要给员工薪酬，薪酬如何计算，薪酬多少受哪些因素影响？这些都是店主必须考虑的问题。薪酬一方面能够激励员工高效工作，更好地完成营业目标；另一方面，薪酬也是网店运作的主要成本之一，因此，在聘用员工前，就需要制定好各项激励措施与规章制度，合理分配薪酬。

许多店主认为,薪金就是我们所说的"工资"。其实不然,一般而言,薪酬分为以下几个部分：

（一）工资

工资也称基本薪资，是薪酬中相对固定和稳定的成分，它主要根据网店员工的工作性质、工作级别、工作责任等因素而定。在不同网店中，工资所占的比重也不同。一般情况下，工资是薪酬中的主要部分和计算其他薪资的基础，因此，较受员工重视。

（二）奖金

奖金也称奖励薪资，是根据员工超额完成任务或业绩的优良程度而计付的薪资。奖金可与员工个人绩效挂钩，也可与群体乃至网店效益结合。

（三）津贴

津贴又称附加薪资，是网店为了补偿和鼓励员工在特殊岗位和特殊工作环境下工作的薪资。例如，网店高层管理者的通讯津贴等。

（四）福利

福利是网店为了吸引员工到网店工作或维持网店骨干人员的稳定而支付的作为工资补充的项目，如各类保险金、退休金、午餐费等。福利本质上是一种保障性质的薪资。

以上四个部分就是薪金的基本组成部分。在实际情况中，薪酬的各个部分也会因各自性质及在薪酬总额中所占比重的不同而起到不同的作用。

二、影响薪酬的因素

员工在工作中脑力与体力的消耗，必须通过薪酬予以补偿，而对于员工的薪酬分配公平与否，将直接影响他们的积极性。正常合理的薪酬分配，有助于调动员工的积极性；反之，则势必影响员工积极性的发挥。因此，店主需要综合多方面的因素，考虑如何为员工提供合理的薪酬。

一般来说，影响薪金的因素主要从如下几个方面加以考虑：

（一）内在因素

员工所担任的工作或职务的特性等相关的因素是影响网店员工薪酬的内在因素，这是决定薪酬高低的最主要的因素。店主在分析内在因素时一般从以下几方面加以考虑：

1. 工作量

员工的工资收入受到其完成的工作量的影响。一般而言，计量薪酬时考虑的第一项因素就是其完成的工作量。

2. 职位的高低

职位包含权力，也反映一定的责任。网店中的高层管理者，承担的责任更大，其决策对网店的生存与发展产生重要影响，因而给予较高的报酬是合理的。

3. 能力水平

员工所具有的能力水平越高，所受训练层次越高，则应给予的工资越高，这样能使员工不断提高自身能力，提高绩效。

4. 年龄和工龄

工龄体现了员工对网店的贡献，是影响工资的一个重要因素。工龄能够补偿员工过去的投资，工龄工资能够保持平滑的年龄收入曲线。另外，由于网店的人员流动性高，工龄工资的设立能大大减少这种现象的发生，降低网店运营成本。

（二）外在因素

所谓外在因素是指与网店现在的工作状况、特性无关，但对工资的确定有重大影响的因素。简单地说，影响工资报酬的外在因素有以下几点：

第一，生活费用与物价水平。

第二，网店负担能力。

第三，地区和行业间通行的工资水平。

第四，劳动力市场的供需状况与竞争状况。

第五，劳动力的潜在替代物。

第六，风俗习惯。

第七，政府的宏观调控政策。

三、设置薪酬制度的一般程序

员工的薪酬直接决定其工作的态度与效率，因此，建立科学合理的薪酬体系显得十分必要，网店店主可以通过以下程序对薪酬进行科学的设计：

（一）对不同的工作岗位进行工作分析

在设计薪酬时，需要了解不同岗位的具体工作内容，工作分析是薪酬体系设计的基础。通过工作分析制作各职务的工作说明书，准备好这些文件和材料，才能进行下一步的职务评价。

（二）对不同职务进行职务评价

职务评价是薪酬体系设计过程中最为关键的一步。在这一环节中，需要找出网店内各种职务的共同付酬因素，并根据一定的评价方法，按每项职务对网店贡献的大小，确定其具体的价值。

（三）设计薪酬结构

通过职务评价找出各种职务理论上的价值后，为不同的职务进行不同的评价，通过薪酬结构的设计，将其转换成实际的薪酬。

（四）薪酬市场调查

薪酬市场调查也就是对本地区、本行业的薪酬状况进行调查以及数据分析等，使本店的薪酬更具科学性和竞争力。薪酬调查首先要调查本地区、本行业，尤其是主要竞争对手的薪酬状况，然后参照同行业或其他网店的现有薪酬来对职务的薪酬进行调整，以保证网店薪酬体系的竞争性。

一般而言，薪酬市场调查主要需做好两点：一是要调查些什么，二是怎样去调查和做数据分析。

（五）确定本店的薪酬水平

网店根据第三个环节中确定的薪酬结构，将众多类型的职务对应的薪酬归并组合成若干等级，形成一个薪酬等级或称职级系列。通过确定薪酬水平，便可以确定网店内每一职务的薪酬范围和具体的数值。

（六）实施薪酬评估与控制

网店进行薪酬体系设计的最后一个环节是要注意对薪酬的成本进行评估和控制。薪酬是网店人力成本的很大的组成部分，因此不仅要在设计之初对此类成本进行控制，也要在今后的正常运行中适当地控制、调整薪酬水平和薪酬比例。

另外，在实际设计中，网店不必拘泥于以上环节死板地设计，而应当根据网店本身的实际情况对上述环节进行合理的简化处理，以设计出更科学的薪酬制度。

四、制定薪资制度的基本原则

为员工制定合理的薪资制度，必然需要坚持一定的原则。只有公平合理的薪酬，才能够激发员工的工作积极性，使员工体会到自身被关心和自我价值被认可，增加对网店的认同感，自觉地与网店同甘共苦，为自身的发展与网店目标的实现而努力工作。因此，店主在制定员工薪资时，尤其需要考虑以下原则：

（一）公平原则

员工的满足感很重要，谁都渴望拿到尽可能高的薪酬。但薪酬并非制定得越高越好，重要的是让员工认为自己所得到的报酬是公平的。

员工对薪酬的公平感，也就是对薪酬发放是否公正的认识与判断，是设计薪酬制度和进行薪酬管理时必须首先考虑的。公平感取决于员工所获得的报酬和他所做出的贡献之比与某一衡量标准相比是高还是低，那么这一衡量标准如何确定呢？

员工用以衡量公平与否的标准体现在外部公平、内部公平和员工个人公平三个方面。也就是说，员工衡量公平的标准既包括网店内的其他员工，也包括网店外部员工获得的报酬与他们的贡献之比，同时还包括员工对自我价值的估价或者是网店所作出的许诺。

（二）竞争原则

店主需要考虑的竞争性原则，是指自身网店的薪酬标准在社会上和人才市场上要具有吸引力，这样才能战胜竞争对手，招到和留住网店所需的人才。如果网店的薪酬水平较低，必然难以吸引到优秀的人才。并且，网店原有的人才也会在其他网店高额薪酬的诱惑下，产生不满情绪以致工作热情下降，甚至辞职，另谋高就。

因此，店主在制定本店的薪酬标准时，应多多考察同类网店的薪酬水准，尤其是实力相当的竞争对手，然后针对本网店的实际情况制定具有竞争力的薪酬标准。如果有条件的话，店主在制定薪酬标准时，应采取尽可能高于同类网店的标准政策，才能最大限度地吸引和留住最优秀的人才。

（三）激励原则

职务有高有低、工作有难有易，薪酬的设计自然也需要考虑到这些方面。设计薪酬时需要依据职务高低与工作难易程度适当拉开差距，按贡献分配。只有这样，才能不断激励员工掌握新知识，提高业务能力，创造出更佳的业绩。

当员工的业绩突出时，能够获得比别人更多的报酬。如果网店内部不同类别、等级的职务之间薪酬相差不大，实行平均主义的"大锅饭"分配制度，会使优秀的、能力出众的员工离开，留下来的都是一些平庸的员工。因此，明智的店主懂得合理运用薪酬来激励员工更努力地工作。

（四）经济原则

在强调网店薪酬标准具有竞争性和激励性的同时，店主还必须注意薪酬的合理性。因为网店支付给员工的报酬，是网店成本的重要组成部分，过高的劳动报酬必然会提高网店的成本支出，最终降低网店在市场上的竞争力。因此，制定薪酬时不能完全看员工个人，而要综合网店的整体大局考虑。

另外，店主在考察人力成本时，不能仅看薪酬水平的高低，还要看员工的绩效水平。

（五）合法原则

合法原则就是指店主在制定薪酬时要符合国家的法律和政策，不能有性别、民族、地区等方面的歧视性规定。

五、薪酬应与经营目标结合起来

有经验的店主都知道，网店员工的薪酬体系与网店内部条件及外部环境之间具有一种依存关系。薪酬体系应该对网店的发展战略予以支持，通过薪酬政策向员工发出网店期望的信息，并对那些与网店的期望相一致的行为进行奖励。因此，网店在设计薪酬前，需要确定网店的经营目标，使薪酬能够与经营目标更好地结合起来。

（一）以对业绩突出的员工进行鼓励为目标

在网店薪酬设计的实践中，如果网店以对业绩突出的员工进行鼓励为目标，那么薪酬就将按员工的绩效支付。在这种情况下，网店应该调整薪酬支付政策，力求使薪酬更多地与刺激性奖励联系起来，而不是采取固定工资的形式。这时，网店不应提升所有员工的工资，而应对工作优秀的员工给予奖励。通过这些措施，网店能够建立一个真正由绩效决定薪酬的支付体系。

（二）以控制运营成本为目标

如果网店以控制运营成本为目标，那么网店就可以通过控制员工的数量、工资总额和福利开销来调整员工报酬。要求员工延长工作时间、缩短假期，严格控制打长途电话的次数和时间，调整差旅费支出标准，控制各种公费娱乐活动。

当然，在现实操作当中，网店还可以参照其他竞争对手的做法来制定薪酬。

但是，薪酬应该与网店的运营目标结合起来。薪酬的制定应该综合考虑以下三个方面：

第一，薪酬水平应该能够吸引员工。

第二，雇主有能力支付。

第三，实现网店的战略目标所要求的薪酬水平。

此外，如果网店鼓励员工队伍不断学习，并且根据员工技能和知识的增长来确定员工薪酬增加的标准，网店的薪酬政策可以把本店员工的工资水平设定在不低于自己竞争者的工资水平上。如果网店薪酬政策的主要目的是为了吸引和保持有竞争力的员工，但是有技能的员工纷纷另谋高就，这就明显地说明该网店的薪酬制度有问题，需要及时加以调整。

六、网店工资如何确定

网店的工资水平是如何确定的呢？一般而言，网店在确定员工的工资时都是根据员工所从事工作的复杂程度、精确程度、负责程度、繁重程度和劳动条件等因素，将各类工资划分等级，按等级确定工资标准。

不同的网店，其工资制度的具体构成因侧重点不同而有所不同。最常用的是岗位技能工资确定法和职务职能工资确定法。店主通过了解这两种确定法，可综合自身网店的现实情况进行实际考虑。

（一）岗位技能工资确定法

岗位技能工资确定法是以员工的劳动技能、劳动责任、劳动强度和劳动条件等基本劳动要素评价为基础，以岗位工资、技能工资为主要内容的一种方法。其中，岗位工资是根据员工所在岗位或所任职务及所在职位的责任轻重、努力程度（包括劳动强度）和工作环境而确定的工资；技能工资则是根据不同岗位、职位、职务对知识与技能的要求和员工所具备的知识与技能水平而确定的工资。

岗位技能工资确定法具有以下几个特点：

第一，岗位技能工资确定法能够全面反映员工的劳动差别。

第二，采用这一工资制度时，员工的工资随岗位、技能变化而变化。

第三，这一工资制度可为严格考核提供科学依据。

第四，这一工资制度可促使网店加强基础管理。

在采用岗位技能工资确定法时，岗位评价是岗位技能工资确定法的关键。如果做不到对员工劳动量进行科学评估，缺乏一系列扎实的基础工作，就无法真正有效地落实这种方法。

（二）职务职能工资确定法

与岗位技能工资确定法不同的是，职务职能工资确定法是以履行职务的种类和程度为基准来决定工资的一种方法。采用这一工资制度时，其主要形式是对员工按职务分类原则，将每个职务分级别类，定出每个等级的工资标准。其实施步骤如下：

第一，职系划分，将工作性质相近的职位归为一个职务大类。

第二，设定职种，同一职系下，将职务种类相似而工作复杂程度和责任轻重等不同的职位归为一级的职务大类。

第三，对职务进行分类，给出职务说明书，进行职务编制。

第四，对各个职务按一定的标准和方法在责任大小、难易程度、所需资格和条件等方面进行评定，确定职务等级。

第五，编制全网店共同资格与职种资格标准。

第六，编定薪给表。

第七，把每个员工的薪资纳入薪给表中。

第八，制定升降基准。

第九，根据职务职能工资制度的要求，对人事考核制度进行调整，以确保这种制度的实施。

在实施这一工资制度时要尤其注意其划分与评定方法：

1. 职系区分的方法

划分职系是职务职能工资的基础，而职系的划分是以工作性质来区分的。决定职种、职务及人力资源管理的各个单位必须是在决定工作性质之后。

2. 职种的设计方法

划分职系以后，就该设定职种了。设立时应注意以下问题：

第一，明确给出各职种的定义。

第二，了解本网店有多少职种，都是什么样的职种。

第三，根据本网店的实际情况，决定设立多少职种才易于管理。

第四，了解工作流程、人员配置等情况，决定职种的设立范围。

七、一般员工工资体系

网店中的员工主要分为一般员工和销售员工两类。一般员工是指从事体力劳动、陈列以及管理层等非销售类工作的员工；而另一大部分就是主要负责商品销售的销售类员工，其工资体系与一般员工有较大的不同。

工资体系是考察和分析工资水平和工资内在结构的根本依据。一般员工工资体系有以下3个组成部分，

（一）标准生活费

标准生活费又称基本生活费，是为了保证维持员工的基本生活需要的工资，一般参照社会既定标准形成。

（二）职务工资

职务工资是根据职务设定的工资。职务工资只与员工职务本身的价值有关，也就是与其

工作量、工作难易程度等有关。

（三）职能工资

除了以上两种工资，还有根据员工执行职务的能力而确定的职能工资。在职能工资中，执行职务的能力既可指显性的能力，也包括潜在的能力。

职能工资与能力工资含义相同，是根据员工对网店贡献能力而确定的工资。同时，它也是对职务工资的一种补充。

职务工资与员工职务的价值相对应，而与其工作能力无关，在职务工资之上再加上与工作能力相应的工资部分，就构成职能工资。

八、人数不确定，如何预算薪酬总额

薪酬总额预算控制是网店老板在设计薪酬时最关心的问题。在员工人数确定的情况下，通常采取按照不同层次人员人均薪酬乘以人数的方式，预测网店的薪酬总额。然而，网店在经营初期，店主尚缺乏薪酬管理的经验，因此，常常是根据业务发展情况分批招人，因而全年的员工人数无法确定，在这种情况下你该如何进行薪酬总额预算，确保员工薪酬总额与网店整体业绩、人员数量相匹配呢？

在员工人数无法确定的情况下，一般采用两个关键的薪酬监控指标来进行薪酬总额的预算和监控——人均营业额、人工成本率。即当网店的经营业绩完成情况和员工人数发生变化，可根据这两个指标测算出需要的薪酬总额。这两个指标的计算公式如下：

人均营业额 = 总营业额 ÷ 人数

人工成本率 = 薪酬总额 ÷ 总营业额

在确定了人均营业额和人工成本率的情况下，可以采用薪酬预算四步法进行薪酬预算：

第一，根据行业平均水平和网店在行业内的大致水平，确定网店应达到的人均营业额、人工成本率；

第二，根据人均营业额和预期的经营目标，确定要完成预期经营目标所需要的员工人数；

第三，根据人工成本率和预期的经营目标，确定薪酬总额；

第四，根据测算出的员工人数和薪酬总额，计算人均薪酬、人均固定薪酬，并与市场的人均薪酬或人均固定薪酬相比较，以确保测算出的薪酬水平不脱离市场薪酬水平。

九、年终奖发放的原则

网店年终奖发放的时候要遵循以下原则：

（一）公平的程序和结果

公平在很大程度上是吸引和保留人力资本并激励人力资本的最重要因素，薪酬的公平是员工最关注的。公平能使员工对组织产生信赖,更为自觉、有效地做好自己的工作;而不公平会导致员工消极的态度与行为。

(二)差异化

人与人之间的差异是客观的,管理的差异化日益被人力资源管理学者所接受和推崇。以差异化为基础的弹性福利制,自20世纪80年代从美国兴起以来一直兴盛不衰。差异化的福利能够很好地满足员工个人对福利的需求,增强员工的自我满足感。在年终给每一个员工发同样额度的奖金并不能产生太大的激励作用,如果网店能够在年终奖调查设计阶段,收集好每个员工的期望再发奖金,效果会好得多。

十、网店员工福利管理

福利是网店通过福利设置和建立各种补贴,为员工生活提供方便,减轻员工经济负担的一种非直接支付,是员工的间接报酬。员工福利的内容种类丰富,并随着社会环境的变化不断推陈出新。根据福利本身是否涉及金钱或实物,可以简单地将之区分为经济性福利和非经济性福利,它们各自又包含丰富的内容。

(一)经济性福利

经济性福利是指包括金钱或实物在内的福利。在实践中,主要有如下方面:

1. 额外收入

节日礼物或优惠实物分配等。

2. 带薪休假

3. 加班费

4. 饮食福利

免费供应午餐,设立员工食堂或伙食补助等。

5. 住房福利

以成本价向员工出售住房、房租补贴等。

6. 交通福利

为员工提供免费班车或为员工免费购买公共汽车月票等。

7. 医疗保健福利

免费为员工进行例行体检、打预防针等。

8. 教育培训福利

员工的脱产进修、短期培训、员工子女入托补助等。

9. 金融福利

家庭特困补助，家庭红白事慰问金、抚恤金，为员工购买住房提供的低息贷款等。

10. 文化福利

为员工庆祝生日，集体旅游，提供疗养机会等。

（二）非经济性福利

主要指服务性的非经济类的福利：

1. 咨询性服务

免费提供法律咨询和员工心理健康咨询等。

2. 保护性服务

平等就业权利保护（反性别、年龄歧视等）、隐私权保护等。

3. 工作环境保护

实行弹性工作时间，缩短工作时间，员工参与民主化管理等。

（三）保险福利

保险福利一般包括员工失业保险、员工养老保险、员工意外伤害保险、员工医疗保险、员工个人财产保险等。

十一、网店员工福利的作用

奖金往往是针对高绩效员工进行的奖励，而对于一般的员工，除了奖金外，良好的福利制度对他们也具有一定的激励作用。完善的福利制度对网店的发展具有重要意义。

（一）吸引优秀员工

优秀员工是网店发展的顶梁柱，以前很多网店主要靠高工资来吸引优秀员工。现在许多网店管理者意识到，良好的福利有时比高工资更能吸引优秀员工。

（二）提高员工士气

良好的福利使员工无后顾之忧，使员工愿意与网店同进退。

（三）降低员工流动率

由于网店的特殊经营形态，其员工流动率相对比较高。流动率过高必然会使网店的工作受到一定影响。为避免这样的损失，不少网店希望通过良好的福利打消他们跳槽的念头。

（四）激励员工努力工作

良好的福利激发员工自觉为网店运营目标而奋斗。

（五）凝聚员工

网店的凝聚力由许多因素组成，但良好的福利无疑是一个重要的因素，因为良好的福利体现了店主以人为本的经营思想。

（六）更好地利用金钱

良好的福利，一方面可以使员工得到更多的实惠；另一方面，用在员工身上的投资会产生更多的回报。

因此，作为明智的店主，不应忽视福利对于员工和网店发展的作用，而应充分发挥福利的积极作用，激发员工更好地工作。

第五节　控制成本

一、有效降低采购成本

控制采购成本对店铺的经营业绩至关重要。采购成本下降不仅体现在店铺现金流出的减少，而且直接体现在产品成本的下降、利润的增加。

在采购过程中，如何才能做到以尽量低的成本引进商品至关重要。首先，应该杜绝采购人员的暗箱操作，这对完善采购管理、控制采购成本有较大的成效。为此，店铺要制定严格的采购制度和程序，完善采购制度要注意以下几个方面：

（一）核实价格

不管采购任何一种物料，在采购前要熟悉它的价格组成，了解你的供应商所生产成品的原料源头价格，为自己的准确核价打下基础。要由专门的负责人员来管理，经过多方渠道搜集产品信息。

（二）信息来源要广

现今社会是一个信息化的社会，作为采购人员要从不同的方面收集物料的采购信息。

（三）选择合适的供应商

一个好的供应商能跟随着你共同发展，为你的发展出谋划策，节约成本；不好的供应商则为你的供应管理带来很多麻烦。供应商的筛选，要从供应商的产品质量、交货时间、付款方式、供货能力、生产能力等以及供应商的财务状况等多方面考虑。

（四）采购人员的谈判技巧也是控制采购成本的一个重要环节

一个好的谈判高手至少会给你的采购带来5%的利润空间，这也要建立在采购员的职业技巧和职业道德上。

（五）批量采购的重要性

销售量的多少直接影响商品的采购量。在与供应商进行价格谈判时，小批量采购往往享受不到优惠的价格，处于不利的地位。因此，在判断好市场销售前景的前提下，以提高采购需求量来得到供方的低价优惠和返利政策。对于单品种大批量与多品种大批量产品可直接与生产厂家联系，尽量采用集团采购的方式，降低成本。

（六）建立月度供应商评分制度

从质量、价格、服务三方面入手，实行供应商管理制度，会收到你意想不到的效果。

（七）建立采购人员的月度绩效评估制度

不但可以激励采购人员的工作积极性，同时也是防止采购员受贿的一个有效手段。

（八）有效控制采购库存

这可以避免停产的风险及积压物资的风险，无形中控制自己店铺的采购费用。

（九）采用现金交易或货到付款的方式

如果店铺资金充裕，可采用这种方式，这样往往能带来较大的价格折扣。

（十）把握价格变动的时机

价格会经常随着季节、市场供求情况而变动，因此，采购人员应注意价格变动的规律，把握好采购时机。

（十一）电子化采购

建立电子化采购制度可以降低采购行政管理费用，缩短采购周期，提高存货运营效率，降低店铺的采购成本，使繁杂的订单管理、合同管理变得轻松简单，使店铺的采购环节井然有序，提高采购效率与效益。

二、控制仓储成本控制

在成本控制的管理中，我们通过下面的方法来控制仓储成本。

（一）采用"先进先出"方式，减少仓储物的保管风险

"先进先出"是储存管理的准则之一，可以减少仓储物的保管风险。

（二）提高储存密度，提高仓库利用率

这样做的主要目的是减少储存设施的投资，提高单位存储面积的利用率，以降低成本、减少土地占用。

（三）采用有效的储存定位系统，提高仓储作业效率

储存定位的含义是被储存物位置的确定。如果定位系统有效，能大大节约寻找、存放、取出的时间，节约人力成本。储存定位系统可采取先进的计算机管理，也可采取一般人工管理。

（四）采用有效的监测清点方式，提高仓储作业的准确程度

对储存物资数量和质量的监测有利于掌握仓储的基本情况，也有利于科学控制库存。在实际操作中稍有差错，就会使账物不符，所以，必须及时且准确地掌握实际储存情况，经常与账卡核对，确保仓储物资的完好无损。

（五）加速周转

周转速度一快，会带来一系列的好处：资本运转快、资本效益高、仓库吞吐能力增加、成本下降等等。具体做法诸如采用单元集存储，建立快速分拣系统等。

（六）采取多种经营，盘活资产

仓储设施和设备的扩大投入，只有在充分利用的情况下才能获得收益，如果不能投入使用或者只是低效率使用，只会使成本增加。网店应采取出租、借用、出售等多种经营方式盘活这些资产，提高资产设备的利用率。

三、促销费用要精打细算

网店经营费用大幅度上升，尤其是营销费用，成为让网店管理者十分头痛的难题。那么，有没有控制营销费用的方法或技巧呢？

促销费用日益增长，这就给我们提出这样一个问题——促销要花多少钱？制订促销预算时应先搞清以下几个问题：

促销活动如何开展才能达到开拓市场的目标？

需要投入多少？

此项促销计划是希望取得怎样的市场效应？

网店营销策划部门，每年度末制订下年度网店广告、促销总体方案及经费预算，连同可

行性论证资料一起提交办公会议讨论审议；营销策划部门负责人对每一笔费用预算做出说明，参加会议人员对每个项目方案发表明确意见，形成详细的会议纪要，建立独立的营销档案。促销预算小组的每个成员都应对预算负责。

第十章　拼多多在电商红海中快速逆袭

拼多多是近两年电商行业一匹黑马，创造了一个传奇：创立不到三年就在美国纳斯达克上市，成为仅次于淘宝和京东的第三大电商平台，这是一家近十年中国增长最快的电商公司。拼多多何以异军突起、快速逆袭？传统电商巨头是否会被拼多多的社交电商模式颠覆？拼多多的快速增长背后又有哪些隐忧？

"拼多多，拼多多，拼的多，省的多。拼就要拼多多，每天随时随地拼多多，拼多多！拼多多，三亿人都拼的购物 App。"在拼多多商城首页，随处可见销售近百万件、19.9 元一双的新款运动鞋，同时，通过在各大卫视的爆款节目中投放大量广告，拼多多快速走入了大众的视野。2015 年 9 月创立的拼多多，以低价和社交化拼团模式，并借助微信的流量红利，在一片电商红海中快速崛起。3 年时间做到市值 240 亿美元，上市首日大涨 40%，最高市值接近 300 亿美元，已经是小半个京东。不过，拼多多在质量、口碑方面一直备受争议。

截至 2018 年 6 月 30 日，拼多多的活跃买家数为 3.44 亿人，活跃商户数为 170 万家。拼多多在过去一年中的交易额达到了惊人的 2621 亿元。2017 年全年实现营收 17.44 亿元，同比增长了 245.35%。拼多多实现全年交易额（GMV）超过千亿规模，只用了 2 年 3 个月，同样实现这个规模，淘宝用了 5 年，京东用了 10 年，唯品会用了 8 年。2018 年 7 月 26 日晚，拼多多在上海、纽约同时敲钟，正式登陆美国纳斯达克市场。上市首日，拼多多股价报 26.7 美元，大涨 40.53%，市值达到 295.78 亿美元，成为四年来最大的中概股 IPO。

拼多多无疑在商业上是成功的，它让购物不再孤单。和亲朋好友拼团购物，让用户既获得了实惠，又体验到了"如线下逛街般"的社交乐趣。在拼多多创始人兼 CEO 黄峥看来，购物不全都是目的型的，很多时候，你就是想约上三两好友，去大悦城、去沃尔玛逛逛。购物是社交、娱乐、生活的一部分。他认为，社交电商的模式是创新，本质却是回归，它让线上消费重拾社交属性，让购物变得"有温度"。

人们不禁会问：在目前的电商红海时代，阿里巴巴、京东等电商巨头已经积累了多年的流量护城河，为什么拼多多会异军突起、快速逆袭？淘宝、京东等传统电商巨头是否会被拼多多的社交电商新模式颠覆？拼多多的快速增长背后又有哪些隐忧？

拼多多创始人黄峥出生于杭州，初中时进入杭城名校杭州外国语学校就读，在被保送进入有"优等生俱乐部"之称的浙江大学竺可桢学院后，主修计算机专业，在大学期间，因一次偶然机会帮主动找上门来求助的网易创始人丁磊解决了一个技术难题而得到了丁磊的赏识。

浙大毕业后，黄峥去美国威斯康星大学麦迪逊分校攻读计算机科学硕士学位，并经丁磊介绍认识了人生中又一个伯乐一也是浙大校友的步步高集团董事长段永平。段永平以62万美元高价拍下与巴菲特的午餐后，因与黄峥的浙大校友关系和私人交情，就将可以再邀请7名亲友的宝贵午餐名额之一给了黄峥。黄峥即将硕士毕业时，段永平就给过其宝贵建议。当时黄峥面临着幸福的烦恼：是去微软还是谷歌工作？正是在段永平的建议下，黄峥选择了当时员工还不满千人的谷歌，并获得了一定数量的谷歌股份，这些股份在谷歌上市几年后就升值至数百万美元。黄峥在谷歌从事电商搜索的开发，这也为他日后在电商领域的创业积累了经验。

黄峥在谷歌的第三年，和李开复一起回国，建立了谷歌中国办公室，一时间，黄峥的人生风光无限。但他并不甘于此，最终选择离职创业。黄峥创办了自己的第一家公司kuku.com，一个销售电子产品的电商平台。黄峥意识到kuku.com与其他数千家网站并无显著差别，随之将网站出售。带领kuku.com的原班技术团队，黄峥创建了帮助淘宝等电商开拓市场服务的乐其公司和在微信平台上提供角色扮演的游戏公司。在这过程中，丁磊和顺丰创始人王卫都给了黄峥很多帮助和启发。

黄峥遇到的另一个贵人是淘宝网前CEO孙彤宇。正是孙彤宇把黄峥此后创立的拼多多、拼好货介绍给了高榕资本的张震，高榕资本成为拼多多的A、B轮领投方和C、D轮投资的参与方。在如何与大佬成为朋友并且产生互动这个问题上，黄峥表示，"互相选择吧，哪怕是做学生的时候，我都觉得我们的人格是平等的。"

这两家创业公司的成立不仅使黄峥实现了财务自由，更重要的是使他找到了创业伙伴，这群伙伴不仅具有极好的学历背景，还有知名企业的工作经历，更重要的是他们都热爱创新创业，喜欢折腾。黄峥心中有两个榜样：美国科学家、外交家本杰明·富兰克林和新加坡开国元勋李光耀。黄峥认为，创业是创造价值的一种方式，企业家的格局往往能决定企业能够走多远。

第一节　拼好货和拼多多：自营vs平台模式

黄峥创办拼好货的起因来自对比思考。他认为，21世纪的前十年，Google和Facebook成为美国互联网企业的两大巨头，分别代表了两种商业模式。Google的本质是搜索公司，依托海量用户，通过向商家贩卖流量获取广告费。Facebook的本质是社交网络公司，依托个性化的个体做广告变现。回头分析中国的公司，黄峥认为淘宝其实是电商版的Google，提供搜索商品服务，再通过广告实现流量变现。经过仔细分析和研究，黄峥发现当时还没有哪家电商称得上是Facebook模式。于是，他开始大胆探索。

2015年4月，拼好货上线。2015年5月，黄峥获得高溶资本领投的800万美元投资。拼好货采用的是重资产模式，团队自建供应链，从货源、仓储到物料，拼好货都严格把控，保证产品质量。拼好货与淘宝、京东的不同之处在于，其以拼单为核心的商业模式，用户在购买商品之前需要借助以微信为主的社交平台吸引亲朋参团，达到预定的人数后才能开启订单。在短短9个月的时间里，拼好货累计活跃用户破千万，订单日峰值近一百万单。选择把公司做"重"也带来了不少问题，由于产品价格低廉、拼团模式新颖，拼好货销售额的短时间暴增使得自建供应链经受不住压力，出现了因爆仓而发不出货也退不了货、退不了款的情况。

在调配仓配运营团队后，拼好货的体系趋于稳定。拼好货发展迅猛，其日订单量超过百万，累计活跃用户突破千万，并完成了千万美金级别的B轮融资。在拼好货快速发展的同时，黄峥想做一家更大公司的想法萌生。黄峥的四个贵人：孙彤宇、段永平、王卫、丁磊拿出上千万元给他背书，2015年9月，拼多多应运而生。同样采取了拼单玩法，拼多多与拼好货的不同之处在于，拼多多并不聚焦于某一类垂直领域产品的自营销售，而是全品类的平台模式销售。

如果说前者强调的是产品体验，自建供应链的自营模式，后者则是让供应商入驻、与物流第三方合作的平台模式。拼多多的成长更为迅猛，成立仅一年平台的月GMV（成交总额）就达到了10亿人民币。拼多多获得了来自高榕资本、新天域资本、腾讯等共计1.1亿美元B轮融资。

黄峥表示，"拼多多有流量，但品质不好把控，尤其水果。拼好货却有供应链的优势。双方可以优势互补，拼好货作为拼多多的一个子频道，可以引领品质，同时把后端的仓配能力开放给第三方卖家，整体水果电商的品质可以得到提升"。"拼好货"和"拼多多"宣布合并，拼好货变成了拼多多的自营部分。

一、快速成长

抓住流量红利，获得流量是电商平台业绩增长最重要的手段之一，拼多多擅长获得流量。包括淘宝在内的阿里系平台无法直接获得竞争对手腾讯的流量，而得到腾讯战略投资的拼多多却依靠微信迅速成长起来。2016年年底，拼多多的单日成交额突破1000万元且付费用户数突破2000万。这意味着，拼多多只用了约一年的时间，就实现了淘宝、京东等三、四年才积累出的成绩。依据拼多多2018年6月30日早间提交的美股上市招股说明书，截至2017年12月31日，拼多多的月活跃用户为6500万人，截至2018年3月31日，月活跃用户1.03亿人，单季度月活增长近4000万，用户增速较快，拼多多在电商巨头的角逐中渐渐占有一席之地。到2018年年初，拼多多获取了3亿用户，拥有活跃商家超过100万，第一季度的交易额达106亿美元。据36氪报道，拼多多在2018年4月完成新一轮腾讯领投的30亿美金融资。

拼多多的快速发展之路可以大致分为三个阶段，2015年10月至2016年12月为产品探索期，这一阶段以产品打磨和商业模式验证为特征；2016年12月至2017年10月为第一次增长期，以拼多多开始加强运营投入、不断加大线上线下广告为特征，拼多多通过赞助热门综艺节目等方式拉新获客，实现产品下载量大幅上升；2017年10月至今为第二次增长期，这一阶段以拼多多更多加强运营投入、更多加大广告投入为特征，占据商品类下载量第一名的位置。

拼多多的盈利模式在这三个阶段也有所变化。招股书显示，拼多多2016年收入为5.05亿元人民币，2017年全年收入为17.44亿元人民币，2018年收入为13.85亿元人民币。收入主要来自两方面，对商家的在线营销服务（主要指广告），以及自营商品销售收入。拼多多在广告上的收入大幅度提高，2016年为4830万元，到2017年显著提升至17.407亿元，2018年第一季度就高达13.846亿元。另一方面，拼多多在自营商品销售方面的收入持续降低，2016年为4.566亿元，2017年降到340万元，到2018年第一季度为0。这反映出拼多多的商业模式，由此前的依赖自营商品销售转变为作为平台对海量商家的在线营销。

二、社交+拼团

在拼多多的平台上，可以看到一款商品的单独购买价格和发起拼单价格。若选择拼团，可以通过在App上直接选择正在拼团的拼友，也可以自行开团。开团之后，购物者需要将拼团链接发送到社交平台，并在规定拼团时间内，需要自行寻找到足够数量的购买者，才能继续购买流程。开团时间内，若没有达到指定的参团人数，购买就会失效，此时也不用担心此前已支付的货款，因为系统会自动退款到原支付账户。这种将社交属性融入购买行为当中的规则设置，加上低廉的价格和爆款产品，使得拼多多迅速引爆了朋友圈和微信群。

黄峥对消费者有独特的思考，他认为，伴随微信的崛起，消费品也呈现出分众化的趋势，消费者被分成了零散化的小组，每一组的消费者会对应不同的差异化的产品。消费者会因为平台有针对性、适需而被吸引、被留下，平台会获得便宜而稳定的流量，这种供应链的改造真正为消费者创造了价值。

拼多多社交电商的核心是社交+拼团。人与人之间本就有社交连接，基于社交连接，每个顾客都成为拼多多流量的分发渠道，微信是拼多多用户拼团的主要平台。微信不仅是中国最大的互联网社交平台，聚集了全国最大数量的三、四线城市用户和农村用户，这些用户恰为拼多多的重要目标用户，另一方面，微信提供的是即时通信服务。移动互联网分散的各处流量会在微信聚集，为拼多多提供源源不断的流量运营基础。腾讯参与了拼多多的多轮股权投资，对于拼多多在微信群和朋友圈的营销活动，腾讯颇有助力。拼多多的微信小程序从2017年5月可以使用，到2017年年底，累计用户访问量已经过亿，这正是借助微信小程序引入流量，充分利用微信小程序开关方便、体验流畅的特点，助力自身发展的明证。

拼多多的创始团队，既有电商的强运营思维又有游戏的社交基因。他们深知以淘宝的模式再造一个淘宝，对用户来说是没有价值的。实现社交和电商的融合，创造一种新的电商模式，让消费者体验另一种购物方式，才是拼多多团队奋斗的动力源泉。关于平台盈利模式，拼多多现在并没有像其他电商平台一样抽成广告，目前只是代微信收取0.6%的交易手续费。未来，拼多多依托其流量，实现变现的方式有很大的想象空间。

三、"拼工厂"+"拼农货"

拼多多的社交电商能力体现在前端与后端能力的结合,这种结合也使得拼多多打通了整个社交电商的交易过程。在前端,拼多多利用移动互联网背景下人们容易分享的特点,以分享和交流的电商拼团模式,打动用户。拼多多三年发展至今,一直在持续打磨产品。"砍价免费拿"是一种带有娱乐性的模式。买家借助微信和朋友圈,在规定的24小时内,可以让朋友帮助他对所选商品进行砍价,这种特色营销模式,使拼多多的用户数快速增长。

在后端,拼多多负责产品质量控制,同时将用户需求向上游的生产商、供应商提供反馈。近些年,长三角和珠三角的企业面临外贸订单萎缩、原材料和用工成本提高等困境,而其回归国内需求之路却遭遇电商流量成本暴涨、线下经济不景气等问题。因此,这些企业迫切需要在微利模式下进行低风险的大规模化生产。拼多多有效承接并放大了这种需求,将这些工厂变为由拼多多牵头,为其"爆款"产品提供全套代工服务的"拼工厂"。

低价爆款的模式一度让拼多多饱受争议,便宜真的能有好货吗,"9.9秒杀"在成本上是如何实现的?以两家来自江西瑞昌市的纸巾爆款"拼工厂"为例:其中一家是有着近二十年代工背景的老牌代工厂(可心柔)、另一家是完全根植于线上的新兴品牌(植护),都是于2016年进入拼多多,凭借着价格和口碑优势,在仅仅两年内,卖出了2.61亿包纸巾,称得上江西制造业的一个小传奇。当时拼多多团队给可心柔的建议是缩减产品线,主打爆款商品,把运营成本降下来。开启合作之后,可心柔尝试过多种纸巾的规格,最终定下了"28包、售价29.9元"规格的商品作为品牌主打。这样的定价,一方面对品牌来说有一定利润,另一方面能快速引爆市场。在流量方面,拼多多也给到了可心柔首页推荐位置,这让该产品在上线当天就实现了300万的销售额。

拼多多公布的数据显示,在其过去两年的发展过程中,已经孵化出近千家类似可心柔与植护的"拼工厂",并且订单量实现了几倍、甚至几十倍的爆发式增长。伴随拼多多短短两年实现爆发式增长的同时,产能过剩大军中的一些"拼工厂"也由此实现华丽转身,拥有了自己的品牌和可观的收益。

将消费者的需求直接对接到工厂,即C2M模式,节省了中间所有的渠道成本。一些国内学者对"拼工厂"做了深入研究,指出了"拼工厂"的价值。由于拼多多上的商家多为中小型企业,很难自建全套设备,通过"拼工厂"的一站式生产,既保证了产能,又方便拼多多对其进行质量把控和管理。这种模式的好处是工厂最大限度地简化了生产流程,专注特定款式,将原料和机器的使用效率达到最高。

根据拼多多发布的《2017拼多多扶贫助农年报》显示,其通过3亿用户社交接力的方式,精准链接起了农民与消费者,仅在一年时间内便催生9亿多扶贫订单,探索出了电商精准扶贫的"拼多多模式"。

与传统"开店扶贫"的电商扶贫模式的最大区别是,原来农货只能等待被动搜索,大量投入变为沉没成本。而拼多多模式在供给端，通过C2B预售聚集海量订单分拆给产区，精准到贫困户，并提高流通效率；在需求端，3亿用户接力分享的社交力量，让农货订单实现裂变式增长。更重要的是，拼多多一边解决全国各地农产品滞销，一边扶持新农人创出品牌，实现了应急扶贫与长效"造血"的融合发展。

2017年底，陕西乾县74岁的郑志龙老人，因家中320斤梨只卖了10元，被人民日报、中央电视台等多家媒体关注。拼多多爱心助农团队在看到后，当即拍板要一帮到底，就在了解到老人身体较差、家庭情况困难后，决定联合商家以高出市场价格1倍，即1元/斤的价格，全部买下其家中的1.5万斤梨。与此同时，拼多多将"郑爷爷的梨"放在App的醒目位置进行推广，就在一周内，"郑爷爷的梨"全部卖完。

在过去的一年中，拼多多已经帮助成千上万个"郑爷爷"解决销路问题—上线第一天就卖出1.5万斤华山脚下青皮核桃，月累计销量超70万斤；山东萝卜一周销售20万斤，为老乡仓敝40万元；支持四川雅安灾后重建，"雅安蒙顶山红心猕猴桃拼单活动"日销3000单……拼多多平台上这些惊人的数据，展现了社交电商精准扶贫、快速响应的巨大动能。

2018年4月，拼多多公布了一项名为"一起拼农货"扶贫助农计划，根据该计划，拼多多将投入100亿元营销资源，深入到500个农业产地、扶持1万名新农人，解决农产品流通和销售的难题。

中国社科院中国社科评价研究院院长荆林波表示，与传统电商相比，社交电商能将同类兴趣的细分顾客聚集，以体验和内容营销来打动消费者，"特别是它能够下沉聚焦到三四线城市乃至农村市场，这些特点都可以在精准扶贫中有效发挥作用。"

第二节　消费分级

当前，中国社会消费层次多元，三四五线城市的消费需求的存量市场依然很大。《中国统计年鉴》的数据显示，占我国总人口80%的中低收入者，在2018年的人均可支配收入为23836元。这一数字，尚不如占总人口20%的高收入群体在2006年的收入水平（19730元）。不同群体的收入差距，势必造成两者截然不同的消费习惯和消费需求，性价比对于这80%的人来说依然是做消费决策时的第一参考因素。

从拼多多用户分布情况看，三线城市占23%，四线及以下城市的用户占42%，二者总和达到65%，而拼多多一线城市用户比例仅占8%。拼多多的快速崛起，显示出市场下沉成为移动互联网的新机会。当一二线城市已经变成一片电商红海后，创业者在利基市场找到了新的增长机会。"微信的使用者减去淘宝的使用者"是这些创业者的新目标用户，其用户量大约有5亿之多。按照黄峥的说法，"只有在北京五环内的人才会说这是下沉人群"，他们"关注的是中国最广大的老百姓"。

拼多多提供的是消费分级服务。高收入人群是消费升级的目标受众，这部分人群愿意为提升生活品质掏腰包，拼多多的"海淘""定制"等高端消费类服务瞄准的正是这个群体。对于低收入人群而言，这些用户最为在意的是价格。他们往往被拼多多极有诱惑力标价的产品所吸引，并且在自己的朋友社交圈大力传播。据极光大数据统计，拼多多用户中 65% 来自三四线城市，而京东用户之中 50.1% 来自三四线城市。拼多多内部也将自己的服务宗旨定为服务中国最广大人群的消费升级。

从物以类聚的淘宝到人以群分的拼多多，消费分级和做利基市场是拼多多的重要商业逻辑。"社交电商"模式刺激了用户需求并聚集相同或类似需求，市场下沉显示了三四线人群红利的价值。借助消费分级与市场下沉，拼多多实现了其颠覆式创新。

在拼多多悄然崛起的 2016-2017 两年里，马云、刘强东与马化腾正在适应消费升级，并在新零售这一新赛道上开展竞争。新零售领域的竞争白热化，让拼多多在较为宽松的环境里实现了迅猛发展，也正是这两年，微信的流量红利被拼多多充分运用。而它的横空出世，让淘宝、京东感受到了咄咄逼人的压力。原本在打通线上线下零售上不断投入的京东和阿里意识到，不能继续让拼多多独享三四五线城市和广大乡镇的流量红利，于是纷纷出手对拼多多进行阻击。

淘宝在 2018 年 3 月中旬推出了名为"淘宝特价版"的 App，主打低价拼团，提供的服务和玩法与拼多多十分相似，包括更低价和高性价比的商品推荐、9.9 元购、亲密代付和互动玩法等。京东也开始力推自己旗下的"京东拼购"项目。"京东拼购"推出的服务核心是超低价拼团和品牌清仓特卖，并且以 1% 的低价佣金吸引大量商家入驻。京东拼购借助京东早已建立完善的电商链条具有显著的优势。除"淘宝特价版""京东拼购"外，国内其他主流电商平台也采用了"拼团"模式，比如洋码头"砍价团"、苏宁易购拼团和贝贝拼团等。

当拼多多获得资本市场的认可后，众多中小拼团 App 也冒了出来，争抢这一赛道的份额，例如 91 拼团、51 拼团等。这些中小拼团 App 的发展，不禁让人联想到千团（团购）大战。

第三节 野蛮生长与公关危机

拼多多对进驻商家的低门槛恰如硬币的两面。一方面，靠着低价策略吸引顾客的商户进驻平台，为用户带来更多品类、更廉价的商品选择，另一方面，也随之产生了假冒伪劣和山寨货的问题。中国电子商务研究中心发布的数据显示，2017 年全年，拼多多的投诉量高达 13.12%。网络上所有关于拼多多差评的反馈中，绝大部分都是对其产品质量控制的质疑。伴随着高速增长，拼多多也开始逐步加大了品控力度。2018 年 2 月 1 日，拼多多发布《2017 拼多多消费者权益保护年报》，年报显示，拼多多通过大数据分析、机器学习等技术自动锁定可疑商品等手段打假。2017 年，拼多多平台一共主动下架 1070 万件疑似侵权商品，并通过黑名单机制终身封禁售假商家。拼多多还设立了 1.5 亿元消费者保障基金，当消费者遇到售后纠纷时，在核实后拼多多将先行垫付，帮助消费者处理售后纠纷并维权索赔。受此影响，商家对拼多多的投诉也与日俱增。

2018年6月13日,拼多多上海的总部遭遇上千家商铺维权,野蛮生长的拼多多迎来了史上最严重的一次危机公关。商家穿着印有"拼多多,欺骗消费者,还我血汗钱,非法冻结商家资金"字样的白色T恤涌入总部大楼,现场一片混乱。为此,从不在公众面前发声的黄峥站了出来,委屈地表示"这是我工作以来,我妈第一次打电话给我,问我怎么了,为什么会这样。"从拼多多创建至2018年6月,这并不是第一次出现商家维权的事件,2017年9月至今都有商家上门进行维权,理由相似,都是对商家售假的处罚标准不满。在网上,甚至还出现了质疑拼多多依靠对商家罚款进行牟利的声音。也正是在这几个月,拼多多被扫黄打非办公室点名批评涉嫌销售黄暴商品。

7月26日,拼多多在上海和美国同时敲钟,在获得资本青睐的同时,也很快遭遇了又一波更严重的舆情危机。7月27日,一篇《拼多多,三亿人都敢坑的购物App》的文章出现在了朋友圈,文章作者指责拼多多销售仿冒、山寨和三无产品。7月28日,创维公司发布声明,指责拼多多上出现了大量假冒创维品牌的电视产品(包括:创维先锋、创维云视听TV等),并提出严正交涉。7月29日,童话大王郑渊洁也在微博发表声明,指责拼多多销售盗版皮皮鲁系列图书,侵犯其著作权,要求拼多多立即停止侵权行为。7月29日,一篇《该以穷人之名原谅拼多多吗?》的文章广为传播,文章作者指责拼多多辩解的"淘宝吃过的苦,(拼多多)都躲不过"是逻辑陷阱,拼多多成了假货和山寨的集中地。为此,拼多多也通过媒体澄清事实,并以"所有员工的期权将锁定三年,继续埋头苦干"向市场释放正面信息。

根据众多媒体反映的拼多多平台上侵权销售的假冒商品等问题,8月初国家市场监管总局网监司已经要求上海市工商局约谈平台经营者,并要求上海市和其他相关地方工商、市场监管部门,对媒体反映的以及消费者、商标权利人投诉举报的拼多多平台上销售山寨产品、傍名牌等问题,开展调查检查,不管是第三方平台还是平台内经营者,只要构成违法,都将依法严肃处理。拼多多方面回应称,全力配合相关部门展开调查。

集中爆发的舆论危机,让黄峥有些不堪重负。7月31日,拼多多董事长兼CEO黄峥发布题为《坚持本分,即使是恶意的攻击,也要善意的解读》的全体员工信。信中表示,"一边倒的正面不是我们追求的,一边倒的负面也从来不是真实的拼多多"。要坚持本分,面对质疑先求责于己,要拥抱公众和竞争对手的监督,忽略股价的波动,拿出钉钉子的精神,一个一个扎扎实实解决实际问题。

第四节 拼多多的明天

电商黑马拼多多在如今日趋红海的电商市场寻找到一片蓝海。拼多多的异军突起让电商行业深刻意识到,看似成熟的电商市场内部仍然有依靠颠覆式创新异军突起的可能,包括对电商的未来发展和中国的真实国情都值得重新认知。

"拼多多不是一个传统的公司，它在大家都觉得电商的格局已定，历史书已经写完的时候诞生。用短短三年的时间汇聚了三亿多用户，过百万卖家，共同建立了一种新的购物模式。虽然它的飞速增长表明它有着巨大的潜能和未来无限的可能性，但它毕竟只是一个三岁的小孩，身上还有着很多显而易见的问题和许多危险和挑战"。2018年6月30日黄峥在提交招股说明书附带的致股东的信中如是说。

面对拼多多的未来，黄峥在致股东信中如此展望："在过去的三年里拼多多建立并推广了一个全新的购物理念和体验—"拼"。我们可以合理地期待，"拼"会演变出各种版本。我们也期待在未来开创出完全不一样的用户场景，和今天开创了"拼"一样。

"如果我们闭上眼睛畅想一下下一阶段的拼多多。你可以想象它是一个将网络虚拟空间和现实世界紧密融合在一起的多维空间。它将是一个由分布式智能代理网络（而非时下流行的集中式超级大脑型AI系统）驱动的"Costco"和"迪士尼"（即集高性价比产品和娱乐为一体）的结合体。它不光高效地做信息的匹配，还不停地模拟着整个空间里人群的群体情绪，并试图对整个空间做调整，让群体的体验更加开心。"

上市后的拼多多未来的发展依旧暗潮涌动，上市之后的股票大跌就看出其转型的困难，此外，淘宝等巨头的绞杀威胁也是拼多多时刻面临的巨大风险。基于社交拼团的电商模式未来还能给用户带来多大的价值？会颠覆淘宝、京东等传统电商模式吗？拼多多如何应对来自淘宝、京东等巨头的阻击、绞杀以及众多的后来模仿者？面对令人头疼的假冒伪劣和山寨货等问题，拼多多是否能够以刮骨疗伤的勇气和更有效的手段去治理和转型升级？依靠低价拼单模式快速吸引了3亿多三四五线城市和城镇用户的拼多多，下一步将如何发展定位？这些都是摆在黄峥面前的棘手问题。

参考文献

[1] 邓清亮主编. 网店运营 [M]. 北京：北京邮电大学出版社 .2017.

[2] 张雪玲. 网店运营 [M]. 重庆：重庆大学出版社 .2016.

[3] 曹琳主编 .C2C 网店运营与管理 [M]. 青岛：中国海洋大学出版社 .2017.

[4] 段文忠主编. 网店运营实务 [M]. 合肥：中国科学技术大学出版社 .2014.

[5] 陈德宝，王国玲主编. 网店运营与管理 [M]. 北京：中国轻工业出版社 .2012.

[6]《卖家》编. 淘宝网店运营 2 旺铺死亡命门 [M]. 北京：东方出版社 .2013.

[7]《卖家》编. 淘宝网店运营 1 神店成长秘籍 [M]. 北京：东方出版社 .2013.

[8] 王耀成，刘仰华，李高敏主编. 网店推广赢家宝典 [M]. 上海：上海交通大学出版社 .2016.

[9] 胡冬申著. 淘宝网店实战宝典 [M]. 北京：北京联合出版公司 .2015.

[10] 沙旭，徐虹，黄贤珍编. 玩转网店"视觉营销"设计 [M]. 北京希望电子出版社 .2018.

[11] 张枝军编著. 网店视觉营销 [M]. 北京：北京理工大学出版社 .2016.

[12] 李娟，卢英著. 店铺运营 [M]. 重庆：重庆大学出版社 .2018.

[13] 杨银辉主编. 网店运行实践 [M]. 北京：北京理工大学出版社 .2012.

[14] 陶俪蓓主编. 网上开店与运营 [M]. 成都：西南交通大学出版社 .2015.

[15] 王达编. 从零开始学电商 网店创业入门与经营技巧 [M]. 北京：中国华侨出版社 .2015.

[16] 崔菲编著. 第一次开网店就赚钱 [M]. 北京：北京理工大学出版社 .2012.

[17] 祝文欣编著. 网店五日通 [M]. 北京：中国发展出版社 .2009.

[18] 胡书敏编著. 开家赚钱的淘宝网店 [M]. 北京：中国纺织出版社 .2013.

[19] 李洪伟编著. 开一家赚钱的网店 超值白金典藏版 [M]. 长春：北方妇女儿童出版社 .2015.

[20] 潘兴华，振鹏军，崔慧勇编. 轻松些跨境开网店全图解 亿贝＋亚马逊出口篇 [M]. 北京：中国铁道出版社 .2016.

[21] 吴宏伟. 基于淘宝网店运营的网店运营课程实践教学设计 [J]. 商场现代化 .2017,（6）：55-56.

[22] 陈唯宏. 基于淘宝网店运营的网店运营课程实训项目实践探索 [J]. 电脑知识与技术 .2017, 13（1）：280-282.

[23] 伊新. 探究网店运营推广的方式 [J]. 文理导航（下旬）.2017,（6）.

[24] 苏诒振. 基于电子商务下的网店运营实施策略 [J]. 明日 .2017,（25）：1.

[25] 唐积优. 中职电子商务网店运营的实操技能教学研究 [J]. 新教育时代电子杂志（教师版）.2017，（29）.

[26] 周婕. 翻转课堂在高职网店运营课程教学中的应用 [J]. 现代商贸工业.2017，（35）.

[27] 王月盈. 淘宝网店运营交易纠纷解决机制存在的问题及对策 [J]. 船舶职业教育.2017，5（1）：74-77.

[28] 成保梅. 浅谈视觉营销在网店运营中的应用 [J]. 农业网络信息.2017，（11）：101-103.

[29] 吕世伟. 电子商务《网店运营》的微课应用与研究 [J]. 中外企业家.2017，（35）：236，238.

[30] 赵雪峰. "网店运营"项目贯通的电子商务专业课程体系构建研究 [J]. 电子商务.2017，（3）：81-82.

[31] 周婕. 微课在高职电子商务专业"网店运营"课程教学中的应用 [J]. 无线互联科技.2017，（22）：103-105.

[32] 许英珍. 创业能力导向下的中职学校《网店运营》教学改革探究 [J]. 现代职业教育.2017，（26）：55.

[33] 陈唯宏. 以"网店运营"带动电子商务课程考核方式改革初探 [J]. 现代经济信息.2017，（18）：307.

[34] 周婕. 翻转课堂在高职网店运营课程教学中的应用——基于微课 [J]. 现代商贸工业.2017，38（35）：154-155.

[35] 杨辉. 课赛融合的高职《网店运营实务》课程教学改革与探索 [J]. 电子商务.2017，（8）：77-78.